児童の文章表現力の発達に関する研究

有冨　洋

溪水社

序文

有冨洋君は、昭和五三（一九七八）年一月、学部（広島大学教育学部）の卒業論文として、「文集による作文教育」（ほぼ二百枚）をまとめ、ついで大学院修士課程（博士課程前期）に進み、修士論文「児童の文章表現力の発達に関する研究」（七二八枚）をまとめた。学部卒業論文の「あとがき」には、「児童・生徒の文章の表現水準をどうとらえ、文章力の発達をどうあとづけるかという問題は、私自身の学習個体史の問題を含めて、これからの研究課題としたい。」と述べてあった。

修士課程に進学してから、有冨洋君は、自ら抱持してきた研究課題に取組み、まず大学院の授業（演習）に参加し、指導教官大槻和夫先生から、二年間に、八回にわたり、「文章表現力の研究」を報告し、そのつど細密なご指導をいただくことができた。

有冨洋君は、修士課程二年次で、修士論文の作成に関して、テーマの決定、論文の構想・構成の立案、論文関係資料の収集など、目くばりを確かなものとしつつ、懸命に取り組んでいった。

有冨洋君の修士論文「児童の文章表現力の発達に関する研究」は、「序章」・「結章」・本文（三章）から構成されている。

序章において、児童の文章表現力の発達に関する調査研究上の基本問題（1～4）を明らかにし、第一章では、先行研究飯田恒作氏の場合、第二章では、先行研究蒲池文雄教授の場合、第三章では、先行研究「国立国語研究所」の場合が取り上げられ、結章において、児童の文章表現力の発達に関する調査研究の成果と課題がまとめられている。

有冨洋君は、昭和五五（一九八〇）年二月二十日、「あとがき」を記している。自らまとめた修士論文をふりかえりながら、その時点で、はやくも自らの研究を進めるための研究計画・課題を挙げている。

1　児童の文章表現力の発達に関する調査研究のための基礎理論的研究

2　児童の文章表現力の発達に関する調査研究の構想と研究モデルの作成→実施

3　児童の文章表現力の発達に関する調査研究についての歴史研究（大正期以降）

4　児童の文章表現力の発達に関する調査研究についての比較研究（米・仏を中心に）

つづいて、「いずれも（上掲1～4）重い課題ばかりであるが、修士論文を足場にして、着実な歩みを続けていきたいと念じている。」と述べてある。

ここでは、有冨洋君が大学院前期課程にあって、学部卒業論文に取り組みつつ、抱きつづけていた自らの「研究」への見通し、抱負が謙虚に述べられている。

有冨洋君は実践現場にあって、自らの国語科教育実践研究に精進しつつ、どういう場合も全力投球をつづけた。いつも謙虚で、全力を尽くすことに専念していった。――私（野地）は、昭和五九（一九八四）年、広島大学を退官し、新たに設立された鳴門教育大学に赴任した。ために、有冨洋君と話し合う機会も得られないままに時が過ぎた。実践者・研究者として大成し活躍してほしいと期待を持していたのに、それも果たされないことになった。

故有冨洋君に、またご家族の皆様に私の失礼を深くおわび申し上げずにはいられません。

平成二〇（二〇〇八）年九月四日

広島大学名誉教授
鳴門教育大学名誉教授　野　地　潤　家

『児童の文章表現力の発達に関する研究』に寄せて

有冨洋君は、学部、大学院（修士課程）を通じて、野地潤家先生のご指導のもと、文章表現教育の研究に取り組み、その成果を、修士論文『児童の文章表現力の発達に関する研究』としてまとめ、昭和五四（一九七九）年度末、広島大学大学院教育学研究科に提出した。本書は、その成果が筐底に埋もれてしまうことを惜しまれた野地潤家先生のお骨折りにより出版されたものである。

有冨君の取り組んだ「児童の文章表現力の発達に関する研究」は、その必要性・重要性はだれしも認めるところであるが、実際に研究を進めるとなると、たちまち高い壁にぶち当たってしまう。そもそも文章表現力とはどういうものであるか、その文章表現力はどのような構造をなしているのか、文種の違いをどう扱えばよいのかという基本問題をはじめ、どのような調査の方法をとればよいのかという方法論の問題など、研究は困難を極める。

そこで有冨君は、研究の基本的な手続きである先行研究の徹底的な検討から着手した。有冨君は、まず「序章」において、先行研究に学びながら、調査研究上の基本問題を明らかにし、この時点での自らの研究を定位している。

序章を受けて、以下第一章乃至第三章では、飯田恒作氏、蒲池文雄氏、国立国語研究所それぞれの研究を細密・丹念に考察し、その成果をまとめ、今後の課題を指摘している。

結章では、①前記三つの先行研究の成果・長所と問題点、②三つの先行研究の総合的比較によって明らかにされた、調査研究上の成果、③今後の児童の文章表現力の発達に関する調査研究の課題を十一点にわたって的確にまとめている。

「あとがき」には、自らの研究を謙虚にふりかえりながら、これからの研究の課題や抱負が述べられている。

本論文は、本格的な調査研究に立ち向かうための基礎的研究である。有冨君は、修士課程修了後、福岡県の高等学校に勤務したこともあって、この課題の追究は困難になった。もし順調に研究を継続することのできる環境に身をおくことができていたなら、と残念でならない。

有冨君が修士課程に在学していた当時、私は助教授として授業科目「調査・資料研究」を担当していた。本論文の「まえがき」によると、この「調査・資料研究」で有冨君は八回にわたり報告を行ったようである。有冨君は、毎回、全力で資料に取り組み、その資料を読み抜き、気づきを報告していた。私は、指導者というよりも共同研究者として、一緒に考え合っていたように思う。懐かしくも楽しい思い出である。

研究書である本書に寄せる言葉としてはいかがかと迷ったが、一言書き添えることを、故有冨洋君並びに奥様、読者の皆様にお許しいただきたい。

有冨洋君は、昭和五五(一九八〇)年三月、修士課程を修了、同年四月から、福岡県立稲築高校(現、稲築志耕館高校)に三年、福岡県立小倉高校に五年、福岡県立修猷館高校に四年、福岡雙葉高校に六年近く勤務し、高校国語科教育と生徒指導に全力を傾注した。

この間の教育実践については、有冨君のことであるから、膨大な実践記録と資料を残しているはずであるが、それを整理し、考察を加え、実践研究報告としてまとめるいとまもなく、平成一〇(一九九八)年一月五日、この世を去った。生徒のことだけを考えて、誠実に生徒に向き合い、ともに悩み、苦しみ、心身ともに燃え尽きたのかもしれない。その間、私は多忙にかまけて何一つ力を貸すことができなかった。故有冨洋君の御霊に深く頭を垂れてお詫びするほかない。

有冨君が全力を傾けた修士論文は、恩師野地潤家先生のお計らいでこうして世に送り出された。本書を土台にして、この研究を引き継ぎ、発展させる方が現れるにちがいない。本書の出版によって、有冨君は生き続けるのである。そうあってほしいと強く願い、またそうなるに違いないと私は固く信じている。

蕪辞を連ね、余計なことまで書いてしまったかもしれません。失礼の段、故有冨洋君並びに奥様に、深くお詫び申し上げます。

平成二〇年九月二〇日

広島大学名誉教授
安田女子大学教授　大槻和夫

まえがき

一

学部の卒業論文テーマに、「文集による作文教育」をとりあげ、ほぼ二百枚の論文をまとめることができたのは、昭和五十三年の一月二十五日であった。その際、「あとがき」に、私は、「今回は、『文集による作文教育』をとりあげながら、児童の文章そのものを問題にすることができなかった。当初の計画では、第三章第二節で、作文学習の実際として児童の作文そのものの分析を試みる予定であった。児童・生徒の文章の表現水準をどうとらえ、文章力《ママ》の発達をどうあとづけるかという問題は、私自身の学習個体史の問題を含めて、これからの研究課題としたい。」と記した。これは、なお今後の研究課題であるが、思えば、今回の修士論文のテーマ「児童の文章表現力の発達」は、卒業論文（のあとがき）以来、あたためつづけてきたものであった。

その後、大学院へ進学してからは、このテーマを具体的なものにするために、調査・資料研究（大槻和夫先生ご指導）の演習の場で、次のような発表を重ねていった。

1「文章表現力研究(1)――藤原与一著『小学校児童作文能力の発達』（昭・五〇・二・一、文化評論刊）の考察を通して――」　昭・五三・五・九（火）

2「文章表現力研究(2)――藤原与一著『小学校児童作文能力の発達』と飯田恒作著『綴る力の展開とその指導』（昭和一〇年九月一日、培風館刊）との比較を通して――」　昭・五三・七・四（火）

3「文章表現力研究(3)、飯田恒作著『綴る力の展開とその指導』における〝綴る力〟

の考察　昭・五三・一二・五（火）

4「文章表現力研究(4)――野名・田宮論争の争点と問題点」　昭・五四・一・二三（火）

5「文章表現力研究(5)――『文章構成法―文章の診断と治療――』（森岡健二著、昭・三八・九・三〇、至文堂刊）における文章表現力のとらえ方とその問題点――」　昭・五四・二・一三（火）

6「『児童・生徒の文章表現力の発達』に関する研究文献（中間報告）」　昭・五四・五・二二（火）

7「国立国語研究所報告63『児童の表現力と作文』（昭・五三・六・二〇、東京書籍刊）における『文章表現力テスト』の検討」　昭・五四・一〇・一六（火）

8「一児童の叙述力の発達――観察を主にした文章を中心に――」　昭・五四・一二・四（火）

発表のつど、大槻和夫先生には、細密なご指導をいただいた。本稿で考察、指摘したことの中には、大槻和夫先生のご助言・ご指導によるものが少なくない。（論文の中で、そのつど断ることをしなかったけれども。）ここに記して、深く感謝申しあげたい。

二

次に、修士論文の全体的構想・骨組みは、以下のような過程をたどって、はっきりしたものとなった。

1「修士論文についての御相談」（第一回、野地潤家先生ご指導）　昭・五四・五・四（金）

2「中国四国教育学会発表題目についての御相談」　昭・五四・八・二八（火）

3「修士論文中間発表」　昭・五四・一〇・一二（金）

4「中国四国教育学会（第三一回大会）研究発表――児童の綴る力の展開

ここには、四つのことがらをあげるにとどめたが、この一年間（大学院二年次）、野地潤家先生には、修士論文テーマの決定、論文構想・構成の立案、論文関係資料の収集など、修士論文作成にかかわる一切のことについて、格別のご配慮とご指導を賜った。ここに記して、深く感謝申しあげたい。

（飯田恒作氏のばあい）」

昭・五四・一二・一二（日）

三

本論文は、序章・結章を含む五章をもって構成されている。すなわち、序章においては、児童の文章表現力の発達に関する調査研究上の基本問題（四点）をとりあげ、その基本問題の解明を念頭におきつつ、第一章（飯田恒作氏の研究）、第二章（蒲池文雄教授の研究）、第三章（国立国語研究所の研究）では、同一児童の文章表現力の発達過程を六年間にわたって追跡調査した研究の、ねらい・立場・方法・到達水準を明らかにしようと努め、結章においては、わが国における、児童の文章表現力の発達に関する調査研究の成果と課題を考察しようとした。

わが国においては、大正期以来、児童の文章表現力の発達に関する調査・研究が、意欲的に継続、集積されてきた。しかし、わが国のばあい、児童の文章表現力の発達段階について、標準的なものが設定されるまでは達していない。これらの先行研究の成果を見きわめ、今後の調査研究の課題を明らかにし、その方法への見通しをつけていくためにも、地道な研究を積み重ねていきたいと念じている。

昭和五十五年二月二十日

有冨洋

目次

児童の文章表現力の発達に関する研究

序章　児童の文章表現力の発達に関する調査研究上の基本問題

一

児童の文章表現力の発達に関する研究は、作文教育の基礎研究として、欠くことのできない位置を占めている。学年もしくは発達段階に応じて、児童の文章表現力の標準を明らかにすることは、学年別に年間の作文指導計画を立案していくための必須条件である。

わが国では、直接作文指導に携わっている実践者の立場から、あるいは作文教育の研究者の立場から、この方面に関する調査・研究が集積されてきた。

本研究の目的は、これらの先行研究の成果を見きわめるとともに、今後の児童の文章表現力の発達に関する調査研究上の課題を明らかにすることにある。

二

児童の文章表現力の発達段階については、すでに多くの調査・研究がなされてきた。たとえば、大正末期から現在に至るまでに、次のような仕事がなされている。

1 『綴方指導の原理と其実際』 奥野庄太郎 大・一三・七・八 文化書房
2 『児童創作意識の発達と綴方の新指導』 飯田 恒作 大・一四・四・二五 培風館
3 『綴り方の縦の研究』 綿貫 数夫 昭・六・五・五 明治図書
4 『構想の研究』 金原 省吾 昭・八・七・五 古今書院
5 『綴る力の展開とその指導』 飯田 恒作 昭・一〇・九・一 培風館
6 『綴方読本』 鈴木三重吉 昭・一〇・一二・三 中央公論
7 『国語綴り方教授の本質及実際』 佐藤熊次郎
（「各教科の自己法則性と教授の要諦」叢書第三巻） 田上 新吉 昭・一一・二・一八 東宛書房
8 『綴方発展の様相と其の指導』 今田甚左衛門 昭・一一・一一・二二 東宛書房
9 「児童に於ける記述の発達」
（東京文理科大学国語国文学研究室内国語国文学会編「国語」第二巻第一号所収） 東京文理科大学内国語教育研究部 昭・一二・一・二〇 目黒書店
10 「綴方教授体系」 西尾 実 昭・一二・九・一〇 岩波書店
（岩波講座「国語教育」所収）
11 『子供のための教師のための 綴方読本』（上下巻） 百田 宗治編 昭・一三・三・二〇 第一書房
12 「児童文に於ける表現様式の発展的考察」 田上 新吉 昭・一三・六・一 学校教育研究会
（広島高等師範学校附属小学校内学校教育研究会編「学校教育」308号掲載）
13 『学年別・生活綴方読本』 吉田瑞穂編著 昭・一四・四・一 文教書院
14 『綴方様式学』

15　『児童文の見方と指導』　大場　俊助　昭・一四・七・一　晃文社
（「綴方教育体系」第三巻）
16　『綴方教育の学年的発展』　田上　新吉　昭・一四・八・三〇　晃文社
（「綴方教育体系」第六巻）
（「綴方教育体系」第五巻）　飯田　恒作　昭・一四・一一・一五　晃文社
17　『綴り方指導の実践』　長野師範学校男子附属国民学校　昭・二一・四・一〇　同上
18　『入門期の言語能力』　国立国語研究所　昭・二九・三　同上
（「国立国語研究所報告」7）
19　『学習能力の発達』（国語編）　長野県教育委員会　昭・二九・一一・一　信濃教育会出版部
（長野県実験学校研究報告）
20　『読みと作文の心理』　阪本　一郎　昭・三〇・一・二八　牧書店
21　『低学年の読み書き能力』　国立国語研究所　昭・三一・三　同上
（「国立国語研究所報告」10）
22　『中学年の読み書き能力』　国立国語研究所　昭・三三・三　同上
（「国立国語研究所報告」14）
23　「作文力の研究」　新潟県立教育研究所　昭・三四・三・三〇　同上
（「新潟県立教育研究所研究紀要」第二三集所収）
24　「父親としての作文教育論」　蒲池　文雄　昭・三四・一一　愛媛国語研究会
（愛媛国語研究会編「国語研究」32号掲載）

25　『高学年の読み書き能力』　国立国語研究所　昭・三五・三　同上
（「国立国語研究所報告」17）

26　「わが子の作文を見つめる」　蒲池　文雄　昭・三五・一一　愛媛国語研究会
（「国語研究」35号掲載）

27　「わが子の作文の歩み」　蒲池　文雄　昭・三六・九　愛媛国語研究会
（「国語研究」38号掲載）

28　「『もぐらの観察』をめぐって」　蒲池　文雄　昭・三七・二　愛媛国語研究会
（「国語研究」39号掲載）

29　「わが子の作文に想う」――読書感想文について――　蒲池　文雄　昭・三七・一一　愛媛国語研究会
（「国語研究」41号掲載）

30　「文章表現力の発達と指導の観点」　宮城県教育研究所　昭・三八・三・三〇　同上
（「宮城県教育研究所研究紀要」昭和三七年度所収）

31　「小学生と俳句」　蒲池　文雄　昭・三八・一一　愛媛国語研究会
（「国語研究」44号掲載）

32　「『わたしは小学生』の生まれるまで」――『あとがき』に代えて――　蒲池　文雄　昭・三九・九・三〇　くろしお出版
（『わたしは小学生』所収）

33　『小学生の言語能力の発達』　国立国語研究所　昭・三九・一〇　明治図書
（「国立国語研究所報告」26）

34　「生活綴方教育＝正しい作文指導の定式化は可能であるか」

（「作文と教育」第一六巻六号掲載）
35　『むすめとわたしの国語学習』　日本作文の会常任委員会理論研究部　昭・四〇・六・二〇　百合出版
36　「作文力の発達と作文教育の実態に関する研究――学習指導改善のための基礎的研究――」　田中　久直　昭・四一・五　新光閣
（「広島県教育研究所紀要」33）　広島県教育研究所　昭・四二・一・一五　同上
37　「一児童の作文学習の歩み――文集『わたしは小学生』の生まれるまで――」
（広島大学国語国文学会編「国文学攷」第四十七号掲載）　蒲池　文雄　昭・四三・七・一　広島大学国語国文学会
38　「作文教授過程の定式化について(1)――指導段階と心理発達段階――」
（「作文と教育」第二三巻第一二号掲載）　波多野完治　昭・四七・一一・二〇　百合出版
39　「作文教授過程の定式化について(2)――指導段階と心理発達段階――」
（「作文と教育」第二三巻第一三号掲載）　波多野完治　昭・四七・一二・二〇　百合出版
40　『小学校児童作文能力の発達』　藤原　与一　昭・五〇・二・一　文化評論
41　『児童の表現力と作文』　国立国語研究所　昭・五三・六・二〇　東京書籍
（「国立国語研究所報告」63）

このほか、雑誌論文および綴り方教授細目関係の単行本を加えれば、児童の文章表現力の発達に関する調査・研究は、実におびただしいものとなる。（なお、1から41までは〈17を除き〉入手しえたものに限ってあげた。）これらによって、わが国では、大正期以来、児童の文章表現力の発達段階についての調査・研究が、熱心に継続されてきたことがわかる。

しかし、これらの先行研究を通覧してみると、次のような問題点が見いだされることも事実である。

①本格的・科学的な実態調査によって発達段階を帰納した研究は少数であること（たとえば、指導体験を重ねることで、児童の文章表現力の学年的発達に一応の見通しをつけたものなどがある。）

②（右の条件を満たすものでも）それぞれ、調査方法（追跡調査か一斉調査か、課題か自由題か）・調査上の条件（時間が一定かどうか、指導助言の有無）・評価基準などを異にしており、調査結果の比較検討がむつかしいこと、したがって調査結果も一定しないこと

③追跡調査は少数で、調査のしやすい一斉調査が大半を占めていること

④文章表現力の全体にわたる調査は少数で、客観的な測定のしやすいものが中心となってきたこと、したがって叙述力をとりあげたものが少ないこと

⑤文章表現力の発達要因としての学習指導要因が考慮されていない、あるいは、作文指導の実態が不明であること

したがって、わが国のばあい、先行研究の集積があるとはいえ、なお、児童の文章表現力の発達段階について、標準的なものが設定されるまでは達していない。これは、過去において、この方面の調査・研究が、先行研究の方法・成果を確かめた上で、その発展継承として行われてこなかったことに、根本的な原因があると思われる。

その意味でも、これまでの先行研究の成果を見きわめ、問題の所在を確かめておくことは、今後の児童の文章表現力の発達に関する研究の望ましいあり方を考える上で、重要な仕事であろう。

三

本稿では、数多い先行研究の中から、同一児童の文章表現力の発達過程を、六年間にわたって追跡調査した研究という選択基準にたって、次の三つの研究をとりあげることにした。

①担任学級の児童の綴る力の発達を、同一文題による調査によってまとめた、飯田恒作氏著『綴る力の展開とその指導』（昭・一〇・九・一、培風館刊）

②父親としての立場から、長女（美鶴さん）の文章表現力の発達のあらましを考察した、蒲池文雄教授の論稿（昭・三四・一一から昭・四三・七までに発表されたもの、八編）

③国立国語研究所によって、全国的な規模で行われた、言語能力の発達に関する調査研究（昭和二八年度から昭和三五年度まで）の報告書『小学生の言語能力の発達』（昭・三九・一〇、明治図書刊）

これらのうち、①は、戦前の研究になるが、同一文題による調査をとり入れ、本格的な調査研究にとり組んだものである。しかも、個人別の発達をとらえた上で、学年別の発達段階を帰納しており、手がたい、実証的な性格を備えている。また、随所に、実践家らしい洞察がみられ、③とは違った強味がある。

②は、環境にも指導にもめぐまれ、わが国の児童の中でも最高水準にある一児童が対象となっているが、作文学習個体史的な性格をもち、そこでとらえられている学年的発達の密度は、他に類例がない。しかも、発達要因としての学習指導要因（父親蒲池文雄教授による作文指導）が考察されている点で、極めて価値が高い。

③は、①・②が個人レベルの研究であったのに対し、全国レベルで、科学的な調査方法によって、研究が進められている。ここでも、同一文題による調査が行われており、①との比較という点でも利点がある。

ほかにもとりあげるべき研究（藤原与一博士の研究）が残っているが、先行研究の中でも、最も研究水準の高い三つの研究を選び出したのである。また、これらは、実践家、父親、研究所というように、研究にとり組んだ人々の立場や環境を異にしており、それぞれの研究の長所や問題点を考察する上でも好都合である。

もっとも、これらは、調査時期・調査対象を異にしており、三者の比較検討によって、わが国の児童の文章表現力の発達段階についての先行研究の成果を明らかにすることには、問題が残る。しかし、わが国のばあい、比較検討に堪えうる先行研究という点ではごく少なく、研究水準の高いものを選び、それぞれの長所・成果を見きわめることによって、今後の望ましい研究方向・方法を見いだしていくという方法をとらざるを得ない面がある。

したがって、本稿では、研究の方法としては、三つの調査研究のねらい・立場・方法・到達水準を明らかにすることによって、これまでの、児童の文章表現力の発達に関する先行研究の成果を明らかにしていくことにした。

四

次に、三つの調査研究の具体的な分析検討にはいる前に、児童の文章表現力の発達に関する調査研究上の基本問題について、考察を加えておきたい。次にあげる四点は、いずれも、児童の文章表現力の発達に関する調査研究を進めていく際に、根本的な検討を要する問題群である。これらについて、どのような立場・見解をとるかによって、その調査研究の実質は大きく左右されてくる。次に示す四点は、調査研究の成果・水準にかかわる基本問題といえよう。

①児童の文章表現力の構造に関する問題（文章表現力構造論）

②児童の文章表現力の発達に関する調査研究の方法に関する問題（調査方法論）

③児童の文章表現力の発達に関する問題（文章表現力発達論）

④調査後の分析・考察に関する問題（文章表現力の発達分析方法論）

まず、①は、児童の文章表現力の構造をどのようにとらえるかという問題である。文章表現力のとらえ方は、研究者に[1]よってさまざまであって、統一的な見解が示されるには至っていない。

しかし、大局的にみれば、取材・構想・記述・推考の、いわゆる文章創作過程に沿って、それぞれの過程に働く力を分析的にとらえていこうとする立場が有力である。ただし、その際、言語の認識機能を重くみるかコミュニケーション（伝達）機能を重くみるかによって、文章表現力のとらえ方に質的な違いが生じてくる。本研究でとりあげた三つの研究対象に限ってみれば、認識機能に重点を置いているのが飯田恒作氏の立場であり、反対に、コミュニケーション機能を重視して、作文スキルとして分析的にとらえていこうとするのが国立国語研究所の立場である。これら両者の機能を統一的にとらえているのが、蒲池文雄教授の立場といえよう。

①の問題（文章表現力構造論）については、さらに細かく、次の三つの観点から検討を加えていくことが必要となろう。

(1)文章表現力観

(2)文種に応じた文章表現力

(3)文章表現過程の分析

(1)の文章表現力観では、右に述べた、認識機能とコミュニケーション機能とを、どのように統一的にとらえていくかが、中心問題となる。さらに、文章表現力の構造をとらえるには、(2)・(3)の観点を導入することによって、質的に掘り下げていく必要がある。文章表現力は、どのような文種の文章にも共通した面と、文種によって大きく異なる面とが考えられる。たとえば、文種によっては、手紙文などのように、コミュニケーション機能を重視し、対読者意識に立って表現活動をコントロールしていく力が要求されるものが出てくる。同じく、説得を中心とする文章のばあいにも、対読者意識に立ったコントロールが重要となる。

次に、(3)の観点（文章表現過程の分析）は、文章表現力の構造をとらえていく上で、今後最も重要視しなくてはならないものであろう。児童が文章をまとめあげる過程を観察し、その過程にどのような抵抗や障害が働くのかをとらえておくことは、指導上の手がかりを得るためにも重要である。また、取材・構想・記述・推考というとらえ方は、厳密には、作文指導過程であって、文章表現過程はさらに複雑である。記述の過程一つをとっても、そこに働く力は、複雑な構造をもつことが予想される。文章を書き進めていく過程における抵抗や障害の問題を中心として、文章表現過程が克明に分析されることが今後重要となろう。

②の調査方法論では、調査上の条件をいかに均一に保つかが、問題の焦点となる。以下、左の七点について、それぞれ検討していくことにする。

(1)追跡調査法と一斉調査法
(2)調査対象児童の選定
(3)同一文題（課題）法と自由課題法
(4)文題の選定
(5)記述の際の条件
(6)テスト方式による調査
(7)アンケートによる意識調査

(1)の追跡調査法は、同一児童の文章表現力を、六年間にわたって継続調査する方法である。一方、一斉調査法は、ある時期に、複数の学年にわたって一斉に調査する方法をいう。両者にはそれぞれ利点があるが、児童の文章表現力の発達に関する調査研究のばあいは、同一児童を対象とする追跡調査法によることが望ましい。過去において、一斉調査法も採用されてきたが、これは便宜上のことであって、児童の文章表現力の発達していく過程を、より具体的、現実的にとらえていこうとすれば、同一児童を対象とする追跡調査法によらざるを得ないのは当然であろう。しかし、追跡調査法を主体としつつも、追跡調査による調査結果の妥当性を検証したり、小・中・高という広がりをもつ調査を計画するばあいは、一斉調査法をあわせ用いて、調査の成果を確かなものにしていくことが重要である。

追跡調査研究の長所・利点については、『小学生の言語能力の発達』の中で、輿水実氏が、次の六点を示していられる。

1)言語発達が、発達する人に即して、具体的にとらえられる。発達する時期、方面、理由が、推定としてでなく、もっと現実的なすがたでとらえられる。
2)言語諸能力のからみ合いがよくわかる。
3)言語諸能力の発達が、その諸要因といっしょにとらえられる。
4)各要因が相互に入りまじって力動的に働いているすがたをとらえることができる。
5)調査される者の能力や条件がだいたいわかっているので、テスト結果などの信頼性・妥当性がすぐに反省される。
6)全体として、安定して調査研究が続けられる。(同上書、一八ぺ)

これは、言語能力全般について述べられたものであるが、文章表現力についてもそのままあてはめることができる。特に、右の2)・3)の言語諸能力を文章表現力に置き換えて、取材力・構想力・記述力・推考力相互の発達の相関をとらえていくことは重要である。さらに、読書力とのかかわりあいなど、追跡調査法でなければ調査できない研究テーマは数多い。

また、発達要因に関連していえば、同一児童を対象とすることの利点は、同一学級児童を学級ぐるみで調査対象とすることができ、同一の教師（これは学校の事情もありむつかしいが）の指導を受け、学級内の児童相互が互いに集団として発達に影響を与えあいながら伸びていく様相をとらえることができるということである。これは、調査結果を、作文指導計画に生かしていくためにも、極めて望ましい条件であろう。

一方、追跡調査研究を実施していく際の困難点についても、輿水実氏は、次の六点をあげていられる。

1)調査に時期的制約があり、しかも、くりかえしができない。

2)事例的におもしろいと思って目をつけていた児童が転校してしまう。

3)全体として転出・転入がかなりある。

4)学校長・国語主任の移動で、学校・学級の受け入れ体制がかわってくる。

5)学校経営上、学級担任が一年か二年でかわる。

6)研究所としても、研究担当者に異動がある。（同上書、一九ぺ）

これらは、今後の調査研究にも伴う困難点であり、追跡調査のむつかしさを物語っている。

(2)の調査対象児童の選定は、(1)とも密接にかかわっている。(1)に関連していえば、六年間の発達は、同一の児童の発達でなければ、意義が薄れてしまう。発達には個人差がつきものであり、複数の児童の実態を学年的につなぎあわせたもの（一斉調査）では、発達上の誤差が大きくなってしまうからである。これに加えて、調査対象児童の選定上留意しなくてはならないのは、全国的な広がりをもつように、対象児童を選ぶことである。ある特定の一地域の児童の発達では、全国的な標準を帰納することはむつかしくなる。都会と郊外という、文化環境の相違も考慮しつつ、全国的な規模で、調査対象が選ばれなくてはならない。また、一つの研究において、全国的な規模を確保しがたいばあいには、調査対象児童の学力水準や特性を明示し、他の諸調査の結果との比較の便を考慮する必要がある。便宜上中位群（総合的言語能力から帰納した）を選ぶことはしかたがないが、望ましいのは、一学級単位で、さまざまな学力・能力をもった児童を総合的に調査することであろう。一学級単位の発達をおさえることは、先にも述べたように、その発達研究の成果を作文指導に役立てていく際に、大きな意味をもつようになる。

(3)の二つの方法（同一文題法・自由題法）は、これまでの調査においても、両方が用いられてきている。しかし、自由題のばあい、児童の取材力に焦点をあててみる際には有効であるが、題材・文題（時には文種）が児童一人一人異なってくるために、調査後の分析・考察がむつかしくなる。また、他の調査との比較をするばあいにも、題材・文題が異なることは、比較すべき共通項を措定しにくくなるだけでなく、調査結果そのものにも違いを生じ、問題が多い。同一条件下におくという点からも、条件作文としての同一文題法を主体とすべきである。むろん、同一文題法による際も、その文題で調査することのできる文章表現力は限定されてくるが、どの範囲の文章表現力を調査するかの見きわめがしっかりしていれば、問題はない。同一文題による調査は、どのような文題を選ぶかということ（文題論）と切り離せないが、今後とも、児童の文章表現力の発達に関する調査研究の主要方法としての位置は、ゆるがないと思われる。[2]

(4)では、(3)と関連して、どのような文題を選ぶかということが問題となる。同一文題としては、児童が共通した経験をもつ題材（文題）であることを根本条件として、できる限り広範囲にわたって児童の文章表現力の発達をとらえていける文題であることが望ましい。先に述べた、文題の問題も考慮して、同一文題による調査の文題論として深めていく必要がある。

(5)は、記述の際の条件をいかにして均一に保つかという問題である。ここでは、記述時間、記述に際しての助言の有無の二つが問題となろう。このうち、記述時間については、同一の条件下で行うことが前提とはいえ、低学年段階と高学年段階とでは、実態に応じて時間を長くするなどの配慮もいる。記述に際しての助言の有無については、調査上の仮説によっても異なってくるが、助言・指導を加えたばあいには、その内容を明示して、調査結果の分析の際に断わっておくことが大切である。

(6)は、心理学者の協力を得て、主として、国立国語研究所が開拓してきた研究分野である。(『小学生の言語能力の発達』および『児童の表現力と作文』)作文テスト方式は、客観的に文章表現力を測定することにその主眼があるが、なおその有効性・信頼性を確保するには至っていない。研究途上のテーマである。また、テスト方式は、本来、実作による調査を主体として、その不足を補うものとして利用すべきであろう。たとえば、テスト方式によって、文章表現力の習得上特に問題となる力を分析的に測定する、というように用いるべきであって、実作にかわって、万能な方式と考えるべきではない。文章表現力は、根本的に、実作によらなくてはとらえることができない。

(7)は、実作による調査を補ったり、児童の文章表現力の発達に関する調査研究を実施にうつす前に、調査上の仮説を設定する上で、大切なものとなる。調査は、本来、予備調査・本調査・調査のまとめという三段階を経て行われるが、アンケートによる意識調査は、予備調査の主要方法となろう。

また、アンケートによる意識調査は、実作による追跡調査とあわせ用いることによって、作文分析の際にも参考となる点が多いと思われる。なお、調査対象児童の入門期の文章表現力をあらかじめ調査して、調査に必要なレディネスを身につけているかどうかを調べておくことは、調査を始める前の必須事項の一つである。

以上、②の調査方法論については、調査上の条件を均一にし、他の調査結果との比較を可能にするためにはどうすればよいかという観点に立って、若干の考察を加えてきた。

③の、文章表現力発達論では、⑴発達観、⑵発達要因のおさえ方、⑶発達段階のとらえ方、の三つが問題となる。

まず⑴発達観　については、児童の文章表現力の発達について、自然習得的な立場をとるか（結果的に、そうなるばあいも含む）、学習指導によって、その発達が規定されると考える立場をとるかが、問題の中心となる。むろん、発達をすべて学習指導要因に解消してしまうことには無理があるが、基本的には、児童の文章表現力の発達は、学習指導の成果であるととらえておくべきである。過去の調査研究をみると、意外にも、自然習得的な立場をとっているものや、発達要因をパーソナリティや知能の問題に解消してしまっている例が多いことに驚かされる。中には、ビゴッキーの、発達の最近接領域説に学びながら、実地の調査においてはその概念が生かされていない（『児童の表現力と作文』、一四ぺ参照）ものもあって、実地の調査において、指導の結果発達しつつある文章表現力を調査することのむつかしさを物語っている。これは、わが国において、作文指導に限らず、国語教育実践の記録が集積されてきていないこととも、深いかかわりがあろう。調査を行う際に、一方で、現場においてどのような作文指導が行われたのかが記録化されることなしには、発達観が正しくても、その理念を調査に反映することはむつかしいと考えられるからである。

次に、⑵の発達要因のおさえ方については、文章表現力の発達要因として、どのような要因を措定するかが問題となる。たとえば、国立国語研究所の『小学生の言語能力の発達』では、言語能力の発達を規定する要因として、次の五つをあげている。

1)知能的要因
2)身体・運動能力的要因
3)社会・情緒的要因
4)学習的要因

5)環境的要因　　（同上書、一二三ぺ）

これらは、いずれも、言語能力の発達を規定する要因として、一応妥当なものであり、文章表現力の発達についても、想定することのできる諸要因であろう。一見、文章表現力とはかかわらないと考えられる、2)の身体・運動能力的要因についても、低学年期には、鉛筆で文字を書くことに抵抗を感じない力が必要であり、発達要因の一つに数えられる。

しかし、問題は、これらの要因への比重の置き方である。すべてを同一に扱うべきではなく、4)の学習的要因が重視されなくてはならない。また、学習的要因の中にも、学習者の立場から、自発的な学習の価値を重視するものと、教育的（指導的）要因を重視するものとに分かれるが（同上書、一二三ぺ参照）、後者の方に力点を置き、学習指導要因とのかかわりにおいて、学習者自身の学習要因をもあわせみていくべきであろう。(1)発達観　でもふれたように、発達要因を広くとらえることも大切であるが、その要因を、知能やパーソナリティの問題だけに限定・解消してしまわないように留意しなくてはならない。

次に(3)発達段階のとらえ方　は、文章表現力の発達に関する問題群の中でも、最も重要視していかなくてはならない研究分野である。この発達段階のとらえ方については、波多野完治博士のすぐれたとらえ方がある。波多野完治博士は、ピアジェの学説によりつつ、次のようなとらえ方を示された。

「発展的段階というのは、心理学で、精神発達に『量から質への変化』をま《ママ》とめる立場である。子どもがのっぺらぼうに、量的にふえておとなになる、という考えからは『段階』はでてこない。／（中略）

発達の段階は、このように、質の加わった量である。そこで、つぎのような特長があるとされる。

(a)発達の各段階は一つの構造をなしている。

発達はたしかにプロセスであるが、それには、発達の急激なところと、ゆるやかなところとある。一応の安定をえた側面についてみると、それはまとまった有機的な構造をなしており、前の発達段階からつぎの発達段階への移行は、多かれ少なかれ『突然』である。それは『革命的』といわねばならぬときがある。

(b)発達段階は、前の段階に『新しいもの』が加わって新しい構造をとる、という形になることが多い。この『新しいもの』がなにか、をさがし出すことはなかなかむずかしい。新しいものが加わったために相違ないのだが、そのために、全体がまったく相をかえてしまうようにみえることがある。

(c)発達段階では、まえの段階からの『必然的な発達の結果』として、つぎの発達段階がでてくる。これは大切な規定である。AからBへの移行が、まったく何の関係もなしにおこなわれるのでは『段階』という言葉はつかえぬ。文部省の学習指導要領はラレツ的であるので、このような発達段階がつかめぬ場合が多い。つまり、Bの段階は、突然にでてきたようにみえても、よくしらべてみると、Aの段階でじょじょに準備されており、その結果でてくるのである。

(d)発達段階はきまった順序をもつ。これは第一段階と第二段階とがその順序でおこり、逆になることはない、ということだ。」（波多野完治博士稿「作文教授過程の定式化について(1)」「作文と教育」第23巻第12号（昭・四七・一一・二〇、百合出版刊）掲載、一一～一二ぺ、傍線は引用者。）

ここに指摘されたことを、実地に、作文の分析に生かしていこうとすると、どれも容易ではないことばかりである。なお、この四つのとらえ方のうち、(c)のとらえ方と関連して、児童の文章表現力をとらえる時に、現在到達しているレベルをみるだけでなく、これから到達・発達しようとしているレベルを洞察していくことが重要となろう。

(c)のとらえ方は、最も指導に結びついたとらえ方といえる。

最後に、④では、児童の文章表現力の発達に関する調査後の分析・考察の問題をとりあげておきたい。ここでは、作文の評価基準をどう定めるかが、問題の中心となる。特に、大規模な調査のばあい、文章表現力を評価・測定すべき作文の数も多く、評価にあたる人数も複数となる。その際に、共通した評価基準をたてておくことは、最も重要な仕事である。たとえば、客観的な測定法としては、ⓐ作文力測定尺度(3)による方法、ⓑ見本作文による方法、などが考えられ、実施されている。これらは、文法・表記面、記述量・文数などの計画面というように、誤りの数をとらえたり、数量的に処理したりして、客観的にとらえることの容易な文章表現力を測定する際には有効であるが、特に叙述力など、実際に作文を読みぬくことでしかとらえられないものについては、有効性は薄い。叙述力は、その発達をとらえていく指標や観点を、新たに発見していかなくてはならない表現力の一つである。また、客観化しやすい文章表現力であっても、誤りや混乱のレベルは比較的とらえやすいが、さらに、それぞれの発達段階を、上のレベルに向けて跡づけることは容易ではない。客観的測定法は、文章表現力の発達の上位段階を跡づける点が特に手薄である。

さらに、分析の方法・手順にかかわる問題として、調査対象が広範囲に及ぶばあいにも、まず個人別の発達をとらえることを基本にして、その上で学年的発達の考察に進むように、手がたい実証的な方法をとるようにしたい。この点は、これまでの研究において特に手薄なところであり、今後調査後の分析において、留意すべき事項の一つである。

以上、児童の文章表現力の発達に関する調査研究上の基本問題として、①文章表現力構造論、②調査方法論、③

文章表現力発達論、④文章表現力の発達分析方法論、の四つをとりあげ、考察を加えてきた。

本稿では、以下、各章において、第一節＝調査研究の概要（調査の目的と方法）、第二節＝文章表現力の構造のとらえ方、第三節＝文章表現力の学年的発達、第四節＝作文指導への有効性、という観点から考察を加えていき、右に述べた基本問題についても、それぞれの調査において達成された点と問題として残された点とを明らかにしていくようにしたい。

注

（1）以下にあげるような書物・論文において、文章表現力のとらえ方についての言及がみられる。

1. 須藤増雄　弥吉管一「作文力」（全国大学国語教育学会編『国語基礎学力』所収、一二八〜一二九ぺ、一七一ぺ）昭・二九・三・一〇、法政大学出版局
2. 時枝誠記『国語教育の方法』九三ぺ、昭・二九・四・一〇、習文社
3. 長野県教育委員会『学習能力の発達・国語編』一三ぺ、昭・二九・一一・一、信濃教育会出版部
4. 阪本一郎「作文能力の分析的研究」（「教育心理」四巻九号掲載、四九ぺ）、昭・三一・八・一五、日本文化科学社
5. 木藤才蔵「国語の基礎学力」（『現代学力大系2国語の学力』所収、一〇三〜一〇四ぺ）、昭・三三・二、明治図書
6. 蓑手重則「読む力・書く力の分析」（『説話と文章の理論と教育』所収、二六三ぺ）、昭・三三・二・二八、朝倉書店
7. 望月久貴「国語学力論序説」（『国語教育科学講座3国語学力論』所収、五三〜五四ぺ）、昭・三三・五、明治図書
8. 新潟県立教育研究所「作文力の研究」（「同研究所研究紀要」二二所収、五ぺ）、昭・三四・三・三〇、同上
9. 岡本奎六「作文力評価尺度試案」（「立正学園女子短期大学研究紀要」六、四三ぺ）、昭・三七、同上
10. 岡本奎六「作文力測定尺度の研究（その二）」（同右、第七集、三二ぺ）、昭・三八・一一・一五、同上
11. 文部省『書くことの学習指導Ⅱ』一六八〜一六九ぺ、昭・三九・五・一〇、教育図書
12. 神奈川県川崎市立向小学校『作文の基礎能力』―その分析と指導―、昭・四〇・五、新光閣

13. 輿水実『国語スキル学習入門』、昭・四〇・一二・一、三省堂
14. 八木橋雄次郎「文章表現の基本的要素と基礎能力」（日本作文教育研究会編「作文教育」第一集掲載、23〜30ぺ）、昭・40・12・15、謙光社
15. 和多史雄『条件作文と客観評価』一四八〜一四九ぺ、昭・四二・七・二八、謙光社
16. 森田信義ほか『認識力を育てる作文教育』、七〇〜七二ぺ、昭・五〇・四、明治図書
17. 八木橋雄次郎「現場の現実に即して」（「国語科教育学研究」四、四〇ぺ）、昭・五二・四・二〇。明治図書
18. 国立国語研究所『児童の表現力と作文』、一二一〜一二三ぺ、昭・五三・六・二〇、東京書籍

（2）すでに、大正四年の時点で、佐藤熊次郎氏（当時、広島高等師範学校教授、同附属小学校主事）は、同一文題による調査の必要性を説いていられる。（「綴り方教授研究法の側面観」「学校教育」〈二の八、二〇号、大・四・七・一五発行〉掲載、三八ぺによる。）

第一章　児童の素材の観方と現し方の発達——飯田恒作氏のばあい——

第一節　同一文題による調査のねらいと方法

一

飯田恒作氏（明・一八・一一・二〇〜昭・一六・三・一四）は、明治四十年三月、栃木県師範学校を卒業し、栃木県師範学校附属小学校訓導を経て、大正四年十一月、東京高等師範学校附属小学校へ転じた。以後昭和十六年三月に脳溢血で没するまで、同附属小学校訓導を二十六年間勤めた。(1)

東京高等師範学校附属小学校訓導時代に、飯田恒作氏は、尋常一年生から六年生までの持ち上がりを、四回経験(2)している。そのめぐまれた経験を生かし、飯田恒作氏は、綴り方教授に関して、次のような著書をまとめている。

（主要著作のみあげる。）

1　『教案中心　綴方教授の実際案』　大・六・四・一五　教育研究会

2　『綴り方の内面的研究』　大・一三・九・三〇　天地書店

3　『児童創作意識の発達綴方の新指導』　大・一四・四・二五　培風館

4 『綴方指導の組織と実際』　大・一五・四・一二　目黒書店
5 『綴方の本質と指導の実際』　昭・三・一一・一〇　郁文書院
6 『綴る力の展開とその指導』　昭・一〇・九・一　培風館
7 『綴方教育』（教育研究叢書）　昭・一一・三・七　藤井書店
8 『綴方教育の学年的発展』（綴方教育体系5）　昭・一四・一一・一五　晃文社

これらのうち、2、3、4の著書は、それぞれ、飯田恒作氏の綴り方教授研究の三方面を代表するもので、大正期の三部作をなしている。飯田恒作氏は、これら三さつの著書のねらいを、次のように述べている。

「綴り方の研究は三方面から眺めることが出来る。一つは綴り方の理想的方面であり、一つは児童創作意識の研究であり、一つは指導要項を根柢とする実際案の研究である。この三方面は、私の祈念する綴り方研究の組織であり行き方である。小著『綴り方の内面的研究』は主として理想的方面と一般的な創作心境を研究したものであり、『児童創作意識の発達と綴方の新指導』は主として児童の創作意識の発達を眺めたものであり、本書（引用者注、『綴方指導の組織と実際』）はさうした研究を眼目とし資料として指導の要項を吟味し、更に実際案としての用意を説かうとするものである。この三方面の研究は私の行き方からすれば密接不離のものである。児童を置忘れた理想論が実際家を生かすものでもなければ、また本質論を離れた具体案が児童を伸ばすものでもない。」（『綴方指導の組織と実際』、大・一五・四・一二、目黒書店刊、二ぺ、傍線は引用者。）

飯田恒作氏の綴り方教授関係の主要著作八冊を、氏の綴り方教授研究の三方面にあてはめれば、

一・綴り方の理想的方面の研究「2　『綴り方の内面的研究』大・一三

└5 『綴方の本質と指導の実際』昭・三

二、児童創作意識の発達に関する研究
┌3 『児童創作意識の発達と綴方の新指導』大・一四
└6 『綴る力の展開とその指導』昭・一〇

三、綴り方の実際案の研究
┬1 『教案中心綴方教授の実際案』大・六
├4 『綴方指導の組織と実際』大・一五
├7 『綴方教育』昭・一一
└8 『綴方教育の学年的発展』昭・一四

のように整理することができる。

これら三方面の研究のうち、飯田恒作氏独自の研究として注目すべきは、二、児童創作意識の発達に関する研究である。当時、この方面に関する研究はまだ未開拓であり、飯田恒作氏によって本格的な調査・研究が始められたといっても過言ではない。飯田恒作氏は、児童創作意識の発達に関する研究の重要性を、次のように説いている。

「かうした間に綴方の思潮は、生活指導へ、労作教育へ、調べる綴方へと流れて行つたが、私としては余り興味のある展開とは思つてゐなかつた。綴方教育の価値は、時代の一傾向が代弁するやうな狭小なものではない。私は児童の魂を、全面的に生かして行く広大な価値があると思つてゐる。この価値を発揮するには、綴方教育の研究を更に基礎的に掘下げて行かなければならない。私が期待してゐるのは、実にこの基礎的な研究である。しかも実際家としての私が、私の恵まれた境遇に即した最善の生き方は、児童創作生活の発達的研究であると信じてゐる。」

(『綴る力の展開とその指導』、昭・一〇・九・一、培風館刊、「自序」一一ぺ、傍線は引用者。)

ここには、流行に流されることなく、綴り方教育の研究を基礎的に掘り下げていこうとする、飯田恒作氏の研究上の立場が示されている。

右に引用した『綴る力の展開とその指導』（昭・一〇・九・一、培風館刊）は、同一文題による調査を通して、担任学級の児童の綴る力の学年的発達を追跡調査した研究として、飯田恒作氏の、児童創作意識（生活）の発達に関する研究の到達水準を示すものとなっている。

二

飯田恒作氏が、児童の綴る力の学年的発達に関する追跡調査に着手したのは、大正六年四月に尋常一年生として入学した、氏の受け持ち児童からであった。研究方法として、追跡調査法を選ぶようになった経緯について、飯田恒作氏は、次のように述べている。

「私が児童の綴る力の伸び方を、縦に眺めて見ようと思つたのはかなり古いことである。それまでは、甲の学年、乙の学年といふやうに、どんな文題を好むか、どんな推敲をするか、どんな鑑賞力があるかなどの調査を、断片的に行つてゐたのに過ぎなかつた。しかし、私の頭には、かうした研究だけではどうもはつきりした発達の筋が立たなかつた。詳しく言へば尋常一学年から六学年までに、児童の綴る力がどう伸びて行くか、あまり的確な見通しはつかなかつた。

そこで、私は尋常一学年から縦の眺め方をしようと考へた。縦の眺め方をするには、一つのまとまりをつけるにも六箇年間はかゝる。更にその確実さを證拠だてるには、十二箇年乃至十八箇年の星霜を経なければならない。さうした年月は、動もすれば明日からでも役に立てようとする実際家にとつて、決して短いものではない。私は、これがために他の一二学級の児童と平行して研究もして見た。しかし、多数の児童の成績を、心ゆく迄目を通すといふことは容易でなかつた。

殊に私の受持学級以外の児童は、すべての方面から見て、彼等の生活を理解することが甚だ不備である。綴り方の成績に表はれた生活を理解するだけでも、甚だ手の届かないものがあつた。綴り方は児童の全生活を背景にしてゐる。もし、この生活を知ることが出来なかつたら、恐らくは綴り方の特質を伸ばすことが出来ないであらう。私は親になつて、はじめて子供の真生活を知ることの困難なことが解つたぐらゐである。

かう考へて行くと、綴り方の研究を綴り方の特質を尊重して行ふに最も都合のよいものは、私の受持学級の児童以外にはない。自分の子について研究することは、最善の方法であるだらうが、これは特殊なものになつてしまふ。私がかうした行き方でその資料の蒐集を始めたのは、大正六年四月尋常一年生として新に入学した私の受持児童である。」

（『児童創作意識の発達と綴方の新指導』、大・一四・四・二五、培風館刊、三三〜三五ぺ、傍線は引用者。）

この記述によって、飯田恒作氏の研究方法が、児童の創作意識についての断片的調査（横断的研究）から、担任学級の児童を対象とした追跡調査（縦断的研究）へと進展していったのは、大正六年四月を契機としていたことがわかる。追跡調査の構想は、児童の綴る力の学年的発達にはっきりとした見通しをつけたいという問題意識から生まれたものであった。追跡調査の構想は、すでに、大正六年以前に芽生えているが、それが実施に移されたのは、尋常一年生から六年生までの持ち上がりという条件が満たされた時点であった。

大正六年四月からの、綴る力の学年的発達に関する追跡調査の成果は、第一回の持ち上がりを完了した大正十二年から二年後の大正十四年に、『児童創作意識の発達と綴方の新指導』（大・一四・四・二五、培風館刊）としてまとめられた。本書では、次のような複数の調査が行われている。

Ⅰ　課題および随意選題による児童作文の収集〈各学年〉

Ⅱ　同一文題による調査〈各学年〉

Ⅲ　各種の文体（記事的のもの、叙事的のもの、説明的のものなど）からみた調査

Ⅳ　児童の創作意識に関するアンケート調査

1　どうすれば綴り方の題が見つかるか（取材）〈三年～六年〉
〈六年のみ、近頃どんな文題を選ぼうとしているか〉

2　文題が定まってから書き出すまでにどんなことを考えるか（腹案）〈三年～六年〉
〈六年のみ、文を書く前にどんな腹案をたてるか〉

3　書き終わってからどうするか（推敲）〈三年～六年〉
〈六年のみ、どんなことに注意して文を訂正するか〉

4　どんな文がよいと思うか（文章観）〈三年～六年〉

5　どうすれば綴り方が上手になるか（学習法）〈三年～六年〉

6　綴り方のすきなわけ、きらいなわけ、すきでもきらいでもないわけ〈二年～六年〉

7　課題と随意選題ではどちらが書きよいか

8　綴り方は何のためにけいこするか

Ⅴ　綴り方学習史に関する課題作文調査
（文題「一二年時代の綴り方」「綴り方の苦心談」「綴り方のたのしみ」「綴り方の失敗談」「文ののびたあと」など）

Ⅵ　推敲力（批正力）の発達に関する調査
Ⅶ　鑑賞力の発達に関する調査

（前掲『児童創作意識の発達と綴方の新指導』四二～四五ぺ、二六六～二六七ぺ、四二一～四二二ぺによる。）

大正中期（大正六年ごろ）に、すでに、同一文題による調査[3]が行われていたことは、注目すべきである。
右に見てきたように、飯田恒作氏のばあい、大正六年においてすでに、児童の綴る力の学年的発達を明らかにしていくために、複数の追跡調査が組み合わされ、児童の作品および創作意識の両面から、綴る力の発達の様相をとらえていけるよう、工夫がなされていた。

三

昭和十年、飯田恒作氏は、同一文題による追跡調査の成果を、『綴る力の展開とその指導』（昭和一〇年九月一日、培風館刊）としてまとめた。本書は、昭和四年四月から昭和十年三月までの、第三回の持ち上がりの体験に基づく報告書である。
同一文題による調査の概要は、以下のとおりである。

○対象とした学校
・東京高等師範学校附属小学校
○調査期間
・昭和四年四月～昭和十年三月

○対象学級
・飯田恒作氏担任学級（四十五名）
○調査のねらい
・同一の児童が学年の進むにつれていかに観方が発達するか、それがいかに構想の上にあらわれるかを明らかにする。
○文題
・おとうさん
○文題選定の理由
①自己の構想力によってまとめなければならない文題である。
②児童が共通した経験をもった文題である。
③高学年に至っても対象にあまり変化のない文題である。
○記述の際の条件
・時間を限定せず、綴りたいところまで綴らせ、指導も行わない。
○作文のとりあげ方
・調査を簡潔にはこぶために、尋常一学年、三学年、五学年の作品だけを資料とし、さらに各学年とも、A・B・Cの三組に分類して、各組から五名ずつの代表者を選ぶ。A・B・Cの組は、五学年末の成績（各教科の総合点）によって分ける。
・まず個人ごとに考察し、次に学年単位の綴る力を考察する。
○研究資料としての配慮

・原文のまま、一字の補正も行わない。ただし、誤字には△の符号、脱字には○の符号を施し、かなづかいの誤りではなはだしいものには（　）の中に注を加える。（前掲『綴る力の展開とその指導』、一六〜一八ぺによる。）

なお、本書では、同一文題による調査のほかに、児童の文章観についてのアンケート調査の結果[4]が報告されている。このアンケート調査は、「どんな文をよい文というか」という問題を課して、尋常二年生[5]から六年生までに、毎学年一回答えさせたものである。調査対象は、飯田恒作氏の受け持った、第一回（大・六・四〜大・一二・三）、第二回（大・一二・四〜昭・四・三）の卒業生である。

この飯田恒作氏の調査は、同一児童の綴る力の学年的発達を同一文題によって追跡調査したこと、成績順によって三グループに分けて、綴る力の発達を考察したことなど、昭和初期の、綴る力の発達に関する調査研究として、高い水準を示している。特に、十五名の児童の、個人別の綴る力の学年的発達をおさえた上で、学年別の綴る力の発達の考察にすすんでいる点は、研究方法として高く評価できる。調査の方法、研究のすすめ方については、心理学者[6]からの示唆があったものと推察される。

しかし、記述の時間を一定にしなかった点[7]は、調査上の条件を一定にすることができず、基本的なミスといわねばならない。また、児童の作品を、尋常一学年、三学年、五学年の三学年に限定して、二学年、四学年、六学年の作品を資料として付していない点も、調査を簡潔にするためとはいえ、惜しまれる。特に、三学年から四学年にかけては、記述力が著しく伸長する（とともに、その停滞現象があらわれる）時期であるだけに、三学年だけしか資料が付されていないことは残念である。

さらに、発達要因として、学習指導要因がおさえられていないことも、昭和初期の、綴る力の学年的発達に関する調査研究の限界を示しているといえよう。

第二節　綴る力としての素材の観方と現し方

一

飯田恒作氏が、『綴る力の展開とその指導』(昭・一〇・九・一、培風館刊)で行なった、同一文題による調査のねらいは、「同一の児童が、学年の進むにつれて如何に観方が発達するか、それが構想の上に如何に現れるか」(同上書、一七ぺ)を明らかにすることであった。ここには、飯田恒作氏の、綴る力の構造のとらえ方が示されているとみることもできる。

飯田恒作氏は、児童の綴り方作品を分析していく観点について、「綴方では作品を二つの方面から吟味することが出来る。児童の生活——即ち素材の方面と、素材に加工して想(内容)とする方面がそれである。生活を経験といつてもよいが、これを作品から見れば素材である。これ等の生活なり事象なりは、創作的な観方の展開に即して構想されたものでなければ、文の想乃至は内容とはならない。かうした加工を想化作用といつてもよい。想化作用は素材を整理し、これを変容し、更に成長させて一つの作品として完成する。(中略)／この意味から私の『お父さん』といふ課題による作品の研究も、一つは素材の方面から児童の生活展開を、一つは現し方の方面から児童の構想展開を理会する上に、かなり多方的な興味があると思ふ。(中略)たゞこれを現し方の方面からのみ眺めても理会に困難なものがあるから、内容の方面——厳密にいへば内容は想化されたものであるから現し方を離れて考へることは出来ないが、これを特に生活に即する観方の展開面とし、創作に即する観方の展開面と表裏して理会を満たすことにしたいと思ふ。」（同上書、一三五～一三六ぺ、傍線は引用者。）と述べている。

右に引用したことを構造化すれば、飯田恒作氏は、児童の綴り方作品は、

1　生活に即する観方の展開面＝児童の生活即ち素材の方面

2　創作に即する観方の展開面＝素材に加工して想（内容）とする方面＝構想（現し方）

の両面から分析することができると考えていることになる。

次に、「現し方」の定義については、「文の現し方といつたのも、構想とか想化とかいふ言葉の意味に種々の異論があると思つたので、綴ることに関するすべての技巧をかうした言葉で一括したのである。だから素材の整理・変容・成長はいふまでもなく、文字や言葉の如き外的な表現に関するすべてのものも包含されてゐるのである。」（同上書、一三五ぺ、傍線は引用者。）としている。

以上のことから、飯田恒作氏のばあい、綴る力は、①「おとうさん」をどう認識しているかという、素材の観方に関する力　と、②「おとうさん」をどう表現しているかという、素材の現し方に関する力　との両面からとらえられているとみてよかろう。

もっとも、素材の観方については、生活レベルと創作レベルの二つが区別され、素材の観方に関する力として一括しにくいが、個人別・学年別の綴る力の発達の分析例(8)から帰納すると、このようにとらえることが可能である。

二

次に、①　素材の観方に関する力　と、②　素材の現し方に関する力　として、具体的にどのような力が考えられているかを見ていくことにする。

飯田恒作氏のばあい、綴る力の構造が、素材の観方と現し方の両面から考えられているとはいえ、さらにそれらの力の内容が分析的に述べられているわけではない。綴る力として、素材の観方と現し方に関して、どのような力が考えられるかを分析するよりは、むしろ、次のように、綴る力を総合的に把握していこうとするのが、飯田恒作氏の立場(9)であった。

「本書に挙げた児童の成績は、全部私の手を加へないものばかりである。また、調査を分解して統計したり、一覧表を作つたりしなかつたのは、綴り方の本質を尊重したからである。生命を見ようとしたからである。多少学術的に不備なところがあつても、生命の直覚がなければ指導者を生かすことが出来ないと思つたからである。百の分解を試みても、一つの生命を失つては実際家として恥ぢなければならない。純粋な創作の心境は渾一無二である。この生命を直覚することは、創作心理の研究者にとつて独自な行き方でなければならない。」

(『児童創作意識の発達と綴方の新指導』、大・一四、七〜八ぺ)

「此処で一つ断つておきたいのは、綴方では綴る力が種々の方面に種々のかたちであらはれるが、これは部分的に見るべきものではなく、綜合的に眺めなければならないものであるといふことである。綴方では一つの作品をまとめるまででも、取材、腹案、記述、推敲の過程があるし、作者の修養として鑑賞の問題がある。しかし、取材力、腹案力、記述力、推敲力、鑑賞力と別個の力が発達するものではない。何時も綜合的な綴る力が全体を支持してゐるのである。しかもこの綴る力は、かうした過程において種々の方面から発達して行くのである。専門家の中には専門的な立場から特に構想を尊重し、推敲を力説し、または鑑賞を高唱する者があるので、実際家の指導に程度を誤る者があらはれる。実際家は綴る力の綜合的把握によつてこれを理会すべきである。私が各学年の発達を説く場合に、便宜上分解的なものを挙げることもあるが、読者諸賢の綜合的な理会を切に望む次第である。

（『綴方教育の学年的発展』、昭・一四・一一・一五、晃文社刊、一〇～一一ぺ）

右に引用したのは、大正十四年と昭和十四年における、飯田恒作氏の見解であるが、昭和十年にまとめられた『綴る力の展開とその指導』の中でも、綴る力を分析的に説いたところはないことから、同様に、綴る力を総合的に把握していこうとしていると考えられる。

したがって、次に示す、綴る力としての、①　素材の観方に関する力　と、②　素材の現し方に関する力　の下位項目は、『綴る力の展開とその指導』における、飯田恒作氏の児童綴り方作品の分析例から、帰納的にとらえた結果である。

①　素材の観方に関する力（おとうさんをどう認識しているか）
・内容の広さと深さ（取材力）
1　父を多面的に観察する力
2　父を内面的に、性格的に把握する力
3　父の生活を味わってみる力
4　父についての感想を述べる力

②　素材の現し方に関する力（おとうさんをどう表現しているか）
・文字力
・表記力
・語彙力
・文法力

・構想力
1　起文と結文をまとめる力
・叙述形式・文体に関する力（記述力）
1　対話によって記述を具体化する力
2　断定したことを例証する力
・対読者意識（表現意識）

構想力・記述力については、さらに細かくとらえることができるが、[10]児童の綴り方作品の分析例に頻出するものに限った。

右に示したように、飯田恒作氏のばあいも、児童の綴り方作品の分析をする際には、取材・構想・記述の各過程[11]に応じて、綴る力がとらえられている。

第三節　児童の綴る力の学年的発達

一

飯田恒作氏著『綴る力の展開とその指導』（昭・一〇・九・一、培風館刊）では、児童の綴り方作品にみられる綴る力の学年的発達の分析が、

第三章　作品の起結と構想
第四章　児童作品の構想展開
の三つの章で行われている。

第二章　児童作品の学年的展開　では、成績順で分けたA・B・Cの三グループから、それぞれ五名ずつ、計十五名を選び、尋常一学年、三学年、五学年の作品について、個人別に綴る力の学年的発達が考察されている。

第三章　作品の起結と構想　では、児童の綴り方作品の起文と結文から創作傾向を明らかにし、一学年（低学年）、三学年（中学年）五学年（高学年）ごとに、作品の起結からとらえた綴る力の発達段階が考察されている。

第四章　児童作品の構想展開　では、一学年（低学年）、三学年（中学年）、五学年（高学年）ごとに、素材の観方、現し方の両面にわたって、綴る力の発達段階が考察されている。

ここでは、第二章　児童作品の学年的展開　から個人別の綴る力の学年的発達を、第三章　作品の起結と構想および、第四章　児童作品の構想展開　から学年別の綴る力の発達を、それぞれ、児童の代表的な綴り方作品をとりあげて、検討していくようにしたい。

二

個人別の綴る力の学年的発達については、次の三つのばあいについてみていく。

1　綴る力の飛躍的な発達を示した児童（飛躍型）
2　綴る力の順調な発達を示した児童（順調型）
3　綴る力の発達が極めてゆるやかで、きわだった発達を示さなかった児童（停滞型）

以下、それぞれの代表例を選び、児童の綴り方作品と飯田恒作氏の分析例をあげて、考察を加えることにする。

○1　綴る力の飛躍的な発達を示した児童（A組E児童のばあい）

〈尋常一学年〉

■児童の綴り方作品

ウチノオトウサン

ウチノオトウサンハコ年五十五ニオナリニナリマシタ。

マダタイヘンオゲンキデス。

イツデモ僕トフザケツコヲシマス。

僕ガオ父サンノカタノ上ニアガツテゲイトウヲスルトミンナガワラヒマス。

オ父サンハ朝ネボウデ僕ガゴハンヲタベテヰルコロニヤツトニカイカラオリテイラツシヤイマス。

ヨク僕ノコトヲオカラカイニナリマス。

カタノ上ニノボツタラ一銭オクレトイツテオワラヒニナツタリシマス。

オ父サンハオコリンボデ僕ガナニカイフトスグオオコリニナリマス。

今日朝電車ノヱヲカイタラウマカツタノデオ父サンニホメラレマシタ。

オ父サンハコホイフトキダケハホメテクダサイマス。

ダカラコホイフトキダケハオ父サンガスキデス。

ダガオコルト僕ハオ父サンガイヤニナリマス。

ダカラ僕ガ（ハ）スキデモキライデモアリマセン。


（同上書、三五～三六ぺ）

■飯田恒作氏の分析

尋常一學年の作品は、他の多くの児童の作品と異なり、心持――お父さんの好嫌ひを中心として綴つてゐる。「ウチノオトウサンハコ年五十五ニオナリニナリマシタ。マダタイヘンオゲンキデス。」と父の年齢から文を起して、自己の感想を述べてゐるのは、この頃の兒童として觀方のすぐれてゐるところである。作者は尋常三學年でも、尋常五學年でも父の年齢を擧げては自己の感想を述べてゐる。これは父が年を取つてから出來た子供であつて、常にさうした反省の暗示となる話題が環境から出てゐると思はれるが、その感想を學年的に比較してみても、作者の觀方の展開性は十分摑むことが出來る。作者は低學年から語彙が豊富で、文字の使用もかなり自由であつたのである。（同上書、三九～四〇ぺ）

〈尋常三学年〉

■児童の綴り方作品

僕のお父さん

僕のお父さんは、年は五十七だが、とても元氣なのでずつと若く見える、又お父さんはずいぶんふとつてゐて、めかたは十七貫以上だ。はだかになると、おなかが、たいこ腹のやうになつてゐる。

お父さんは、はだかになると、

「たぬきの腹つづみだ。」

と、言つておなかをたゝく。ポン〳〵とよい音がする。僕が、

「うまいね。」

と、言つたら、お父さんは、

「どうだ、たぬきの腹つづみよりうまいだらう。」

と、言つたので、皆が笑つた。それで僕もやつていばつて、やらうと思つて、やつて見たら、ちつともよい音が出ない

で、かへつて、おなかがいたくなつてしまつた。

又お父さんは、とても勉強がよく出來て、いつでも、いうとうだつたのださうだ。お父さんは、つりと風呂とがひじょうにすきで、風呂は、たいていの日は朝晩二回入るし、つりもひまがあると、よくいく。又、僕とおとうさんは、よくすまふをする。

僕は、大ていの時は、お父さんのおなかに、頭をつけてよりたてる。けれど、お父さんの大力にはかなはない。かるがると持上げられて、土俵の外へほ（う）り出されてしまふ。僕はそれがざんねんでたまらない。でも時々、うつちゃりでお父さんをやつつける事がある。

お父さんはよく僕を、活動寫眞につれて行つたり、色々な物を買つて下さるから、僕はすきだ。

又どつちかといふと、お母さんよりあまい。お母さんが、なか〳〵ゆるされないやうな事でも、お父さんはすぐゆるして下さる。

お父さんはとても頭がよい。此の間一年分のかいけいを、一日で一厘もちがはずにきちんとやつてしまはれたほどだ。

又お父様が勉強が出來たのをお手本として習はうと思つてゐる。

お父様のやうな人は、世界中どこをさがしたつてゐないだらう。（同上書、三六～三七ペ）

■飯田恒作氏の分析

尋常三學年になると、「僕のお父さんは、年は五十七だが、とても元氣なのでずつと若く見える。」と文を起してゐる。そして「お父様のやうな人は、世界中どこをさがしたつてゐないだらう。」と文を結んでゐる。文の起しや結びを見ただけでも、作者の構想が創作の理念から出てゐることがわかる。更に對話を挿んで記述を具體化し、一つの斷定を例證してゐるなど、現し方の異常な進歩を見せてゐる。また言葉が自由であり、漢字の使用率もかなり多い。かうした現し方ばかりでなく、觀方も内面的傾向を有し、父を性格的に把握しようとしてゐるところなど、作者の優秀な發達を物語つてゐると思ふ。（同上書、四〇ペ）

〈尋常五学年〉

■児童の綴り方作品

我が父

ヂリ〳〵と玄關のべるがなる。「やあ、お父様だ。お父様だ。」と言ひながら玄關に走つて行つて、かぎをあけるとお父様は、「やあ。」と言はれながら入つて來られる。その顔には明るいほがらかな氣分が何時でもあらはれてゐる。お父様は今年五十八歳におなりになるが大へん元氣で、又よう氣な方だ。お父様が歸られると、家中が急に明るくなつたやうな氣がする。

一、お父様の好きな物

お父様は第一につりがお好きだ。もう好きになつてからずい分たつて此頃は大分上手になられた。又此の九、十月頃はつりの季節だと言ふので盛につりに行かれる。皆はぜつりか、黒鯛つりである。場所は大てい品川沖か荒川放水路の方でつられるが、此の前の時は銚子まで行かれて、三十糎位もあるはぜをたくさんつつて來られた。又大きなかれひをつつて來られた事もある。僕も二度許り御供をした。

お父様の好きな物はもうあまりないが、元酒がお好きだつた時もある。僕達が之を非常に止めたので此頃は餘り飲まれないが時々、知合の人と一緒にずゐ分のんで來られる事もある。

二、お父様の故郷

お父様は、明治九年の十月十日に岡山縣のつらじまと言ふ所でお生れになつた。僕が五つ位の時其所の家につれて行つてもらつたことがある。其の家はお父様が生れた家ではないが、お父様が祖父様や曾祖父様のためにたてられた家で大へんりつぱである。お父様は大へん親考（孝）行だつたから、二人とも非常に満ぞくして死なれたと言ふ事だ。又二人のお墓も非常にりつぱに出來てゐる。そしてお父様は歸郷されると第一番にお墓参りをされる。

お父様は晩などよく皆に、自分の小さい頃の話をして下さる。「お前達は國に行つたとき、錢型のついた四足の火鉢をおぼえてゐるかい。」とお父様は話し出される。「それはおぢいさんが大切にしてゐた火鉢だつたがね。火の中に一文錢をおとしたのを拾つて火鉢のふちにおいたら、銭型がやけて出來たので、之は面白いとばかり、幾つも幾つも銭型を作つたものだ。それを後で見つけられて目玉が飛び出る程、とてもしかられたぞ。」そして、「まあ坊が熊ぢいやに連れられてかに取に行つた川があつたらふ。」とお父様の話は尚も續く。

「あの川に潮が満ちて來た時に、村の子供等は皆其所に泳ぎに行く。しかしお父さんの小さい頃は今の様に親達は泳ぐ事を喜ばなかったのだ。それで子供等は誰でも家の人にかくれて泳いだものだ。或る時お父さんが例の如く、皆とさん〴〵泳ぎ廻つて岡へ上つて見ると、ぬいだ着物が見當らない。後で家の人が來て着物を持つて歸つてしまつた事が分つたが、其の時もずい分しかられたな。それから泳がない様にと、帯に封印をされた事があったよ。考へるとずい分腕白だつたんだなあ。」と言ひながら、遠い昔の事をなつかしさうに話して下さる。僕は聞いてゐる中に小さい時に行つて見た、あの美しい小川や海の景色が目の前に浮んで來る。

三、此の頃の父

お父様はお年の割合に仲々元氣で、活動家である。口では非常にきつい事を言はれるかと思ふと、一方では大へん涙もろい所がある。

此の間五一五事件の新聞等を見て、よく涙をふいていられた事を見た。非常に子供好きだから、よく子供がなついて來る。

お父様は、「人の盛りは八十だと言ふから、おれもまだまだ三十年位は働けるぞ。」と、大へん元氣がよいので僕等も非常に心丈夫だ。しかし此頃お父様の頭にも大分白毛が生えて來た。目鏡も老眼鏡だ。それを見るとまだ小さい僕は心細いような氣がする。

どうぞいつまでも今の様な元氣で居て下さいと、僕は心からいのつてゐる。（同上書、三七～三九ぺ）

■飯田恒作氏の分析

尋常五學年になると、観方の發達と構想の展開が、遺憾なく作品にあらはれてゐると思ふ。文の起しは意識的に工夫してゐるし、記述の進行に連れて現し方にかなり變化を見せてゐる。内容もよく整理されてゐる上によく熟してゐる。しんみりと自分で味つたものばかりである。その中でも特に光つてゐるのは、此の頃の父を綴つた一節である。この頃の兒童としては、かなり内面的な深い意味づけであり、また性格的な把握であると思ふ。作者の人間的な感情の動きは細かで深い。其處に讀者に迫る強い力があると思ふ。（同上書、四〇ぺ）

A組E兒童の、綴る力の発達上の特質および学級内での位置（成績）については、

作者は構想力の最も早く發達した兒童の一人である。内容の廣さや深さに關しては、他に多くのすぐれた兒童があつたが、現し方に關しては、この作者ほど早く發達した兒童は他に多くを見出すことは出來なかった。勿論作者の綴るまでの用意や、努力的な記述は、學級中斷然群を抜いてゐたのである。しかし他教科の成績も優秀であつたし、順位も低學年から高學年に至るまで、餘り變化がなかつたのは素質のすぐれてゐたことも物語つてゐると思ふ。（同上書、三九ぺ）

と説明されている。E児は、素材の観方（内容の広さや深さ）もさることながら、特に、素材の現し方にぬきんでた児童であった。綴るまでの用意も周到で、素質にもめぐまれていた。

E児の綴る力がすぐれていることは、すでに尋常一学年の段階で発揮されている。他のほとんどの児童が、父の外面的な姿や生活を思い出すままに、あるいは時間の順序にしたがって綴っている（同上書、一四二ぺ～一四八ぺによる。）のにくらべ、E児のばあいは、父への好悪の感情を中心として記述している。これは観方がまだ一面的ではあるが、客観化しにくい好悪の感情・心持ち（同上書、一五一ぺによる。）を綴っている点で、父を内面的にとらえていこうとする傾向がすでにあらわれている。この傾向は、三学年、五学年になるにつれてしだいにはっきりし、父

を内面的に、性格的に把握することができるようになっていく。

また、E児の素材の観方に関する特徴としては、父の年齢をあげては自己の感想を述べていることがあげられる。感想の中心は、「父は年にもかかわらず元気で若々しい」というとらえ方である。一学年の「ウチノオトウサンハコ年五十五ニオナリニナリマシタ。マダタイヘンオゲンキデス。」、三学年の「僕のお父さんは、年は五十七だが、とても元気なのでずつと若く見える。」、五学年の「お父様は今年五十九歳におなりになるが大へん元気で、又よう気の方だ。／お父様はお年の割合に仲々元気で、活動家である。／お父様は『人の盛りは八十だと言ふから、おれもまだ〳〵三十年位は働けるぞ。』と大変元気がよいので、僕等も非常に心丈夫だ。しかし此の頃お父様の頭にも大分白毛が生えて来た。眼鏡も老眼鏡だ。それを見るとまだ小さい僕は心細いような気がする。」（以上、年齢に関する記述は、同上書、一二四～一二五ぺによる。）と順にみてみると、父のとらえ方（特に、年齢の意味づけ）が深まっていることがわかる。「感想を学年的に比較してみても、作者の観方の展開性は十分摑むことが出来る。」（同上書、四〇ぺ）という、飯田恒作氏の指摘は、発達をとらえる手がかりが具体的に示されており、重要である。

一方、E児の素材の現し方については、語彙が豊富で、文字の使用もかなり自由であったこと（一学年）、言葉が自由であり、漢字の使用率もかなり多いこと（三学年）、内容もよく整理されてよく熟し、しんみりと味わったものであること（五学年）と説明されているとはいえ、これらは、抽象的なレベルにとどまっている。

素材の現し方に関する指摘で注目すべきは、三学年の、「対話による記述の具体化」と「一つの断定を例証する記述のしかた」である。E児の作品をみると、「対話による記述の具体化」については、対話の量の面からも、対話のうつし方の面からも、その発達をとらえることができる。もう一つの、「一つの断定を例証する記述のしかた」は、「ある一つの断定について理由を説明し、例を挙げるやうな書き方は、到底尋常三学年頃までには見ることが出来ない。」（同上書、一八ぺ）ものであり、E児の素材の現し方がいかにすぐれいるかをうかがうことができる。

E児の素材の現し方について、もう一つ特徴的なことは、尋常五学年の作品にみられる、書き出しの巧みさである。このような描写的な書き出しは、他の児童の作品にはみられないものであり、E児の五学年の作品の水準の高さを物語っている。

以上みてきたように、E児のばあい、素材の観方の順調な発達、素材の現し方の飛躍的な発達がよくとらえられているといえよう。

○2　綴る力の順調な発達を示した児童（A組A児童のばあい）

〈尋常一学年〉

■児童の綴り方作品

オトウサン

ボクノオトウサマノスキナモノハ、ハナガ一トウダイスキデス。ソノツギハシリマセン、コノマヘ、オトウサマガデンシヤノ中ヘオカシヲワスレマシタ。オトウサマハネボウヲシマス。

オトウサマハ、メガ四ツアリマス。ソレハメガネヲカケテヰマスカラデス。ネルトキハオソクネマス。オトウサマハマヘニハオサケヲノンダケレドモコノゴロオサケヲノマナクナリマシタ。

アサオキルトスグカホオアラヒマス。カホオアラツテ中（ゴ）ロニナルトオフロバカラデテオカアサマニヒゲヲソツテモラヒマス。　（同上書、一八ぺ）

■飯田恒作氏の分析

尋常一學年の作品では、思ひ出したことを一口づつ綴つてゐる。細かに綴ることが出來ない。そしてお父さんの好きなものの外は、大體外面的な記述である。けれども、この作品で作者の観方の展開を暗示するものは、お父さんの好きなものから綴り出してゐること、内容が少し反省を深めればお父さんの性格を把握し得る、内面的な傾向を見せようとするところにある。電車の中の忘れ物、朝寝、この頃お酒を飲まないことなどがそれである。（同上書、二一ぺ）

〈尋常三学年〉

■児童の綴り方作品

お父さん

僕のお父さんは今年四十六歳ださうだ。そして眠（眼）がねをかけていらつしやる。大へん元氣で、運動がおすきだ。

ことに野球がすきでリーグ戦がはじまるといつでもラヂオでほうそうを聞いたり見にいらつしやつたりする。

お父さんは毎日會社へお出かけになる、そして五時頃お歸りなる。

歸るとすぐ新聞をお讀になる。

又お父さんの御そつ業をした高等學校は三校（高）で大學は帝大ださうだ。

又時々うたいをやることもある。

學生時代にはよく百人一首をやつたさうだ。又大學や高等學校にいらつしやつた時にはずいぶん面白かつた話もある。

それ（は）たぶん大學にゐたころのことだ。或げしく屋にお父さんとあとお友だち二人しが（か）そのげしく屋にいなかつた。そしてそのうちには學校へはいて行く靴は二足しかなかつたさうだ。

だから一番は（あ）との人はだれが（か）におぶさつて學校へ行つたさうだ。

僕のお父さんはご飯をたべるのが早かつたのでたいがいは靴をはけたさうだ。

そして靴には新しい靴と古い靴とりやう（方）あつてお父さんは新しい、方の靴をはいて行けたさうだ。

もう一つの話は僕はかんしんした。それはきしくしやにゐた頃のしけんのさい中のことだつた。

きしくしやでは夜時間が來ると見はりの人が電氣のもとをけして眞暗にしてらうかの小さな電氣だけつけておいたさうだ。

するとお父さんたちは自分のへやからいすをもつてきて電氣の所へそれをおいていすにのつてその小さな電氣の光で勉強をしたさうだ。

僕はずいぶんよく勉強したと思った。お父さんはうち中で大すきだ。（同上書、一八～一九ぺ）

■飯田恒作氏の分析

尋常三學年の作品には、さうした豫見がかなり事實となつてあらはれてゐる。お父さんの好きなこと――野球には細かに綴る萌芽を見せ、學生時代の話には自己の感想を綴つてゐるし、文の結びには初歩の創作的な理念の閃もうかがはれる。お父さんの年齢から文を起してゐるのも凡ではない。普通の能力を有つてゐる兒童であれば、本學年頃にはかなり多方的な觀方の萌芽をあらはすものである。作者は何時も綴方では上の下、中の上ぐらゐの成績を示してゐた。眞面目で、努力家で、何れかといへば小心で、人になつかしむ涙もろい性質の兒童である。（同上書、二一ぺ）

〈尋常五学年〉

■児童の綴り方作品

我が父

僕のお父さんは僕と一番仲よしだ。だから夕方おかへりになる頃が樂しみな時である。

僕はお父さんの顔を見ると一番さきに何んでも一日中にあつた出来事を皆話す。學校でよい成績を取つた時などお見せするとにこにこしてよろこんで下さる。

そして時々よい雑誌を買つてきて僕の机の所へ持つて来て下さる。その時はほんとうにうれしい。夕飯をすました時など色々な面白い話をきかせては皆を笑はせたりする事がある。しかしほめたり笑わせたりする時ばかりでない。なか〳〵こはくて叱られる時はずい分こはい。

お兄さんが、叱られる時でも僕までおこられてゐるやうな氣がして部屋へにげていつてしまふ。そして一しよに遊ぶ時はきつとトランプとコリントが（か）ダイヤモンドゲームである。

どれもとても僕より強くてなか〳〵勝つのに骨が折れる。しかし時々まかすことがある。

夜は大てい新聞や雜誌を讀みふけつてゐるのが何よりの樂しみださうだ。時々はお母さんと町の方へ散歩に出ることもある。

身體はとても丈夫でめつたに病氣をしたことがない。今まで一度病氣をしたのを覺えてゐる。又とても寒がりやで冬は、「お、寒い〳〵。」

といつて火鉢にあたつたりこたつに入つたりする。そのくせ又暑がりやで夏は暑い〳〵といつてだら〳〵汗ばかり流してゐる。それで、僕やお兄さんが弱いといつて笑ふと、「これでも若い時はとても強くて雪國の田舍で寒中うす着で平氣で雪の中を飛んで遊んだものだ。」

と自慢して見せる。そして田舍の中學で運動の選手にもなつたさうだ。中學を卒業してから始めて鄉里の福井から東京へ出て、それから三高へお入りになつたのださうだ。高等學校時代にはいろ〳〵の陽（漫）談がある。

夜の御飯がまづいのでまかないとけんくわしたり、學校へ行くのに三人で二つの靴をはいたりその外いろ〳〵のことがある。そしてその時のお友達が今でも東京で一しよになつて話しあふことがあるさうだ。そしてそのお友達が今ではどの人も頭がはげて僕のお父さんなどはまだいい方だといふからをかしくてたまらない。

それからお父さんのよい事を一寸書こう。それは好きな煙草をやめたことだ。

もとはとてものんだのに此の頃急に吸はなくなつた。それで、皆でよくこらへてやめられたものだと感心してゐる。そのかはりそれからはお菓子がとてもすきになつて今では僕より、ずつとたくさんお食べになる。そしてお飯も僕よりずつとよけいにたくさんお食べになる。

次に悪いくせは夜寢るとすぐ大きないびきをかくことだ。僕の部屋はお父さんのへやよりずつと離れてゐるのによく聞えるのだからおどろいてしまふ。隣りに寢てゐるお母さんなどはどんなにうるさいだらう。しかし朝は一番早く目がさめて僕達がおそいと起される事がある。けれども出かけるのがおそいから僕の方がけつきよく早くなつてしまふ。僕のうちはこんない、お父さんが毎日汗を流して働いて下さるのでほんとうに安心して暮して行ける。僕はこんないいお父さんを持つてほんとうに仕合せだと思ふ。　　（同上書、一九〜二一ぺ）

■飯田恒作氏の分析

尋常五學年になると、お父さんの全面的な——しかも内面的な把握によつて創作理念を確立し、多方的に内容を用意してゐる。文の起しや結びのあるのも、感想を述べてゐるのも、對話を挿んでゐるのも、さうした傾向を物語つてゐる。構想の發達は觀方の展開を物語るもので、三つの作品を比較して見れば直に理會出來ると思ふ。殊に觀方が公正になつて來て、お父さんの美點と共に缺點も擧げようとしてゐる。しかし、この頃の兒童になるとお父さんの缺點を擧げる者は極めて少い。多くは感謝の言葉で文を起し文を結んでゐる。作者の綴方成績は尋常六學年になつても、その位置に餘り變化はなかつたのである。　　（同上書、二二〜二三ぺ）

A組A児童は、右に引用した中に、「作者は何時も綴方では上の下、中の上ぐらゐの成績を示してゐた。」（三学年）、「作者の綴方成績は尋常六学年になつても、その位置に余り変化はなかつたのである。」（五学年）とあったように、絶えず、学級内で一定の成績を保持しながら、コンスタントに綴る力を伸ばしていった児童である。

A児の一学年の作品では、お父さんの好きなものを綴っていることを除いては、だいたい外面的な記述に終始し、まだ細かに綴ることができていない段階である。しかし、A児の綴る力が、特に劣っているのではなく一定の水準にあることは、電車の中の忘れ物、朝寝、このごろお酒を飲まないことなどを綴っており、指導しだいで、父を内面的にとらえていくだけの力は備えていることからわかる。

A児は、三年になると、飯田恒作氏の予想どおり、父の学生時代の話など細かに綴る傾向を見せるようになる。

さすがに、実践家らしい鋭いとらえ方がなされているところである。細かに綴る傾向の芽生えについて、飯田恒作氏は、「尋常一学年ではかなり筋の粗い文を綴つた。記述が粗いからその間隙を補つて読まなければ解らない文さへある。しかし作者は学年相応の全体的な把握がある。本学年（引用者注、三学年）頃になると、児童はその間隙を記述によつて埋める。勿論大人のやうな細かい描写は出来ない。が、観方が細かになるに連れて記述も細かになる。例へばA組A児童が父の学生時代を綴つてゐる如き、（中略）この頃の児童の作品に何時も出てゐる傾向である。」（同上書、一六四ペ）と詳しく考察を加えている。A児が三学年の作品で、対話を用いていない点は、マイナスの材料であるが、A児のばあいは、父の学生時代のお話を綴ることで記述を具体化することに成功しているのである。

さらに、五学年では、文の起こしや結びもはっきりし、感想を述べ、対話をはさむなど、順調な発達をみせてくる。また、「それからお父さんのよい事を一寸書こう。」（五学年）のように、読ませるための用意や断り書きの類がみえ、対読者意識が強くなってきている。（同上書、一八一ペによる。）

以上みてきたように、A児のばあいは、三学年で父を細かに観察して綴る萌芽をみせ、五学年で父の全面的なしかも内面的な把握によって創作理念が確立されるという発達のすじみちをたどっており、順調に綴る力を発達させていった児童とみてよかろう。

○3　綴る力の発達が極めてゆるやかで、きわだった発達を示さなかった児童（C組L児童のばあい）

〈尋常一学年〉

■児童の綴り方作品

オトウサン

ボクノウチノオトウサンハアタマガハゲテルノガヒカヒカツテ、デント（ウ）ノヒカリミタイダカラボクハオトウサンノハゲテルトコロオナメテミタラバアマクモナイカラクモナカツタ。

ズ（ツ）トマエ（ヘ）ボクガ、ガクカウヘイ（ツ）テルトキ、オトウサンガタコオアゲテルトカンジヤ（患者）サンガキタカラタコオハシラニシバリツケテオイタラボクガ、ガクカウカラカイ（ヘ）（ツ）テキテ、ニカイニイツテオトウサンニタダイマシニイツタラバオトウサンガタコガ（ア）ガ（ツ）テイルヨトヰ（イヒ）マシタ。

ボクハ、チユ（ウ）ニカイ（中二階）ニオバサンヤヂウチサ（女中サン）ガイルカラチユ（ウ）ニカイニボウシト、フンドヲオキニイキマシタ　（同上書、六六～六七ペ）

■飯田恒作氏の分析

尋常一學年の作品を見ると作者の観方が極めて幼稚であることがわかる。お父さんの頭が禿げてゐることを綴つたのは問題にならないが、最後の一節は表面上お父さんに關係のない記述と見える。恐らく作者は學校道具を置いてから、お父さんと凧を上げたことを綴るはずであつたのであらうが、創作意識が發達してゐないから此處で注意が他の生活に轉向してしまつたのであらう。作者の展開性を想はせるのは、「ズ（ツ）トマエボクガ」といふ反省くらゐなものである。發音の誤りや脱字の多いのは、一般的に國語の力が足りないからである。　（同上書、六八ペ）

■児童の綴り方作品

〈尋常三学年〉

お父さん

僕のお父さんは、はいしやをやつている。朝飯の時は僕達に上海事變のお話をしてくださる。又學校からかへると、お父さんはお、よくかへつたといふ、ゆうはんの時は僕に向つて、學校はできるかといふ、僕はできるようになりましたといふと、えらくなつたなと（い）つて、こんどはお兄さんのほうに向つてべんきやうはできるやうになつたかといふと、お兄さんはできるやうになりましたといつた。又お父さんがえらくなつたなあといふ。

おふろはいつもお父さんとはいる。お父さんはときどき朝ねぼうをする。又日曜日はどこでもつれていつてくれる。此の間の朝にも上海事變のお話をしてもらつた。

お父さんは僕をいつまでもだいじにしてくれる。（同上書、六七ぺ）

■飯田恒作氏の分析

尋常三學年の作品を見ると、この頃の兒童として内容――廣さの展開が少いことに氣がつくであらう。作者は早く母を失ひ、末子として祖父母に育てられた。すべての生活が幼稚で、學習に餘り興味を有たなかつた。けれども相當の素質を有つてゐることは、他教科でも時々認めることが出來た。綴方の内容は何時も貧弱であつた。この作品も決して觀方の浅いものではないが、内容は貧弱である。作者は綴方の用意を怠つてゐる。（同上書、六八～六九ぺ）

〈尋常五学年〉

■児童の綴り方作品

我が父

僕の父は運動が好で、家へ歸ると、すぐにキヤツチボールをする。日曜等は休であるので、そこらの人をあつめては野球をやる。

父はおこる時は、うんとをこるが、性質はとてもやさしい、又お父さんがよそへいこうとして歩いていると、すぐに自動車がよつてくる。父はとても親孝行である。どうしてかといふと、いつも、おみやげをかつてくるとすぐに、おぢいさんを、よぶか、或はもつていくかする。

又父は一つも病氣はしない、それは冬でも野球をしたりするから體がぢようぶになつたのである。父は僕達に勉強が出來ても、體がよは（わ）ければ終には、だめになるから、體をぢようぶにしなければだめだといふ。

又父のうまれは××縣で、中學も××中學である。父の年は四十三歳である。お父さんはよく體がふとつている。又父はいつもかよつて（郊外の住宅から市内の醫院へ）ゐる。

僕のお父さんは、運動の中でも野球が一番好である。此の間僕がお父さん野球やんないといつたら、にこ〳〵して、「やろう」と言つた。父は野球といふと、にこ〳〵する。又六大學の中では立大がだいすきである。それは別井と關口は××中學で同學校であつたからである。

食物でお父さんのすきなものは、とりのぞうもつである。なんでもすぐそ（ぞ）うもつと言ふ。日曜日などはどこえもいかないで野球をしたりして遊ぶ。又僕のお父さんみたい（に）僕達と遊ぶやうなお父さんはいないだらう。僕はそれだけこうふくなのだ。


（同上書、六七～六八ぺ）

■飯田恒作氏の分析

尋常五學年の作品は、觀方が内面的に、また批判的になつて來て、作者の發達を物語つてはゐるが、内容の整理が十分でない。「父はおこる時は、うんとをこるが、性質はとてもやさしい。」とか、「父はとても親孝行である。どうしてかといふと」とか、「又僕のお父さんみたい（に）僕達と遊ぶやうなお父さんはないだらう。僕はそれだけこうふくなのだ。」とかいふのは、作者の素質を物語るもので、成績は思はしくないが、自發的に學習するやうな時代になれば、かうした萌芽は相當のところまで伸びるに違ひない。まだその時代が來ないのである。私はそれを樂しみにして何時も作者に希望を有たせてゐた。作者は發達がおそいのである。實際家はかうした發達のおそい兒童を、劣等兒童として葬つてしまふことがある。これ程大なる罪悪はない。

（同上書、六九ぺ）

C組L児童については、「作者は発達が遅いのである。」（五学年）と説明されている。

L児の一学年の作品では、父の外面的な記述に終始し、最後の一文では、直接父に関係のないことまで綴って、主題からの逸脱さえみられる。現し方に関しても、発音の誤りや脱字が多く、綴る力が劣っている。

三学年になると、取材の範囲はやや広がってきているが、三学年の児童としては、内容が貧弱である。表記面でも、まだ、漢字の誤りがみられる。また、間接話法によって対話をうつしているが、表現に幼稚なところがあり、記述を具体化するに至っていない。

五学年になると、やっと、父の好きなものや父の性質を綴るようになり、父の観方が内面的になってきている。現し方の面でも、「この頃になると一般に説明的な態度がはつきり現れる。父はかうだと他人に対して説明する意識も技巧も、かなり進んでゐると思ふ。（中略）C組L児童のやうに父の親孝行な例として『どうしてかといふと、いつもおみやげをかつてくるとすぐに、おぢいさんをよぶか、或はもつていくかする。』と綴つてゐる。かうした現し方は他の多くの児童にも見る傾向である。ある一つの断定について理由を説明し、例を挙げるやうな書き方は、到底尋常三学年頃までには見ることが出来ない。」（同上書、一八一ぺ）と指摘されているように、学年相応の発達をみせてくるようになった。しかし、内容の整理が不十分なために、記述が整然としていない作品である。また、表記上の問題点も残存したままである。

なお、飯田恒作氏によれば、次の六点が、劣等児童[12]の綴り方作品にみられる一般的な欠陥である。

1　観方が一般に狭くて浅い。
2　内容が貧弱である。
3　記述事項の整理が不十分である。
4　語彙が貧弱で言葉づかいが幼稚である。

5　誤字脱字が多い。
6　仮名づかいのまちがいが多い。（同上書、一六七ぺによる。）
L児のばあい、相当の素質をもった児童でありながら、作品としては、劣等児童の作品のもつ傾向、特徴を示しているといえよう。

以上、個人別の綴る力の学年的発達については、A組E児童、A組A児童、C組L児童の三名を選んで、考察を加えてきた。綴る力の発達には個人差があり、発達の型は一人一人違っている。その意味では、E児、A児、L児の三名[13]のみでは、一五名の綴る力の学年的発達をすべてとらえたとはいえない。

しかし、E児を飛躍型、A児を順調型（標準型）、L児を停滞型（遅滞型）とみて、綴る力の学年的発達の類型[14]をとらえていくモデルとすることはできるであろう。

三

次に、学年別の綴る力の発達をみていく。

○一学年（低学年）における綴る力の考察

一学年の代表的作品としては、
①　心に浮かんだことを浮かんだ順序で綴るもの（B組I児童）
②　経験の自然的な順序（時間の順序）で記述を進めているもの（A組D児童）
の二つをあげることができる。

① 心に浮かんだことを浮かんだ順序で綴るもの

オトウサン（B組I児童）

ボクノ、ウチノオトウサマハ、オイシヤサンデ、マイ日ネボウデス、ソシテ、ボクノウチノオトウサマハ、カホガホソイデス、ソシテ、ボクノオトウサマノ耳ハ、ホソイデス、ソシテ、ボクノオトウサマハ、イモウトヲカハイガリマス。ソシテ、ボクノオトウサマハ、セガスコシタカイデス、ソシテボクノオトウサマハ、オコリンボウジヤナイノデ、イヒ（イ）デス。

ソシテ ボクノオトウサマハ、オイシヤサンデニカイニイテモカンジヤサンガクルト、スグ下エオリテキマス。

（同上書、五五ぺおよび一四六〜一四七ぺ、傍線は引用者。）

この作品について、飯田恒作氏は、「この作者は綴る前に何等の構想を行つてはゐない。思ひ出したことを、思ひ出した順序に綴つてゐるのである。この心に浮んだことを浮んだ順序で綴ることは、かなり多くの児童に見られる傾向である。」（『綴る力の展開とその指導』、一四七ぺ）と述べ、A・B・Cの三グループ計一五名のうちで、同じような傾向にある作品としては、A組A児童とC組N児童の作品をあげている。

このI児の作品では、接続詞「ソシテ」が六回も繰り返して用いられ、心に浮かんだことを浮かんだ順序で綴った作品であることをよく示している。また、主語「ボクノオトウサマ」を略さずに七回も繰り返していることは、接続詞を繰り返して用いていることと同様に、低学年（一学年）児童の素材の現し方の特徴を物語るものである。

（同上書、一四七ぺによる。）

②　経験の自然的な順序で記述を進めているもの

オトウサン（A組D児童）

ボクノオトウサンハマイ日ボクヨリハヤク目ヲ、サマシマス。ダケドモ、シンブンシヲヨンデイルカラ、ボクノハウガサキニヲキテシマヒマス。ボクガゴハンヲタベテイルトキヤツトネマキヲキモノニトリカヘテ、ニカイカラオリテキマス。

ボクガゴハンヲスマシテ、スコシヤスンデイルト、カホオアラツテゴハンヲタベマス。

ソレカラスコシタツテ、ボクハガツカウニイキマス。ボクガ、ガツコウカラカイ（ヘ）ツテキテオカアサンニケフハオトウサン八ヂマデニカイ（ヘ）ツテクルトユフトタイテイノ日ハ八ヂマデニカイ（ヘ）ツテキマセントイヒマス。

（同上書、三一ぺおよび一四七ぺ、傍線は引用者。）

この作品について、飯田恒作氏は、「これは時間の順序で――時間の順序はやがて経験の順序にもなるから、経験の自然的な順序で記述を進めてゐる作品の代表的なものである。児童の構想は経験の順序の反省からはじまるといつてもよい程、児童は時間や場所を背景として文を経験の順序で綴る。（同上書、一四七～一四八ぺ、傍線は引用者。）

このD児童の作品でも、「ボクガ、ガツコウカラカイ（ヘ）ツテオカアサンニケフハオトウサン八ヂマデニカイ（ヘ）ツテクルト、ユフトタイテイノ日ハ八ヂマデニカイ（ヘ）ツテキマセントイヒマス。」のように、略すべきところを繰り返して述べる表現法がみられる。（同上書、一四八ぺによる。）一般に、「言語の発達が幼稚であり、文字の駆使が自由でないこの頃の児童に、批正事項として挙げられる形式的な不備欠陥が数多く見出されるのも止むを得ない。」（同上書、一五一ぺ）ことである。中でも、「記述の重複はこの頃の児童によく現れる。」（同上書、一五二ぺ）現象で、ほかにも、「オトウサンハ、アソビゴトガスキナノデ、アチラデ、トランプデ一バンカツテ、ゴホウビヲモラツタリ、イロイロナコトデ、ゴホウビヲモラツタリ、イロイロナコトデ、ゴホウビヲモラッテ、ソノゴホウビヲモラッテ、ソノゴホウビヲカヘルトキモツテカヘツテクダサルソウデ、ウレシクテタマリマセン。」（A組B児童）や、「ウチノオトウサンハヱガオスキデスカラウチニタクサンカケモノガタクサンアリマス。」（B組J児童）のような例がみられる。（同上書、一五二ぺによる。）なお、飯田恒作氏は、「主語――『ボ《ママ》クノオトウサン』を繰返したり、接続詞――『ソシテ』や『サウシテ』が多かつたりするのは前述の通りであるが、批正事項として取扱ふ必要はないと思ふ。」（同上書、一五二ぺ）と述べて、形式的な不備欠陥の中でも、批正事項とすべきものとそうでないものとを区別している。

　右に引用した、I児、D児の作品を通して、「この頃の児童の作品には、殆んど構想と認むべきものを発見することが出来ない。稀に構想らしいものに出合ふとしても、それは意識的に行はれたのではなく、極めて自然的に綴られたものである。」（同上書、一四六ぺ）ということが理解できる。D児の作品でも、朝起きてからの生活が順次綴られているだけで、自然的な構想というべきものである。

　したがって、作品の起結の面からみても、「尋常一学年では、文の起も結も、児童の構想力の展開と認むべきものは極めて少く、お父さんといふ広い全的な内省から、自然に思ひ出したことで文を起し、自然な心理的な進行によって文を結んでゐる者が多かつた。児童の中には二・三意識的に文を起し、意識的に文を結んでゐる者[15]もあつて、構想力の展開を見せてゐるが、中には主想を離れて自己の生活を綴つてゐる児童も二・三あつたのである。概して文の起には印象の強弱・実感の多少などから、自然的な構想展開の萌芽と認むべきものはあつたが、文の結は多趣多様で、全的な反省によつてまとめてゐるものは非常に少かった」（同上書、一〇九ぺ）という実態であった。

　一学年においては、I児のように、思い出すままに文を起こし、文を結んでいるものと、D児のように、朝起きることから文を起こし、作者が学校から帰って父の帰る時刻を問うところで文を結ぶものが、綴る力の実態を代表するものであって、構想上の問題とするほどの意識は認められない。

さて、先に、②経験の自然的な順序で記述を進めているもの の代表例としてあげた、A組D児童の作品について、飯田恒作氏は、次のようなとらえ方をしている。

「尋常一學年の作品には、朝起きる時から順次父のきまり切つた生活を綴つてゐて、觀方の鋭さも内容の豊かさも見せてゐない。けれども、その間に何等の混迷もない。殊に『ダケドモ』の接続詞を使用してゐるところは、作者の頭腦の凡でないところを物語つてゐる。かうした閃を見落すと、この作者の觀方の展開を指導することは出來ないのである。（同上書、三四ぺ）

「此処で『タイテイノ日ハ』とあるのは、前に『ダケドモ、シンブンヲヨンデイルカラ』と綴つたのと同様、作者の觀方の展開性が閃めいてゐるのだから見落してはならない。この展開性は作者の将来を物語るものである。」（同上書、一四八ぺ）

ここでは、綴る力のうち特に、素材の観方に関する力の発達可能性が、綴る力の展開性としておさえられている。飯田恒作氏の指摘どおり、A組D児童は、三学年、五学年と順調に綴る力を発達させていく。D児のばあい、①記述が整然としていること、②逆接の接続詞「ダケドモ」を用いていること、③「タイテイノ日ハ」と限定して述べていることの三点から、綴る力の発達可能性がみぬかれているわけである。このような洞察は、他の児童の綴り方作品の分析[16]にも生かされており、いかにも実践家らしい、すぐれた洞察となっている。

さらに、飯田恒作氏は、D児の作品を例にとって、「一概に論ずることは出来ないが、低学年の児童の作品では、観方にすぐれた閃のあるものが将来有望で、現し方は余り問題にならない。」（同上書、一四三ぺ）と述べ、低学年段階では、綴る力としての、素材の観方に関する力と素材の現し方に関する力のうち、素材の観方に関する力の方を重要視している。このように、児童の綴り方作品を分析するばあいに、綴り方作品を形の上からだけとらえるのではなく、児童が作品を綴った環境や心理を理解したうえで（同上書、一〇八ぺによる）、発達可能性としての展開性を見出すことは、児童の綴る力の学年的発達を跡づけていく際の、飯田恒作氏の根本姿勢となっているのである。

次に、一学年における、素材の観方の傾向としては、

1　自己を中心としている。

2　観方が一面的である。

3　観方が粗くて分解されていない。

4　外面的である。

5　展開は深さよりも広さに向かっている。　（同上書、一四三ぺ）

の五点が示されている。したがって、父を好悪の方面からみているA組E児童や、父の愛情や心配などを綴っているB組J児童のように、右に示した五つの傾向のラインから出ているものは、優等児童である。

（同上書、一四三ぺによる）

次に、素材の現し方のうち、形式的方面に関しては、統計的な調査が行われ、一学年の児童の綴り方作品についても、以下のような結果が出ている。

〈十五名のばあい〉

一　文体　すべて敬体で綴つてゐる。

二　字数

1　総字数　　四九四一　一名平均　三三九
2　漢字総数　一一六　　一名平均　八
3　最多総字数　五八三　最少総字数　一四七
4　最多漢字数　二九　最少漢字数　〇
5　仮名・漢字百分率（仮名）九八％・（漢字）二％

〈四十二名のばあい〉
一　文体　すべて敬体で綴つてゐる。
二　字数
1　総字数　　一五九三八　一名平均　三七九
2　漢字総数　四三一　　一名平均　一〇
3　最多総字数　七九六　最少総字数　一三二
4　最多漢字数　四〇　最少漢字数　〇
5　仮名・漢字百分率（仮名）九七％・（漢字）三％
（同上書、一四四～一四五ぺ）

なお、「漢字の多少や、書方の上手下手などでも、低学年では児童の優劣が大体わかるのである。」（同上書、一五二ぺ）という指摘は、低学年段階の綴る力の発達水準をみていく際の指標の一つとして、重要である。[17]

○三学年（中学年）における綴る力の考察

三学年の代表的作品としては、

③　記述が細密になり父のお話を具体的に綴るもの（B組F児童）

をあげることができる。

③　記述が細密になり父のお話を具体的に綴るもの

お父様（B組F児童）

お父様はたばこがすきだ。そのたばこは朝日だ。お父様は「朝日ぢやないたばこは、まづくてだめだ。」と、朝日のたばこをほめてゐます。

又もう一つすきなのはおさけです。おさけによようとみのうえばなしや、うたなどをうたひ出します。このあいだおさけによつて、みのうゑばなしをはじめました。

「お父様は小さいころたこあげをして、おも白かつたぞ。お父様ぐらいの小供が、何十人かよつてきて、たこがつせんといふのをするのだ。それはな、たこに、はさみ、みないのをつけるのだ。そのことをお父様のうちの方では、ちよんきりといふのだよ。それで、そのいつぱいの人が二くみに、わかれて、そのちよんきりといふので、てきのたこのいとを、きりつこをするのだよ。」

「どんな所でやるの。」

ぼくはきいた。するとお父様は、

「それは、うちから十町ぐらいはなれた所に大きな、はらつぱがあるのだよ。そこでやるんだ。お父様の家はいなかだから、たこをうつている所などは、ないから自分でつくるのだ。そのちよんきりで、きられた時には、しやくにさわるが、てきのをきつた、時のきもちのよい事つて、とても、うれしくつてたまらないよ。きられた時には、十町でも二十町でも、かけつていつて、とつて、くるんだぞ。つかれるけど、しやうがない。たこがもつたいないから、とりにいつて、やうやく、ひろつてくるのだ。それだから、きられないやうに、びーどろといふ、みづみたいのものをぬるのだよ。そのびーどろをぬると、がらすみたいになつて、なか〳〵きれいなのだ。

又お父様の又お父様は、とても、おつかなくてな。そして、いぬがきらいで、しようがない。お父様は、いぬがすきで、よそから、もらつてきてかくして、ごはんやなんかを、やつとくと、武彦たちの、おぢいさんがきて、それを見つけて『こら又いぬをもらつてきやがつたな。こいつめ。』と、おこるからおつかないんだぞ。」

と言ひました。

又おこるとかを、まつかにして、おこる。だからとてもおつかない。又おとうとの忠彦をとても、かわいがる。だからぼくはしやくにさわつてしようがない。お父様のとしは、今年かぞへどしで、四十です。おとうさんのつとめてゐる所は、こうとうしはんの、ふぞく中學です。

又とてもみんなのことをからかふ。この前おさけをのんでゐる時、おさかづきに、ふくすけみたいのえがかいてあつた。すると、

「あ、これは、かづえのかをにてゐるなあ。」

としんる（ゐ）の家から來た、が（か）づえさんのことを言つた。又お父様は、朝おきるとすぐ、たいさうをやる。又お父様はごご十時ごろ家にかへつてくる時も、六時頃かへつてくる時もある。又おさけにようと、ねてからいびきをかいて、うるさくてこまる。又お父様は、とてもおも白いことをやる時もあるし、おこる時もある。ぼくは、お父様がいるから、らくにくらしていくか（が）、お父様がいなかつたら、うちは、どんなだらうと、時々思ふ。

又ぼくは、お父様が、うんとながいきをしてくれ、ばいひ（い）と思つてゐる。ぼくは、家中で、一番すきなのは、お父様と、お母様だ。

（同上書、四一〜四三ぺ、傍線は引用者。）


まず、F児の作品では、書きおこしの文としての起文と、結びとしての結文が書けるようになってきている。F

児は、「お父様はたばこがすきだ。そのたばこは朝日だ。お父様は『朝日ぢやないたばこは、まづくてだめだ。』と、朝日のたばこをほめてゐます。」というように、父の好きなものから文を起こし、「又ぼくは、お父様が、うんとながいきをしてくれゝばいひ（い）と思つてゐる。ぼくは、家中で、一番すきなのは、お父様と、お母様だ。」と結んでいる。この起文と結文があることから、F児は、文章全体の想を把握して綴っていることがわかる。

　尋常三学年になって、児童の綴り方作品に起と結が備わるようになる原因について、飯田恒作氏は、「尋常一学年ではまだそれ程の構想力は発達してゐなかった。随って思ひ出した順で綴つたに過ぎない。けれども、この頃（引用者注、三学年）の児童になると思ひ出したことを心の中で整理する。お父さんに対する全面的な感情が醸される。この感情が更に種々の内省に働きかける。見ることと考へることが交流して内容が統一される。これが文の起となり、また文の結となるのである。だから児童の中心的な感情は多く文の起と結に現れるのである。この傾向を単なる技巧と見る者もあるが、私は寧ろ児童の自然な観方の発達であると思ふ。児童は文をかう起し、かう結ばなければ気が済まないのである。」（同上書、一六三～一六四ぺ）と述べている。

　尋常三学年の作品の起文について、具体的にその内容をみると、

年齢――三（何れもA組の児童）
父の職業――四（その中二名は医者）
性質――二（何れもおこること）
好きなもの――二（一名はたばこ、一名は運動）
柔道が上手――一（C組の児童）
もと居たところ――一（朝鮮の京城）
朝家を出ること――一（B組の児童）

いま病気だ――一（C組の児童）

（同上書、一一三ペ）

のように整理することができる。これらのうち、「父の年齢・職業・性質の三者は次の好きなものと同様、構想力の進んだ児童に見る文の起と認めてよい」（同上書、一一五ペ）ものであって、十五名中十一名が、父を内面的に把握したうえで、文を起こしているのである。

一方、児童の綴り方作品の結文については、その内容を、

父が好きだ――六

父の性質――二（落着いてゐる。元気がよい。）

好きなもの――二（妹。角力と野球）

父に対する希望――一

父の教訓と自分の覚悟――一

僕を大事にする――一

父の大礼服姿はりつぱだ――一

返信を出さなくなつた――一

（同上書、一一八ペ）

のように整理することができる。これらのうち、最後の「返信を出さなくなつた」ことで結んでいるB組H児童を除いては、「十五名の中十四名までは意識的に文を結んでゐる。」（同上書、一一六ペ）のである。いずれも、記述内容から帰納的に結びの文が選ばれている。

次に、先に引用した、B組F児童の作品では、対話をはさんで記述を具体的に、細かにするという特徴をあげることができる。この点について、飯田恒作氏は、「観方が細かになるに連れて記述も細かになる。例へばA組A児童が父の学生時代を綴つてゐる如き、B組F児童が父のお話を具体的に綴つてしかも種々の展開を見せてゐる如き、

この頃の児童の作品に何時も出てゐる傾向である」（同上書、一六四ぺ）と説明し、さらに、

「この対話を綴るやうになると、文は一般的に描写的に具体化し、内容は急速に伸びて行く。小さく概念化するのを防ぐことが出来る。児童の綴方が著しく現実化しても来る。この頃になつても対話を挿んで文を綴らない児童は、多くは小さく概念化してゐる優等児童[18]か、乃至は内容の乏しい劣等児童[19]である。」（同上書、一六四ぺ）と続けて、対話の有無が綴る力の発達をみぬく指標となりうることが指摘されている。対話（会話）による記述の具体化は、叙述力（記述力）の発達を跡づけていく際の観点でもあるから、重要な指摘である。

また、三学年（中学年）における素材の観方の特徴を、一学年（低学年）との相違点に留意して整理すると、次のようにまとめることができる。

1　観方が多方面に展開して、取材の範囲が広がり、ある日のある場面を綴った児童[20]が一人もみられなくなる。

2　観方が細かになり、一つのことを細かに綴るようになる。

3　観方が内面的になって、父の表面的な行動を把握するだけでなく、父の性質、好み、長所などを綴る児童があらわれる。

4　父を内面的にみることの一方面として、父を批判的にみる傾向を示してくる。

5　一学年（低学年）の児童はほとんど感想を綴らなかったが、三学年（中学年）になると多くの児童が感想を綴るようになる。

6　父の全体的な把握と意味づけによって、観方が深さに向かって展開する萌芽が認められる。

（同上書、一五六～一五七ぺおよび一六五ぺによる。）

これらをみると、一学年（低学年）のころの素材の観方とは、すべてその傾向を異にしていることがわかる。これらの素材の観方の傾向が、対話による記述の具体化となってあらわれるのである。また、素材の観方の展開性が、

一学年では深さよりも広さに向かっていたのにくらべ、三学年では深さの方向に向かってくることが、一学年と三学年との本質的な違いであろう。ただし、三学年と五学年とを比較したばあいには、「(引用者注、中学年の)主なる傾向は内容の附加によつて豊かさを増すことで、意味づけによつて文の展開を図ることは更に高学年に進んでからである。[21]」(同上書、一六五ぺ)と指摘されているように、深さの方向への展開性は、まだ芽生えたばかりの段階であるといえよう。

次に、素材の現し方のうち、形式面の調査結果は、三学年では、以下のようにまとめられている。

〈十五名のばあい〉

一　文体　常体八名、敬体二名、混体五名

二　字数

1　総字数　九二二六　一名平均　六一五

2　漢字総数　一五〇〇　一名平均　一〇〇

3　最多総字数　一一〇七　最少総字数　二七七

4　最多漢字数　一七三　最少漢字数　四五

5　仮名・漢字百分率(仮名)八四%・(漢字)一六%

〈四十三名のばあい〉

一　文体　常体二七名、敬体九名、混体七名

二　字数

1　総字数　　二四六三四　一名平均　　五七三
2　漢字総数　　四九五九　　一名平均　　一一五
3　最多総字数　一一〇七　　最少総字数　二六六
4　最多漢字数　　二八六　　最少漢字数　四五
5　仮名・漢字百分率（仮名）八〇％・（漢字）二〇％

（同上書、一六〇～一六一ぺ）

一学年にくらべ、記述量が飛躍的に増加[22]してくることがわかる。

中学年の発達段階としての特質は、「尋常一学年と三学年の間には非常な展開があると思ふ。私の経験では、尋常三学年から四学年にかけて、児童の観方は異常に発達するやうに思ふ。」（同上書、一五八ぺ）とあるように、六年間のうちの伸長期としてとらえることができよう。

○五学年（高学年）における綴る力の考察

五学年の代表的作品としては、

④　ある一つの断定について理由を説明し、例をあげて記述するもの（B組H児童[23]）
⑤　対話の挿入が本格的になるもの（B組F児童）

の二つをあげることができる。

④　**ある一つの断定について理由を説明し、例をあげて記述するもの**

我が父（B組H児童）

家のお父さんはおこるととてもこはい。大變かんしやく持ちで僕等をなぐる。しかし僕はお父さんが大好きだ。なぜかと言へば、方々へ旅行する事だ。夏休中僕達（は）旅行したが夏休が終つたので家へ歸つたが、お父さんとお母さんはまだ旅行してゐて、歸つてからいろ〳〵珍らしい話をしたり、そこの名物を買つて来て僕達を喜ばせるからである。

又近い中に伊香保へいらつしやるさうである。お父さんが旅行する所はおもに伊香保・箱根・熱海・湯ヶ原等で、夏休には熊本等へも行く事がある。

又、お父さんは家へ歸ると先づ洋服を着物へ着かへるがそれからすぐにお茶をのむ。よ程お茶がお好きらしい。又お父さんは此の頃大變いそがしい。先づ最所（初）に帝国大學へ行つて文學部長室へ入つて、午後からは時々文理科大學へもいらつしやる。そして又東方文化學院へいらつしやつて、それから東方文化學院の東京研究所へいらつしやるのだ。お父さんは主に支那哲學の方を研究していらつしやつて、家にはいろ〳〵むづかしい本が一ぱいあつて、家には置いておく事が出来ない程になつた。大きな本だなが二つが（も）三つもあるが、すぐそれが一つぱいになつたので大きな本ばこを二つ作つた。この本箱はたてが一間半に横が二間ある。

しかし、この本箱も一つぱいになつたので今は書物のくらを作るよ定であるが、出來るか出來ないかわからない。又二階には書物だながあるがあるがそこにも一ぱいだ。しまひには家には入らず別に家を立て丶本屋の様にしなければならないだらう。これからもどんどんふえるにきまつてゐる。お父さんの作つたじびきでも六七冊家にある。

此の頃帝大から野球のしようたいじようが來るから、帝大が野球をする時には大てい見る事が出來る。

お父さんの生れた國は熊本であるから遠い。今年僕も熊本へ行く豫定であった。しかし用事があつた爲か來年行く事になつてしまつた。來年行かなくなる事はぜつたいにない。それは來年までは半がくであるが、もう一年たつと中學になつてしまふからだ。

熊本に行つたらかならず阿そ山に上る。それは何時も阿そ山に上るからだ。阿そ山に（は）世界一ふん火口が大きいので有名である。お父さんはこのやうな阿そ山を毎日見て居たさうである。

又お父さんも（は）今書いたやうに（實は書いていない）學校の事に關係した事（物）などは買つて下さるが、むだな物を買ふ事はない。

又お父さんは始軍人になりたかつたさうだ。しかし何かの爲に軍人になる事が出來なかつたさうだ。それであきらめて學問の方にむ中になつて、今のやうになつたさうだ。

お父さんのお父さんはとてもきびしくて言ふ事をきかないと頭をなく（ぐ）られたさうだ。なにしろお父さんは一番すえつ子で自由にならなかつたさうだ。

僕はお父さんが大好きだが中々こはい。

（同上書、五二～五四ぺ、傍線は引用者。）

このH児の作品について、飯田恒作氏は、「この頃になると一般に説明的な態度がはつきり現れる。父はかうだと他人に対して説明する意識も技巧も、かなり進んでゐると思ふ。B組H児童のやうに『なぜかといへば方々へ旅行することだ。』とか、C組L児童のやうに父の親孝行な例として『どうしてかといふと、いつもおみやげをかつてくるとすぐに、おぢいさんをよぶか、或はもつていくかする。』と綴ってゐる。かうした現し方は他の多くの児童にも見る傾向である。ある一つの断定について理由を説明し、例を挙げるやうな書き方は、到底尋常三学年頃までには見ることが出来ない。」（同上書、一八一ぺ、傍線は引用者。）と述べ、さらに、「この客観的説明的な態度に関連して面白い傾向は、この頃になつて急激に——しかも自然に対人的の意識が強くなつて、読ませる為の用意や、断り書を作品の所々に插入してゐる」（同上書、一八一ぺ）児童が増加してきたことを指摘している。

読ませるための用意や断り書きの例としては、

1　それからお父さんのよい事をちよっと書かう。（A組A児童）

2　これから其の中の（思い出話）一つ二つを書いて見よう。（A組C児童）

3　書きわすれたが父の誕生日は神戸だ。（A組D児童）

4　①これは少し下品な事だが――。
②おこる事はこのくらゐにしておいて、もうそろ〳〵終にするが――。（B組F児童）
5　さて僕はお父さんの事について書かう。まづ初にお父さんのせいしつから書かう。この事は前に「我が家庭」といふ所で書いた通りだがもう一ぺん書かう。（B組J児童）
6　きらひな時はどうしてだかさいしよにその事を書かう。（C組N児童）
（同上書、一八一～一八二ぺ）

をあげて、「かうした例は児童の作品中にかなり多く散見する。私はこれを暗示したわけでもない。勿論奨励はしてゐない。全く児童の自然な発達傾向である。これは児童の観方が客観的に展開し、対人的な意識が強くなつた結果であると思ふ。余りかうした断り書が多くなると表現が気障に見える。自然に出て来るものは、ある意味から内容が整理されて、表現が自由になつた結果であるといふことが出来る。（同上書、一八二ぺ、傍線は引用者。）」と説明している。(24)

⑤　対話の挿入が本格的になるもの

父（B組F児童）
父は今年四十一歳である。そして、とてもお酒がすきなのだ。そして酒によつた時に、よく面白い事をいふ。よく酒によふと、けんくわをしたりする人がゐるといふが、お父さんは、そんな人にならなくつて、よかつたと思ふ。又その時いふ事を少し書かう。
「お前達は、父よりかえらくならなくてはならない。父がこぢきならば、お前達は、こぢきの親方ぐらいにな。」

等といつて笑はせる。又僕のお爺さん、つまり僕のお父さんのお父さんのお話をよくなさる。それを書かう。

「お前達のお爺さんは、とてもえらい人だつた。父が小供の時などは、きつくするのでとてもいやなお父さんだと思つたが、お父さんがなくなつてからやうやく父の有難さがわかつた。

お前達のお爺さんは、四十歳、父が十六歳の時なくなつた。四十歳といへば、今（これ）からなのにおしい事をした。又お爺さんが死ぬ時、たゞ一言お父さんに『お前は、山なし（梨）學生のもはんになれ。』といつて、なくなつた。だから父は、山なし縣の學生でまだ取つた事のない、よい成せきを取つて卒業した。まだそれをやぶつた人がない。エヘン。今では、大分頭がはげ出したが、昔は、これでも紅頬の美少年だつたんだぞ。」

いつの間にが（か）お爺さんの話が、自分の自まん話になつてしまふ。又自分の小さい頃の、自まん話をする。

「父は、太陽よりおそく起きた事がないのだ。えらいだらう。だからお前達ももつと早く起きなくてはいかん。又雪の日に、竹馬にのつて學校に行つたら、先生に、とつてもしかられた。えらいな。」

先生にしかられてもえらいことにしてしまうんだから、たまらない。

又此の間、池袋から辻町行の乗合自動車の中で、女車しようのまねをして、

「おゝりの方はございません……か。」

等と、言つたり、電車の中を、えむぼたんをはづして乗つて來て、家へ歸つて來て氣がついて、

「どうりで、おればかり皆が見ると思つた。」

等とおつしやつてゐる。又これは少し下品な事だが電車の中で、おならが出たくなつたので、おしりを持ち上げて、してしまつたさうだ。お父さんは面白い。

又家庭といふ題の時書いたやうに、

「家庭は平和で、にぎやかでなければ、いけないのた（だ）。」

等とおつしやつて、おでんや、まんじゆうの天ぷら等を造る。又お母様は、病氣で寝臺に寝てゐる。そして、お母様は時々女中さん達を、しかる時、お父さんは、

「たゞ今、寝臺上に、てえ（い）きあつが、あらはれました。女中べや附近の人間には大いに、ちゆう意いたします。」

などと兄さんが言ふのを、

「さうだ。ものすごいていきあつだね。石榊井地方の眞中あたりにあるな。」

などといつて、お母さんを、笑はせてしまつたりした事も少なくない。

又お父さんは、おこるとすごい。何も言はないのだ。ふつうの人は、どなられる方がこわいだらうと思ふだらうが、さうでない、だまつている方がずつとこわいのだ。そのおこるのがすぐやむならよいが、中々やまない。二三日するとやうやくなほるといふのだ。だからたまらない。二三日は、僕達がだまつてゐないとこわい。あまりさわぐと、なほおこるからだ。

おこる事は、このくらいにしておいて、もうそろそろ終にするが、一つ、お父さんは、いつも言つてる事、

「父よりか、お前達の方が立ぱな人物になり天皇陛下の爲につくせよ。」

といふ事は忘れてはいけないと思ふ。


（同上書、四三～四五ぺ、傍線は引用者。）

このF児の作品について、飯田恒作氏は、

「対話の插入は尋常三学年でも相当に見られた傾向であるが、本学年（引用者注、五学年）になると単なる記述の自然的発展ではなく、有意的に——現し方の一つの用意として児童はこれを插入してゐる。A組E児童やB組F児童の作品には、かうした傾向がかなり鮮かに見えてゐる。」（同上書、一八二ぺ、傍線は引用者。）と述べている。

F児の作品は、尋常三学年の綴る力の考察においても、③記述が細密になり、父のお話を具体的に綴るものとしてとりあげた作品である。ここで、F児の三学年と五学年の作品とを比較して、対話の挿入による記述の具体化がどのように発達してきているかを、具体的に検討しておきたい。

まず、F児の三学年の作品に用いられている対話の部分を整理して示すと、

お父様は
①「　」
と、朝日のたばこをほめてゐます。
このあひだおさけによつて、みのうゐばなしをはじめました。
②「　」
③「　」
ぼくはきいた。
するとお父様は、
④「　」
と言ひました。
すると
⑤「　」
と………言つた。

のようになる。対話（会話）①、④、⑤は、「主語＋対話＋述語」のパターンである。これは、最も基本的な対話のうつし方であり、これが大半を占めている。対話②は、対話部分をうつす前に、その内容が身の上話であることを断って、読みやすくしている。対話②から③へは、対話だけで記述を進めていく方法も用いられている。

次に、F児の五学年の作品では、対話のうつし方は、

又その時いふ事を書かう。
①「　」

等といつて笑はせる。
又………のお話をよくなさる。それを書かう。
②「　　」
いつの間にかお爺さんの話が、自分の自まん話になつてしまふ。
又自分の小さい頃の、自まん話をする。
③「　　」
先生にしかられてもえらいことにしてしまうんだから、たまらない。
女車しようのまねをして、
④「　　」
等と、言つたり、
⑤「　　」
等とおつしやつてゐる。
又家庭といふ題の時書いたやうに、
⑥「　　」
等とおつしやつて、
お父さんは、
⑦「　　」
などと兄さんが言ふのを、
⑧「　　」
などといつて、
お父さんは、いつも言つてる事、

⑨「　　」
といふ事は忘れてはいけないと思ふ。

のようになっている。五学年になると、独立した対話の数は、五から九に増えているが、対話部分の記述量が全体に占める割合でみると、大差はない。かぎ括弧（「　」）の中の対話そのもののあらわし方も、三学年のころからすでに、話しことばの調子や話体をよくつかんで表現されており、五学年になって急に進歩しているのではない。
三学年から五学年にかけて進歩した点は、対話の挿入のしかたである。「主語＋対話＋述語」というパターンのほかに、対話②、③のように「対話の内容の説明＋対話＋対話内容への批評」のパターンが加わってきている。このことによって、対話表現が、類型化して羅列的になることをまぬがれているのである。対話の内容の説明は、「……いふ事を少し書こう」「それを書こう」のように、読み手を意識した、読ませるための用意や断り書きであるから、対話の挿入の本格化は、対読者意識の高まりによる客観的説明的な態度の記述と、深くかかわっているといえよう。さらに、②、③の対話のあとに、「いつの間にかお爺さんの話が、自分の自まん話になつてしまふ」「先生にしかられてもえらいことにしてしまうんだからたまらない」という文が加わったことで、対話表現から地の文への展開に、有機的な連関が生じていることもみのがせない。飯田恒作氏が、F児の三学年の作品を、「対話と地の文をはつきり書分けてゐる」（同上書、一五四ぺ）とし、五学年の作品を、「対話の插方が頗る巧である」（同上書、一七〇ぺ）としているように、F児の三学年と五学年の作品を比較してみると、対話のあらわし方に発達を認めることができる。地の文と対話の区別がはっきりしすぎ、対話の表現法も素朴で類型的羅列的な、記述の自然的発展の段階（三学年）から、地の文と対話の文とに有機的な連関が生じ、対話の表現法も多様化する、あらわし方の一つの用意として対話を挿入する段階（五学年）へと、発達段階をおさえることができよう。また、対話のあらわし方の発達は、説明的態度による記述、三学年と五学年との文章の展開のさせ方の本質的相違（〈注21〉参照、内容の付加による展開（三学年）、意味づけによる展開（五学年）、同上書、一六五ぺによる。）ともかかわっており、叙述力（記述力）の発達徴候の相関的発達がとらえられている点は、特筆に価する。記述の自然的発展から現し方の一つの用意としての記述へという発達段階は、対話（会話）文の插入のしかたを通してみた、叙述力の発達でもあり、重要な指摘である。

次に、五学年の児童の綴り方作品の起結について、飯田恒作氏は、「この頃の児童の構想で、最も著しい傾向として認むべきものは文に起結のあることである。この傾向は尋常三学年でも相当認めることは出来たが、本学年になると殆んど総ての児童がさうした用意によつて綴つてゐる。中にはA組C児童のやうに『結び』の一項を設けてゐる者もある。（中略）この頃の児童はかうした全面的な把握がなければ、文は綴れないのであると思ふ。この全面的な把握の中に、創作の理念ともいふべきものが動いてゐる。児童構想の発達として特に注意すべき事項であると思ふ。」（同上書、一八〇ペ）と述べ、尋常三学年から五学年にかけて、児童の綴り方作品の起結からみた構想力の発達を説明している。

十五名の文の起は、

年齢——六（内一名は年齢と出生地）

好きだ——二（内一名は父と仲よしだといつてゐる）

癇癪持だが大好き——一

好きな時と嫌ひな時——一

お帰りを待つ——一（他に一名これを附記した者がある）

職業——一

元気な時と怒つてゐる時――一
運動好き―一
言葉の間違ひ――一　（同上書、一二五ぺ）

のようである。文の起として最もすぐれているのはA組E児童で、「ギリ〱と玄関のべるがなる。『やあ、お父様だ。お父様だ。』と言ひながら玄関に走つて行つて、かぎをあけるとお父様は、『やあ。』と言はれながら入つて来られる。その顔には明るいほがらかな気分が何時でもあらはれてゐる。」という文の起は、「好きだとか、なつかしいとかはいつてゐないが、それよりももつと全面的で、実感的で、読者に迫る文の起し」（同上書、一二七ぺ）になっている。

一方、文の結は、

よい父だ（僕は幸福だ）――五
孝行をつくさう（大好きだ）――五
大《ママ》好だ（なか〱こはいが）――二
健康を祈る――一
父の教訓を守る――一
皆が感心してゐる――一
野球が好き――一
少年時代の勉強――一
少年時代のいたづら――一　（同上書、一三〇ぺ）

のようになっている。「（引用者注、後ろから三名を除く）十二名は何れも父が好きで、有難いといふ感情に抱擁されてゐることがわかる。十五名以外の児童も、多くはかうした傾向であつたのはいふまでもない。」(同上書、一三〇～一三一ぺ)とあるように、五学年となると、「多くの児童が、父に対する全面的な感情で文を起し、全面的な反省で文を結ぶ」(同上書、一二九ぺ)ようになってきているのである。

次に、五学年の素材の観方の特徴は、以下のようにまとめることができる。

1　父を多方面から観察するとともに、観方が細かになってくるため、内容が豊かになる。

2　同時に、ものを批判的にみる傾向が、A組だけでなく、B組、C組の児童にもあらわれてきた。

3　児童の観方に内面的な意味づけ(25)がみられる。

4　観方の一展開面として、父の長所を綴ると同時に短所を挙げる児童も出てくるが、父の短所を綴って父の人格を傷つけないばかりか、かえって人間的な親しみを感じさせるところに、児童の観方の進歩がある。

5　「父が好きだ」という感情が、高学年になるとしだいに純化されて、「父はありがたい」という感謝の情に変わっていく。

6　観察や実験等を行ったり書物を読んだり人にたずねたりして調べ、綴る前に調査による用意を重んずるようになる。

7　観方が深さの方面に展開してくる。(同上書、一七二～一七六ぺ、5のみ、一二九ぺによる。)

これらをみると、三学年の素材の観方の傾向が、しだいに明確になるとともに、4、5、6などの新傾向もみせてくるようになることがわかる。

飯田恒作氏は、「綴方では何時も観方が全面的である。全面的な観方によつて人間性は展開する。そして人間性の発達が早い児童ほど、内面的な作品を綴る。児童によつては尋常一学年でも感想を綴るが、それは断片的で何等まとまつてゐない。が、尋常三学年になると、かなりさうした傾向がはつきりして来る児童がある。尋常五学年になると、殆んどすべての児童に内面的な傾向が現れる。[26]感想を綴つたり、心持を書いたり、自己を主張したりする。かうした傾向は次等に発達して、観方に深さが出来て来るのである。ものの意味づけは、この深さによつて統一される。それで文にまとまりが出来るのである。」（同上書、一七四ぺ、傍線は引用者。）と述べて、尋常五学年における素材の観方の発達を位置づけている。

次に、尋常五学年の作品の現し方のうち、形式面については、以下のように整理してある。

〈十五名のばあい〉

一　文体　常体十四名、混体一名

二　字数

1　総字数　一三〇三九　一名平均　八六九

2　漢字総数　三五〇六　一名平均　二三四

3　最多総字数　一二三九　最少総字数　四七一

4　最多漢字数　五〇九　最少漢字数　六五

5　仮名・漢字百分率（仮名）七九％　（漢字）二一％

〈四十二名のばあい〉

一　文体　常体四十一名、混体一名

二　字数

1　総字数　三六八八〇　一名平均　八七八

2　漢字総数　一〇五四六　一名平均　二五一
3　最多総字数　一五一六　最少総字数　四七一
4　最多漢字数　五〇九　最少漢字数　六五
5　仮名・漢字百分率（仮名）七八％　（漢字）二二％
（同上書、一七六～一七八ぺ）

この結果について、飯田恒作氏は、「尋常三学年頃から芽を出した種々の傾向が、本学年になつてはつきりと姿を見せたものと解してもよい。」（同上書、一七六ぺ）とまとめている。また、三学年と比較をして、「この頃（引用者注、三学年）の児童は、内容を分量的に眺めて最も伸びた文を綴るといつてもよい。高学年になると記述事項の吟味が厳密になり、稍〻概念化の傾向を見せるから分量的に異常な展開を見せない。」（同上書、一五七ぺ）と述べている。記述量のピークが中学年におとずれることが指摘されているのである。[27]

以上、尋常五学年の綴る力の考察を通して、五学年の発達段階としての特質は、文の起結、対話のはさみ方、素材の観方のすべての面にわたって、三学年で芽生えた傾向が明確になる時期ととらえることができる。特に、素材の現し方については、「児童の言葉づかひも著しく自由になつてゐる。語彙が豊富になつて表現が細かになり、普通の言語の読み書きには不自由を感じないやうになつてゐる。生活の接近してゐる事柄であれば、新聞でも雑誌でも一通り読んで解かるやうになるから、かうした方面から表現が変化して来るのも当然である。著しく大人に接近して来るのである。」（同上書、一八二ぺ）と指摘されているように、成人の表現法の輪郭が身につく時期ととらえることができよう。

四

最後に、個人別、学年別の綴る力の発達の検討によって、児童の綴る力の学年的発達段階について、巨視的な観点からは、以下のことが明らかになった。

1 児童の綴る力の発達段階が、巨視的には、低学年、中学年、高学年の三段階[28]として把握できること

2 特に、中学年段階は、主として綴る力が量的に発達し、質的な発達はその傾向が芽生える時期であること中学年を量的発達期、質的発達萌芽期と呼ぶことができる。

3 中学年は、記述の具体化（対話の插入による）を発達的徴候とし、高学年は、対読者意識の高まりによる客観的説明的態度による記述が、新しい徴候として加わり、記述の具体化をさらに本格的にしていくこと

4 低学年では、綴る力のうち、素材の観方に関する力が重要であり、発達可能性も素材の観方に関する有無によって洞察できること

第四節　綴る力の学年的発達と綴り方の指導要項

一

飯田恒作氏は『綴る力の展開とその指導』（昭・一〇・九・一、培風館刊）の第十章に、「綴方の指導要項と学年的展

開」という章を設け、尋常一学年から六学年までの綴り方指導要項をまとめている。本節では、飯田恒作氏の行なった児童の綴る力の学年的発達に関する調査研究の成果が、

①綴り方指導要項の作成にどのように生かされているか

②今後の綴り方指導要項の作成にどのような示唆を与えているか

という二点について、考察を加えていきたい。

二

飯田恒作氏は、「私は指導要項[29]を如何に纏むべきかといふ課題で、数年間も努力した。その間学者にも教を乞ふし、先輩にも意見を求めた。そして結局落着いたのが、次のやうな極めて平凡な纏め方である。」（同上書、三〇八ぺ）として、次の三点をあげている。

1　創作の過程——一つの作品を纏めるまでの過程

2　指導の一般的（論理的）条件

3　学年的展開　　（同上書、三〇八ぺ）

1　創作の過程　としては、①取材（着想）、②腹案（構想）、③記述（発表——表現）、④推敲（批正）の四項目を示し、「この過程は創作生活を内面的に見るか、外面的に見るかの相違はあつても、これが一つの作品をまとめる一般的過程であることに間違はない。」（同上書、二七九ぺ）と述べている。

さらに、2　指導の一般的（論理的）条件　という観点から、「綴方教育を論理的に吟味して、指導といふ立場

から前述の四項に補つたもの」（同上書、二八一ペ）として、⑤鑑賞と批評（観方——実生活の内省と参考文の読方）、⑥文話（文章観を中心として綴ることの統制）の二項目を加え、綴り方の指導要項を六項目にまとめている。

3　学年的展開　については、「かうして指導要項は纏まつても、其処に学年的発展がなければ実際家のものにはならない。指導要項を横から吟味すると同時に、縦から眺めて——学年的に内容づけなければならない。この内容は主として児童創作生活の発達的研究が齎らすものである。」（同上書、三一〇ペ）と説明している。つまり、綴り方の指導要項を作成するためには、綴り方の指導体系の研究（指導要項の横の吟味）と綴る力の学年的発達の研究（指導要項の縦の吟味）の二つが必要となる。この意味で、飯田恒作氏の、児童の綴る力の学年的発達に関する調査は、綴り方の指導要項作成上不可欠のものであった。

三

綴り方の指導要項は、各学年とも、1　学年の指導要項　2　毎月の指導項目と指導上の留意点　から成る。今、学年的発達をみやすくするために、①取材、②腹案、③記述、④推敲、⑤鑑賞と批評、⑥文話の事項ごとに、各学年の指導内容をまとめて示すと、以下のようになる。（傍線は、その学年で新たに加わった指導事項および語句を示す。）

1　取材

〈尋常一学年〉
1　經驗を思ひ出す指導をする。
2　題材を用意する指導をする。
3　多方面に取材の暗示を興へる。

〈尋常二学年〉
1　よい題材を用意する指導をする。
2　多方的に取材の暗示を興へる。

〈尋常三学年〉
1　生活の反省を次第に深くする指導をする。

2 ものを調べたり味はつけたりする態度を養ふ。
3 實際的に日記と書簡文の指導をする。
4 多方的に取材の暗示を興へる。
5 常に題材を豊かにし、つゞるまでの用意をする指導を行ふ。

〈尋常四学年〉
1 生活を味はつて見る態度を養ふ。
2 批評的説明的見方の萠芽を養ふ。
3 次第に意味のある題材を選ぶやうに指導する。
4 實際的に日記と書簡文の指導をする。
5 多方的に取材の暗示を興へる。
6 常に題材を豊かにし、つゞるまでの用意をする指導を行ふ。

〈尋常五学年〉
1 生活を内面的に反省するやうにする。
2 ものごとを調べて見る態度を養ふ。
3 感想や議論を主とした文も加へる。
4 書簡文を稍々組織的に指導する。
5 なるべく熟した題材をとるやうにする。

〈尋常六学年〉
1 生活を内面的に反省するやうにする。
2 ものごとをよく調べて見る態度を養ふ。
3 なるべく熟した、意味の深い生活を題材とするやうにする。
4 議論や感想を主とした文を加へる。
5 書簡文を稍々組織的に指導する。

2 腹案

〈尋常一学年〉
1 經驗の順序によつて自然に記述の順序を定めさせる。
2 自由な心持で綴るやうに指導する。
　注意　特別な場合の外腹案の指導はしない。

〈尋常二学年〉
1 經驗の順序によつて記述の順序を定めさせる。
2 思ふままに綴らせて想を伸ばすやうにする。
　注意　特別の場合の外腹案の指導はしない。

〈尋常三学年〉
1 記述事項を思ひ出して整理させる。
2 經驗の順序を中心として現はし方の初歩を知らせる。
　順序を定めること、全體と部分の現し方、対話の取扱方、常體と敬體、言葉づかひ。

〈尋常四学年〉

1 記述事項を再吟味させる。

2 左の現し方の初歩を知らせる。

目次の作り方、全體と部分の現し方、文の起しと結び、文のまとまり、精と略の關係、常體と敬體、文の筋と味、言葉づかひ。

〈尋常五学年〉

1 次第に左の現し方を知らせる。

文の中心、精と略、描寫、筋と味。

〈尋常六学年〉

1 左の現し方を知らせる。

文の中心、精と略、描寫、筋と味、用語。

3 記述

〈尋常一学年〉

1 話しかけるやうな心持で綴らせる。

2 片假名の使用に慣れさせる。

3 文字、名假づかひ、句讀點など間違ないやうに指導する。

4 落着いて綴る習慣を養ふ。

〈尋常二学年〉

1 話しかけるやうな心持で綴らせる。

2 文字、假名づかひ、句讀點などの間違ないやうに指導する。

3 落着いて綴る習慣を養ふ。

〈尋常三学年〉

1 落着いてつゞる習慣を養ふ。

2 段落をつけてつゞらせる。

3 文字、假名づかひ、句讀點、かぎなどに注意してつゞらせる。

〈尋常四学年〉

1 落着いて心をこめて綴る習慣を養ふ。

2 段落をつけてつゞらせる。

3 文字、假名づかひ、句讀點、かぎなどに注意してつゞらせる。

〈尋常五学年〉

1 心を統一してつゞる習慣を養ふ。

2 文段を正してつゞるやうにする。

3 一般的な記述の約束に慣れさせる。

〈尋常六学年〉

1 心を統一して綴る習慣を養ふ。

2　文段を正して綴らせる。
3　一般的な記述の約束に慣れさせる。

4　推敲

〈尋常一学年〉
1　綴り終つてから讀返す習慣を養ふ。
2　左の事項を主として訂正させる。
　誤字、脱字、假名づかひ、言葉づかひ、句讀點。

〈尋常二学年〉
1　綴り終つてから讀み返す習慣を養ふ。
2　左の事項を主として正させる。
　誤字、脱字、假名づかひ、言葉づかひ、句讀點、意味の不明。

〈尋常三学年〉
1　實生活を思ひ出して文を讀返す習慣を養ふ。
2　左の事項に注意して自己訂正の態度を養ふ。
　誤字、脱字、假名づかひ、句讀點、かぎ、重複、意味の不明、書きたりないところ、言葉づかひ。

〈尋常四学年〉
1　實際經驗を思ひ出して文を吟味する態度を養ふ。
2　左の事項に注意して自己訂正の習慣を養ふ。
　誤字、脱字、假名づかひ、句讀點、かぎ、符號、意味の不明、書き足りないところ、言葉づかひ、心持、文のまとまり。

〈尋常五学年〉
1　生活の内省から文を吟味する態度を養ふ。
2　左の事項に注意して自己訂正の習慣を養ふ。
　心持、まとまり、描寫、用語の適否、形式上の誤、文の補正。

〈尋常六学年〉
1　生活の内省から文を吟味する態度を養ふ。
2　左の事項に注意して自己訂正の習慣を養ふ。
　心持、まとまり、深み、描寫、用語の適否、形式上の誤、文の補正。

5　鑑賞と批評

〈尋常一学年〉
1　常に生活を反省する習慣を養ふ。
2　詩（主として自由詩）の鑑賞を指導する。
3　参考文をなるべく多く讀ませる。
　注意　参考文は生活の廣さを暗示するよい文がよい。

〈尋常二学年〉
1　常に生活を反省する習慣を養ふ。
2　詩（主として自由詩）の鑑賞を指導する。
3　参考文をなるべく多く讀ませる。
注意　参考文は生活の廣さを暗示するよい文がよい。
〈尋常三学年〉
1　常に生活を味つて見る態度を養ふ。
2　詩（主として自由詩）の鑑賞を指導する。
3　参考文をなるべく多く讀ませる。
注意　文を全體的に讀む態度を養ふ。
〈尋常四学年〉
1　常に生活を味つて見る態度を養ふ。
2　詩（主として自由詩）の鑑賞を指導する。
3　参考文をなるべく多く讀ませる。
注意　文を全體的に讀む態度を養ふ。
〈尋常五学年〉
1　生活を味つて見る態度を養ふ。
2　ものを批判的に見る態度を養ふ。
3　種々の詩形を有する詩の鑑賞を加へる。
4　参考文を興へ、左の事項に注意して鑑賞し、批評せしめる。
内容と現し方、味と深み、作品と個性、現はし方の多方、文の修飾。
〈尋常六学年〉
1　生活を味つて見る態度を養ふ。
2　ものを批判的に見る態度を養ふ。
3　種々の詩形を有する詩の鑑賞を加へる。
4　参考文を興へ、左の事項に注意して鑑賞し、批評せしめる。
内容と現し方、新味と深み、文の個性味、現し方の多方、文の修飾。

6　文話

〈尋常一学年〉
取材の指導を中心として綴らんとする心を養ふ。
1　常に生活を題材化する暗示を興へる。
2　常に綴らんとする心持を醸す指導をする。
3　文の内容を豊かにする指導を行ふ。
4　自由な話しかける心持で綴る態度を養ふ。
5　作品をよく整理する習慣を養ふ。
6　兒童讀物の指導をする。

〈尋常二学年〉
1　常に生活を題材化する暗示を興へる。
2　常につづらんとする心持を醸す指導をする。
3　文の内容を豊かにする指導を行ふ。
4　自由な話しかける心持でつづる態度を養ふ。
5　よい文の意味を知らせる。
（イ）題材のよいもの　（ロ）細かに綴つたもの
（ハ）形式上の間違の少いもの　（ニ）ありのままに書いたもの
6　作品をよく整理する習慣を養ふ。
7　兒童讀物の指導をする。
〈尋常三学年〉
1　常に生活を題材化する暗示を興へる。
2　常につゞらんとする心持を醸す指導をする。
3　よい文の意味を知らせる。
（イ）内容の豊かなもの　（ロ）わかりよく書いたもの　（ハ）味のあるもの　（ニ）正直につづつたもの。
4　作品をよく整理する習慣を養ふ。
5　兒童讀物を指導する。
〈尋常四学年〉
1　生活を味つて見ることによつて、綴らんとする心を養ふ。
2　よい文の意味を知らせる。
（イ）内容の豊かなもの　（ロ）わかりよく書綴つたもの　（ハ）味のあるもの　（ニ）正直に綴つたもの。
3　作品をよく整理する習慣を養ふ。
4　兒童讀物を指導を行ふ。
〈尋常五学年〉
1　新味を見出す指導を中心として綴らんとする心を養ふ。
2　次第に文章観の發達をはかる。
（イ）内容の豊かなもの　（ロ）現し方の優れてゐるもの　（ハ）内面的にものを観てゐるもの
（ニ）眞劍な發表。
3　作品を整理する習慣を養ふ。
4　兒童讀物を指導を行ふ。
〈尋常六学年〉
1　想の成熟をはかる指導をする。
2　新味を見出す指導を中心として綴らんとする心を養ふ。

3　文章観の發達をはかる。
（イ）内容の豊かなもの　（ロ）現し方のすぐれてゐるもの　（ハ）内面的にものを見てゐるもの
（ニ）眞劍な發表。

4　作品を整理する習慣を養ふ。
5　兒童讀物を指導を行ふ。
（同上書、三一四～三三七ぺによる。）

四

綴り方の指導要項を学年的に価値づけることのむつかしさについて、飯田恒作氏は、次のように述べている。

「指導要項を学年的に価値づけるのは容易でない。殊に創作生活の指導は暗示が主となるから、程度を表はす言葉を選ぶに困難である。また螺旋的に進行する綴方の指導は、同様の要項が各学年に見出される。しかもその中に或る学年で完成する指導は、殆んどないといつてもよいくらゐである。例へば誤字や仮名づかひのやうな機械的な批正の要項でも、各学年になければならないもので、ある学年で指導が完了するわけではない。いなこれ等の吟味は、中等教育、高等教育に進んでも問題になる。この意味から、尋常一学年の指導要項は、高学年まで価値を有つてゐるわけである。

これと同時に、ある学年に進まなければ指導出来ないものもある。尋常一学年の児童に向つて、意味の深い文を綴れと説くことも出来ないし、参考文を作品として読ませることも出来ない。だから程度の問題があると同時に――厳密にいへばこの問題に帰するのであるが、新に指導要項としては加はつて行くものもある。」
（同上書、三一〇～三一一ぺ、傍線は引用者。）

飯田恒作氏の、この指摘に留意しつつ、児童の綴る力の学年的発達に関する調査研究の成果が、綴り方の指導要項にどう反映しているかを、具体的に検討してみる。

まず、1　取材　についてみると、尋常五学年になって、「ものごとを調べて見る態度を養ふ」という指導項目が加わっている。これは、五学年の児童の素材の観方の傾向の一つとして、「一般的に調査による用意を重んずること」（同上書、一七五ぺ）があげられていたことに基づいている。

2　腹案　についてみると、一、二学年では、「特別な場合の外腹案の指導はしない」で、三学年になって、「経験の順序を中心として現はし方の初歩を知らせる」段階に進み、「対話の取扱方」を指導項目に加えていることは、調査の結果に基づいている。

3　記述　では、三、四学年に、「段落をつけてつゞらせる」を置き、五、六学年には、「文段を正してつゞるやうにする」（五学年）「文段を正して綴らせる」（六学年）を配している。これも、中学年と高学年の素材の現し方に関する力（構想力）の発達段階をふまえている。

4　推敲　では、五学年になって、「生活の内省から文を吟味する態度を養ふ」という指導項目が加わる。これは、「意味づけによつて文の展開を図ることは更に高学年に進んでからである。だから推敲の成績を調査しても、（引用者注、三学年では）その大部分は内容の附加――書き足りないところ（引用者注、これは、指導要項、推敲の三、四学年にあり。）の補足である。観方の態度を内省して意味の展開を吟味することは極めて少い。」（同上書、一六五ぺ）こと、および、「尋常五学年になると、殆んどすべての児童に内面的な傾向が現れる。」（同上書、一七四ぺ）ことと対応している。

5　鑑賞と批評　では、三学年で、「参考文をなるべく多く読ませる」の項目に、「注意　文を全体的に読む態度を養ふ」がつけ加わっている。これは、「本学年（引用者注、三学年）の児童は、尋常一学年時代と違つて構想力がかなり発達してゐる。綴る前に内容を整理してゐる。全面的な反省を行つてゐる。単なる思ひつきで綴つてゐるのでないことが解る。随つて指導者は、この頃から文を作品として取扱ふことが出来るのではなからうか。児童も参考文を作品として読むことが出来るのではなからうか。」（同上書、一一六ぺ）という考えに基づいている。

6　文話　は、尋常二学年から六学年までの児童に実施した、創作意識に関するアンケート調査（同上書、二四七〜二六二ぺ）の結果に基づいている。

このほかにも、児童の綴る力の学年的発達に関する調査研究の成果は、飯田恒作氏の綴り方指導要項の学年配当基準として生かされている。

さらに、巨視的にみると、飯田恒作氏の綴り方指導要項では、低学年（一、二学年）、中学年（三、四学年）、高学年（五、六学年）ごとに、それぞれほぼ近似した内容となっており、児童の綴る力の発達段階を、低学年、中学年、高学年の三段階でとらえる、飯田恒作氏の考え方が反映しているのを認めることができる。

五

飯田恒作氏の綴り方指導要項は、飯田氏自ら、「私は創作生活の研究に、尋常一学年から六学年までの受持を三回繰り返してゐる。現在受持つてゐるのは四回目の児童である。それでゐてまだ児童の創作生活を的確に把握することが出来ない。」（同上書、三〇八ぺ）と告白し、「私は私の研究の程度で、常にこの指導要項を反省し、訂正すべきものは訂正してその整備を念としてゐる。」（同上書、三一二ぺ）と述べているように、完成されたものではない。そのことは、飯田恒作氏自身、十分承知していることでもあった。

飯田恒作氏の綴り方指導要項を、さらに理想的なものへと発展させていくためには、次のような観点を取り入れるようにしていくことが必要となろう。

1　綴る力の発達可能性を洞察すること

（A組D児童の例など参照）

2　綴る力を発達させるためには、具体的にどう指導すればよいか、さらに、その指導によって綴る力はどう伸びるかを把握すること[30]

このようなとらえ方は、綴り方の指導要項を机上案にとどまらせないためにも、重要である。

また、飯田恒作氏のばあい、十五名の児童の綴る力の学年的発達の分析（個人別）によって、綴る力の発達の個人差の問題にも見通しがつけられ、特に、綴る力の劣等児童の実態には行き届いた考察が施されている。

これらの成果を盛り込むことによって、飯田恒作氏の綴り方指導要項[31]は、さらにその内容を充実させていく可能性を有している。

注

（1）滑川道夫氏著『日本作文綴方教育史2・大正篇』（昭・五三・一一・二〇、国土社刊）六一三ぺによる。

（2）第一回、大・六・四～大・一二・三

第二回、大・一二・四～昭・四・三

第三回、昭・四・四～昭・一〇・三

第四回、昭・一〇・四～昭・一六・三

（3）ただし、『児童創作意識の発達と綴方の新指導』には、同一文題による調査の内容は報告されていない。したがってどのような文題が選ばれたかも不明である。

（4）同上書、二四七～二六〇ぺ。

（5）尋常二年生のみ、問いは、「どんな文を書くと先生にほめられるか。よいお点がつくか。」同上書、二五八ぺ参照。

（6）小野島右左雄、依田新、阪本一郎の三氏。飯田恒作氏を加えた四名で、共同研究が進められ、「児童文の表現構造」・「表現のリズムと性格」（「心理学論文集㈤」〈日本心理学会第五回大会報告、日本心理学会編、昭・一〇・一二・二五、岩波書店刊〉所収）という研究報告がなされている。

（7）記述の時間を一定にしなかったのは、「私は綴るまでの用意を重んじてゐる。そして力作本位で、綴りたいと思ふことは満足するまで綴らせる。勿論この調査で何等の暗示も与へてはゐない。が、児童は何時も一時間では綴り終らないのが常である。」（同上書、一六二ぺ）という考えからであった。また、記述の時間については、調査の条件を同一にして（記述時間については制限しない）調査した他学級のばあいが示されており（綴り始めると三、四十分間で終わってしまう）、飯田学級の記述時間が倍近くも長いこと、成績もずばぬけていたことが報告されている。（同上書、一六二～一六三ぺによる。）他学級での調査の詳細は不明であるが、担任学級での調査結果の妥当性の検討も考慮されていたことがわかる。

（8）『綴る力の展開とその指導』第二、三、四章。

（9）『教案中心綴方教授の実際案』（大・六・四・一五、教育研究会刊）では、第二章第二節「表現の力」の中で、表現力を、腹案力、形式の運用力、推敲力の三方面から把握している。（同上書、三四～四六ぺ）

（10）綴り方指導要項（同上書、三一四～三四〇ぺ）をみると、「全体と部分の現し方」・「文の中心」・「精叙と略叙（省筆）」・「描写」・「文の筋と味」などの項目が、〈腹案〉の項にあげられている。これらも、分析例に、部分的に出てくるが、客観的にとり出すことはむつかしい。（具体例に即しての言及がない。）

（11）推考力についての言及がないのは、調査の際、後日もう一度書き改めさせたり、記述中の誤りや不適切な表現の訂正箇所をそのまま残して（どこを改めたかわかるようにして）提出させるなどの指導がなされていないことによる。調査の性格上、推考力の発達を分析検討することができないのである。

（12）「劣等の意味は素質と発達の遅速と二方面」（同上書、七二ぺ）があり、L児のばあいは、発達の遅い劣等児童である。

（13）飯田恒作氏稿「綴方教育と劣等児童」（『現代国語教育の革新』〈昭・一〇・五・七、明治図書刊〉所収、一～二六ぺ）では、優等児童の例としてE児、劣等児童の例としてL児の二名を選んで考察が加えられている。その意味では、この三名を代表として選んだことにも、ある程度の妥当性を認めてよかろう。

（14）（東京文理科大学）国語教育研究部稿「児童に於ける記述の発達」（東京文理科大学国語国文学会編「国語」〈第2巻第1号、

昭・一二・一・二〇、目黒書店刊〉所収、一一六～一五六ぺ）には、「文に於ける児童の記述力には、自然な発達を辿るもの、飛躍を示すもの、発達の遅々としてゐるものがあつて、これを記述類型としてみると、その各々をA型・B型・C型として、それ等の特質を指摘出来るのであるが、茲に掲げただけの資料では十分ではない。A型は多くA型として順調に発達する。B型には、A型に進むものと、C型的の発達しか示さないものとある。」（同上、一五三ぺ）というとらえ方がみられる。この研究も、飯田恒作氏の資料を用いて行われている（一一名の個人別発達）が、『綴る力の展開とその指導』の個人別の事例に選ばれている十五名と同じものは五名だけである。なお、この研究は、垣内松三教授の指導による学生の共同研究で、研究の整理には、倉沢栄吉氏、森沢稔氏の二人が主としてあたり、考査の総括には、大石初太郎氏、山本勤氏の二人が協力している。

(15) 構想の萌芽を認めることのできる例として、「ボクノオトウサマノスキナモノハ、ハナガ一トウダイスキデス。」のように、父の好きなものから文を起こしたA組A児童と、「ウチノオトウサンハオトドシ、イギリスノ、ロンドンニイキマシタ。」と父の外国滞在で文を起こし、「オトウサンガイギリスニ、イラッシヤラナイトコウユウフウノ、モノガカッテモラヘナイノデ、オ父サンヲズイブンアリガタクミエマス。」と文を結んだA組B児童と、「ダカラ僕ハスキデモキラヒデモアリマセン。」と結んだA組E児童があげられている。（同上書、一〇二ぺ、一〇五ぺ、一〇八ぺによる。）

(16) A組A児童（一学年、父の好きなものから綴り出していること、内容が少し反省を深めれば父を性格的に把握し得る内面的な傾向をもつこと、同上書、二一ぺ）
A組B児童（一学年、起文と結文に構想の萌芽、同上書、一〇五ぺ）
A組E児童（一学年、父の好き嫌いを中心として綴っていること、感想を述べていること、同上書、三九ぺ）
B組F児童（一学年、ある日のある出来事のみを細かく綴っていること、同上書、四五ぺ）
B組G児童（三学年、父の生活の中でも、特におもしろいことを綴っていること、同上書、五〇ぺ）
などの分析例に、観方の発達可能性を洞察したところがみられる。

(17) 「漢字の多少はかなり成績に関係があつて、C組に二名の無漢字児童があり、A組はE児童の二九を筆頭に合計五五、B組は合計三八、C組は合計二三である。」（同上書、一四四ぺ）とある。

(18) A組C児童がこのケースに相当する。C児は、一学年から、「内容が概念化してゐると疑はれるほど整理されてゐて、時日の正確なこと、文がまとまつてゐることでもわかる。殊に過去と現在と未来とをはつきり書きわけてゐる。」（同上書、三〇ぺ）児童で、三学年でも、この傾向はさらに強まり、五学年では、「指導上具体化の暗示があつたに拘らず、（中略）目次を作つて、はつきり分節して綴」（同上書、三〇ぺ）るようになる。C児は、「よく説明的な文を綴る。議論や感想を綴るのを得意としてゐる。」（同上書、三一ぺ）児童であった。

(19) C組H児童、K児童。

(20) 一学年では、B組F児童、G児童、C組L児童、K児童が、父とある日遊んだことを中心として綴っていた。（同上書、一四一ぺによる。）

(21) この、中学年と高学年との本質的な相違は、次にとりあげる、中学年と高学年との会話のうつし方のレベルの違いとも、密接にかかわってくる。

(22) 一五名のばあい、約一・九倍、四三名のばあい、約一・五倍の増加である。

(23) H児については、「尋常一学年の作品からまだ一度の対話も出て来ない。これは余り他に例を見ない表現の態度である。」（H児五学年の分析例、同上書、五五ぺ）とある。対話ではなく、例をあげて説明することで、記述を具体化しているのである。

(24) 対人的な意識のむかう対象は、B組J児童の例（四八ページに引用した例5）では、担任教師（飯田恒作氏）であるが、一般に、読み手（不特定多数の）意識のあらわれとみてよかろう。また、手紙文、説得のための文章などにくらべると、対読者意識が明確でないことにも留意せねばならない。

(25) 具体的には、「感想を綴つてゐる。」「観方が内面的にまとまりかけてゐる。」「観方に深みがある。」「内容がよく熟してゐる。」とある。（同上書、一七三ぺによる。）

(26) 三学年と五学年との「文の味」のちがいについて、「この（引用者注、五学年の）味は尋常三学年に見える傾向と違つて、ものの意味の把握から来る内面的なものである。尋常三学年頃のものは、外面的な変化を主とした文の味である。」（同上書、一八二ぺ）と述べている。

(27) 「その半面に（引用者注、記述を具体化すること）動もすれば概念化する児童がある。余りに目次を吟味し項目を整理する為に、作品の具体性が次第に稀薄になつて行くのである。これ等は反つて優等児童（引用者注、A組C児童がその典型例）に多い。劣等児童は具体的で内容が貧弱である。」（同上書、一七五ぺ）と説明されている。これは、高学年になつて、論理的にものごとを考えようとする力（論理的思考力）および概念的思考力が発達してくることと関連があろう。C児のばあい、文題「おとうさん」の要求している内容を的確に把握しきれなかったとも考えられる。

(28) 飯田恒作氏は、『綴る力の展開とその指導』（昭・一〇）から四年後にまとめた『綴方教育の学年的発展』（昭・一四・一一・

一五、晃文社刊）の中では、「学年的発展といったところで、さうはつきりと各学年間の発達が区別出来るものではない。発達は徐々に進むものであつて個人差の大であるのは前述の通りである。だから綴方は教科の本質上低学年、中学年、高学年の三段くらゐに眺めた方がよいと思つてゐる。」（同上書、二〇ぺ）と明言するようになる。

(29)「私が綴方の指導要項を組織立てようと思つたのは大正七八年頃で、実に自由選題論と課題論が火花を散して論争してゐる頃であつた。（同上書、三〇八ぺ）とあり、指導要項を作成しようという構想は、児童の綴る力の学年的発達に関する追跡調査を実施に移した年（大・六・四）と近接していることがわかる。綴る力の学年的発達に関する調査をふまえての、綴り方指導要項の作成・建設であつた。

(30)「C組M組児童は、父の少年時代の勉強ぶりを綴つて文の結としてゐる。『それから父の青年の時父は一つとてもすきな本があつたので、まい日くれるこづかひをためてまい月二里もある所までいつては買つて来て、一生けんめいその本をよんだがすぐ読終つてしまふので、なんかいも、くりかへしてよんだものだといはれた。』といつてゐる。これはいふまでもなく父は感心だ。えらいといふ心持が背景になつてゐる。この心持をもう少し内省して掘下げて行けば、必ず父に対する信頼、尊敬、感謝の言葉となつて表れるに違ひない。」（同上書、一三三～一三四ぺ、五学年の分析例。）ここには、具体的な指導方法、その指導によつて伸びる綴る力への見通しが述べられている。

(31)なお、本稿では、言及しなかったが、飯田恒作氏は、綴り方の指導要項をさらに具体化した指導細目についても、その内容を構成する際の基本方針をあげている。それによれば、綴り方の指導細目は、一各学年の指導要項、二各学期各月に配当した指導要項、三児童を中心とした生活行事、四参考題材、五参考文と文話の五項目から成る。（同上書、三二一～三二二ぺによる。）

第二章　児童の認識力と文章表現力の発達──蒲池文雄教授のばあい──

第一節　個人文集『わたしは小学生』の資料的価値

一

蒲池文雄教授（現在、鹿児島女子大学教授・愛媛大学名誉教授、当時、愛媛大学教育学部（助）教授、国語科教育担当。）は、長女の美鶴さん（昭・二六・九・一三生まれ）が小学校入学の日（昭・三三・四・八入学、昭・三九・三・一八卒業）から書き始めた、日記・作文の中から、毎年数十編の文書を選択して、次のような六さつの文集（ご自分でガリ切りをして作成されたもの）を順次発行していられる。六年間に美鶴さんの書いた文章は、およそ八百編にも及んでいる。

1.「みつるの日記」（昭・三四・三・三一発行、三六編収録）
2.「みつるの文集」第二集（昭・三五・三・三一発行、三一編）
3.「みつるの文集」Ⅲ（昭・三六・三・三一発行、四四編）
4.「みつるの文集」4（昭・三七・三・三一発行、三四編）

5.「みつるの文集」5　（昭・三八・三・三一発行、一九編）

6.「みつるの文集」6　（昭・三九・三・三一発行、一五編）

今、これら六冊の文集の内容を示す目次をみると、次のようになっている。

1　「みつるの日記」（一九五九・三・三一発行）

一　ふうせん日記
1　にゅうがくしきの日に　（四月八日）
2　かあちゃんのびょうき　（四月八日）
3　にっしょく　（四月一九日）
4　むしのたまご　（四月二四日）
5　かやく　（五月二日）
二　ゆうやけ日記
6　青むし　（六月二一日）
7　青むし　（六月二三日）
8　かえる　（七月七日）
9　兄ちゃんのびょうき　（七月一八日）
三　なつやすみ日記
10　とんぼ　（詩、七月二六日）
11　みつるはなぜ　（七月三〇日）
12　ありのせんそう　（八月一〇日）
13　みつるのほしいもの　（八月一七日）
14　みかみのねこ　（八月一八日）
15　「けがれなきいたずら」　（八月一九日）
四　おにんぎょう日記
16　「いわをも　とおす」　（八月二七日）
17　おたんじょう日　（九月一三日）
18　あきのくも　（詩、九月一三日）
19　おふろのかえり　（九月二〇日）
20　みつるの人ぎょう　（一〇月一一日）
五　えんそく日記
21　みかみねこ　（一〇月二三日）
22　おべんとう　（一一月五日）
23　学校のおともだち　（一一月一四日）
24　すきな子　（一一月一八日）
25　おしうり　（一一月二一日）
26　ほうそう　（一一月二六日）
27　先生のわらうとき　（一二月四日）

28　じいちゃんとばあちゃん　（一二月七日）
29　ぶんつくり　（一二月八日）
六　たこあげ日記
30　どんばらじめうり　（一二月二二日）
31　たこあげ　（一二月三〇日）
32　牛　（一月一九日）
33　こしろ先生のおてがみ　（二月七日）
七　かっちゃん日記
34　文子ねえちゃん　（二月一四日）
35　かみ　（二月二三日）
36　古しろ先生　（三月一九日）

この三六編は、小学校一年生の一年間（昭・三三・四・八から翌昭・三四・三末まで）に書いた一九二編の日記文（うち、三編は詩）から選ばれたという。なお、各文章の通し番号は、引用者において付したものである。

2　「みつるの文集」第二集（一九六〇・三・三一発行）

一　春から夏へ
1　バレー　（四月一七日）
2　かあちゃんのパック　（四月二一日）
3　れんげ　（四月二九日）
4　あぶないあそび　（五月二五日）
5　とくしまの　おいちゃんの　おみやげ　（六月二八日）
6　未明とアンデルセン　（七月九日）
7　くだものやごっこ　（七月一三日）
8　山ぎわ先生へのお手紙　（八月五日）
9　空を飛べたら　（八月八日）
10　ツーゴン・フライ・マット　（八月一七日）
11　兄ちゃんのおみやげ　（四月二七日）
二　秋から冬へ
12　びょうき　（九月一日）
13　ウジ虫　（九月一二日）
14　山田くんがけんかしたこと　（一〇月三日）
15　ポチ　（一〇月一七日）
16　きいろい老犬　（一一月二三日）
17　チフスのちゅうしゃ（詩）

18　しんこうしゃ　（一二月五日）
19　らくせいしきのおちゃわん　（一二月六日）
20　どんぐりひろいに　（詩）

三　冬から春へ

21　うおのめ　（一月五日）
22　かっちゃんとあそんだこと　（一月七日）
23　さいみんじゅつ　（一月二四日）
24　大きくなったら　（二月上旬ごろ）
25　木びきさん　（三月二五日）

Ⅳ　Rômazi Bunsyû

ローマ字文集のはじめに

26　Romazi のべんきょう（10gt. 27nt.）
27　Nikki（11gt. 15nt.）
28　Nikki（1gt. 4-ka）
29　Otukai（1gt. 14-ka）
30　Merityan no kutu（1gt. 27nt.）
31　Otegami（3gt, 14-ka）

右の三一編は、小学校二年生の一年間に書いた、約百編の作文（日記）の中から選ばれたものであるという。

3　「みつるの文集」Ⅲ（一九六一・三・三一発行）

一　はるかぜ

1　古代先生とのおわかれ　（四月二日）
2　南海ほうそうのろくおん　（四月二三日）
3　タローと花子（童話）　（五月八日）
4　三原先生　（五月二四日）
5　びょう気の犬（五月ごろの作、学校での作品）
6　だいすきな本　（七月六日）
7　かげ　（詩、七月二一日）
8　読解テスト　（七月三〇日）

二　あさかぜ

9　へん入しけん　（八月二五日）
10　はじめてのプールでの水えい　（九月六日）
11　お立てり　（九月一〇日）
12　けんすい　（九月一二日）
13　ねずみの子（観察文）　（九月一八日）
14　休日の朝　（一〇月二四日）
15　気まぐれなお天気　（一〇月二七日）
16　石森先生　（一一月一四日）

17　「けんか」のげき　（一一月一九日）
18　人間に生まれてよかった　（一一月二〇日）

三　こがらし

19　寒い日　（一一月二七日）
20　冬みんがえる　（一二月一三日）
21　国語のテスト　（一二月一七日）
22　虫めがねで紙をやく実けん　（一二月二〇日）
23　着物　（一月四日）
24　パチンコゲーム（学校での作品）　（一月一三日）
25　お化けとゆうれいについて　（一月一四日）
26　おとうさん（全校児童が、この題で作った時の文）　（一月二〇日）
27　マラソン大会　（一月二八日）
28　西岡先生　（二月一四日）
29　学芸会　（三月一〇日）
30　テレビ　（三月二三日）
31　自転車に乗れた　（三月二二日）

四　ローマ字文集

はじめに　Kono rômazi-bunsyû o yonde kudasaru kata e
32　Hazimete hitoride ohuro e itta koto　（五月二六日）
33　Rômazi Bunsyû “Wakaba” o yonde　（六月一二日）
34　Taipuraitâ　（九月一一日）
35　Gakkô no kaeri ni　（一一月二六日）
36　Rômazi “Mame-nikki”
Ⓐ二月一一日　Ⓑ二月一二日
Ⓒ二月一八日　Ⓓ二月二三日
Ⓔ二月二三日　Ⓕ三月一二日
Ⓖ三月一六日　Ⓗ三月二〇日
Ⓘ三月二一日

右の三六編（豆日記Ⓐ〜Ⓘを教えると、計四四編）は、小学校三年生の一年間に書いた、百五十編に「豆日記」四〇数日分を加えた、約二百編の中から選ばれたものであるという。

4　「みつるの文集」4（一九六二・三・三一発行）

一　ひよこ

1　文集つくり　（四月一日）

2 テープ・レコーダー（四月八日）
3 げんかんのこうしふき（四月九日）
4 虫歯（四月一〇日）
5 表彰式（四月一一日）
6 身体けんさ（四月一四日〜一五日）
7 ようけい場（四月二〇日）
8 ひよこ日記（四月二一日、二二日、二三日、二八日）
9 教生の先生（四月二五日）

二 テレビ

10 にいちゃん（学校での自由題作文）（五月三一日）
11 「かあちゃん、しぐのいやだ」を見て（学校での課題作文）（六月一七日）
12 反省らんの丸（六月二〇日）
13 先生のびょうき（六月二七日）
14 のみ（八月七日）
15 松川さいばん（八月八日）
16 おばあちゃんの日記（八月一九日）
17 わが家のテレビ（八月下旬まとめる。）
一、テレビが来た（三月二二日）
二、家族会議（四月四日）
三、しちょう料（四月六日）
四、テレビのよいところ

三 もぐら

18 もぐらの観察（七月二六日の日記を、九月一三日に推敲したもの）
19 総理大臣賞にはいった（一一月二四日）
20 プラネタリウム（一一月一二日）
21 授賞式（一一月一三日）
22 昼食会（一一月一三日）
23 上野動物園（一一月一四日）
24 首相官てい（一一月一四日）
25 東京最後の夜（一一月一四日）
26 わたなべ先生
27 わが家に帰りつく（一一月一五日）

四 かあちゃん

28 「坊っちゃん」を読んで（一〇月中の作）
29 オルゴール（学校での自由題作文）（九月中旬）
30 すもう（二月二日）
31 音楽の時間（二月一九日）
32 「ひととび」を読んで（学校での課題作文）

（二月中）

33　かあちゃん　（三月二六日）

34　Dôgo no nettai-kan　（四月五日）

右の三四編は、小学校四年生の一年間に書かれた作文・日記約百九十編（うち、十数編は学校での作品）から選ばれたものである。蒲池文雄教授は、三四編は「編数からいうと、二割に満たないが、比較的長いものが多いので、分量からいうと、全体の三分の一、あるいは、それ以上にもなろうか。」（同上文集、「あとがき、五七ペ上）と述べておられる。

5　「みつるの文集」5（一九六三・三・三一発行）

1　文集を作る　（四月二日）
2　芥川龍之介の作品を読んで（親子鉛筆対談）　（四月八日）
3　幸福の手紙　（六月上旬作）
4　加地式勉強法　（六月六日）
5　『変身』を読んで　（七月二八日作）
6　朝の合唱練習　（八月二四日作）
7　エプロン作り　（八月上旬作）
8　私の祖先のこと　（八月二六日作）
一　「蒲池物語」のこと
二　柳川落城のこと
三　鎮漣の娘徳のこと
四　戦国時代の人の心

9　父と海へ　（九月二日作）
10　怪しい人物　（九月一七日）
11　白つめ草のグランドで　（一〇月六日）
12　取りかえた上着　（一一月一〇日作）
13　「受銭奴」のげき　（一二月三〇日）
14　私の考え　（一月一二日）
15　わたしはふしぎでたまらない
A　B　（一月三日作）
16　音楽の時間　（一月一三日）
17　今出で　（一月二一日）
18　「読書の記録」から
19　Watasi no kaimono　（三月二五日）

6　「みつるの文集」6（一九六四・三・三一発行）

1　私の兄　（四月作）
2　初めて見た小トラ　（五月三日原作）
3　算数の時間　（五月作）
4　鎖国をしなかったら　（六月一〇日作）
5　父の手（詩）　（六月作）
6　ミイコの話　（八月作）
7　ぬけている私　（八月作）
8　「あしながおじさん」を読んで　（九月作）
9　式典の日のこと　（一一月九日作）
10　新しい家　（一九六四年一月作）
11　久米先生　（二月作）
12　裁判所見学　（三月一三日作）
13　砂と波（詩）　（一学期の初めの作）
14　私の幼いころ（三月一七日、小学校卒業の前夜作）
15　Honda sensei　（ローマ字文）　（三月一八日）

なお、右の一五編のほか、小学校六年生一年間に作ったもので、この文集6に収録されなかったものには、
○みつるの文集(5)の完成（四月一一日～一三日の日記、大型ノート）
○アメリカ原子力潜水艦沈没（四月一二日、大形ノート）
○修学旅行に行けなかったこと（四月、原稿用紙に清書）
○青きドナウを見て（原稿用紙に清書）
などがあったよしである。

（野地潤家博士稿「解説――『わたしは小学生』に寄せて――」〔『新版わたしは小学生』〈昭・五三・六・一、青葉図書刊〉所収、二五二～二六一ぺ〕による。）

さて、これら六冊の文集に載せる文章（合計百七十九編）を選出する基準としては、次の四点が考えられていた。
1. なるべく、一年中のすべての時期にわたるように。

2. 題材や、文の種類、傾向に変化があるように。
3. こどもの一年間の生活（と心の発展）のあとを示し、将来の記念として役立つように。
4. 作品の質からみても、この一年間を代表しうるように。（前掲「みつるの文集」4、「あとがき」、五七ぺ）

さらに、六さつの文集から、「こどもの心と表現力の発達をたどる上で大切な作文、その学年、その時期を、何かの意味で、代表するような作文」（蒲池文雄教授稿「『わたしは小学生』の生まれるまで――「あとがき」に代えて――〈昭・三九・七・七稿、『新版わたしは小学生』所収、二三九ぺ〉という基準で、最終的に七十七編[1]の文章が選ばれ、文集『わたしは小学生』（昭・三九・九・三〇、くろしお出版刊、昭・五三・六・一、青葉図書より再刊）が編まれるに至った。

一児童の文章表現力の学年的発達をとらえていくのに、百七十九編（「みつるの文集」六さつ）もの分量の日記・作文を考察の対象とすることができるのは、他に類例を見出すことができない。加えて、約八百編もの日記・作文の中から、美鶴さんの文章表現力の発達過程をうかがうことのできる文章が、細密な心くばりによって選ばれている点も、注目すべきである。蒲池美鶴さんのばあい、児童の文章表現力の学年的発達過程をとらえていくための資料として、分量的にも内容的にも、極めてすぐれた資料ということができる。

二

蒲池文雄教授が、六年間にわたって、「みつるの文集」の発行を継続[2]していかれたのは、次のようなねらいに基づいている。

「では、この文集（一年の時だけは、「みつるの日記」と題した。）を作った意図は何か。入学の日以来、先生からすすめられたのでもないのに――日記を書き続けてきた娘を励ましてやり、また、その幼い日の心のアルバムを、文章の形で残しておいてやりたいというのが、その一つである。もう一つは、作文に関心を持つ一教師として、ひとりの小学生[3]の表現力（思考力・認識力も含めて）の発達過程を記録しておきたいと考えたのである。つまり、ふつうの子を持つ親としての心づかいと、国語教師としての関心の一致したところから、この文集が作られた。」（蒲池文雄教授稿「一児童の作文学習の歩み」――文集『わたしは小学生』の生まれるまで――、昭・四三・四・五稿、「国文学攷」第四十七号〈昭・四三・七・一、広島大学国語国文学会刊〉掲載、一～二ぺ）

六年間に及ぶ文集の発行は、父親としての愛情と、作文教育研究者としての関心との両面に支えられたものであった。

蒲池文雄教授は、教育における家庭の役割について、次のような見解を示していられる。

「世の中には、教師の立場から書かれた作文教育論は随分多いが、親の立場から書かれた作文教育論はきわめて少ない。／それはあたりまえのことかもしれない。しかし、考えてみると、人生最初の学校は家庭であり、最初の教師はこどもの両親、あるいは祖父母、兄姉である。こどもは最初の国語教育を、これら両親を中心とする家庭から受けるのである。そして、こどもが就学した後も、これら無給の家庭教師たちは、陰に陽に、その偉大な感化力をこどもの上に及ぼし、学校の教師たちの懸命の国語教育を、あるいは助成し、あるいはぶちこわす。／この意味からすると、世の親たちが、満六才何か月かの春、こどもがはじめて小学校の門を潜った時教育が始まると考えて、その後の一切の、あるいは大半の教育上の責任を、学校と教師に負わせようとするのは、大いに虫がよすぎると言わねばならない。」（蒲池文雄教授稿「父親としての作文教育論」、昭和三四・八・三一稿、「国語研究」32号〈昭・三四・一一、愛媛国語研究会刊〉所収、一ぺ）

ここには、「人生最初の学校は家庭であり、最初の教師はこどもの両親、あるいは祖父母、兄姉である」とする、蒲池文雄教授の家庭教育観が語られている。このような認識に基づいて、蒲池教授は、「教師の作文教育論のほかに、もっと父母の作文教育論があってもよい」（同上誌、一ぺ）と提唱していられる。

次に示す、蒲池文雄教授の八編の論稿は、蒲池教授の「父親としての作文教育論」の所産とみなすこともできる。

1「父親としての作文教育論」　「国語研究」32号（昭・三四・一二）
2「わが子の作文を見つめる」　「国語研究」35号（昭・三五・一一）
3「わが子の作文あゆみ」　「国語研究」38号（昭・三六・九）
4『もぐらの観察』をめぐって」　「国語研究」39号（昭・三七・二）
5「わが子の作文に思う」――読書感想文について――　「国語研究」41号（昭・三七・一一）
6「小学生と俳句」　「国語研究」44号（昭・三八・一一）
7『わたしは小学生』の生まれるまで」――「あとがき」に代えて――
『わたしは小学生』（昭・三九・九・三〇、くろしお出版刊所収）
8「一児童の作文学習の歩み」――文集『わたしは小学生』の生まれるまで――
「国文学攷」47号（昭・四三・七）

これらの論稿において、蒲池文雄教授は、文集の成立ならびに美鶴さんの文章表現そのものにいて、直接考察を加えられ、美鶴さんの文章表現力の発達のあらましを明らかにされた。直接指導・助言を与えられた、父親蒲池文雄教授によって、娘美鶴さんの文章表現力の学年的発達がとらえられているのは、研究上何より喜ばしいことである。蒲池美鶴さんのばあい、児童の文章表現力の発達をとらえていくための資料として、考察を加えていく際の手がかりの面からも、極めてめぐまれたケースということができる。

三

児童の文章表現力の発達に関する研究上、蒲池美鶴さんの個人文集（「みつるの日記」以下六さつ）には、次のような資料的価値を認めることができる。（先に述べてきたことも含めて、総合的な立場から述べる。）

①百七十九編もの分量がある。（分量面）

②しかも、それらが、六年間のすべての時期にわたるように、題材、文の種類、傾向に変化があるように、作品の質からみても、それぞれの学年を代表しうるように、細密の心くばりによって選ばれている（内容・質の面）

③作文教育研究の立場から、原文を尊重し、文字、文章の誤りもそのままにされている。また、わかち書き、句読点、段落等も原文に従い、特に改めたばあいは、その旨注でことわってある。（原文尊重）（「みつるの日記」、「まえがき」による。）

④父親蒲池文雄教授によって、文章表現力の学年的発達のあらましが考察されている。（考察の手がかり）

⑤その作文のできた事情や、作文教育上留意すべき点などが、作文に付記してある。（考察の手がかり）

これらによって、蒲池美鶴さんの文集は、分量、質、考察の手がかりなど、いずれの点からも、極めてすぐれた資料であることがわかる。

ただし、次のような点は、考察上の問題点として指摘することができる。

①環境にも指導にもめぐまれた、最高水準にある児童の例であって、標準的な児童の文章表現力の発達を帰納できない。

②文種が限定されている。（文種としては、生活文〈日記を含む〉が主体で、他に童話・詩・意見文・読書感想文・手

紙文を含むが少数である。観察記録・研究報告の類はない。）

右の問題点①については、各学年における、児童の文章表現力の到達可能水準をおさえることのできる資料として、独自の価値を認めることもできよう。

以上、若干の問題(4)があるとはいえ、蒲池美鶴さんの文集および蒲池文雄教授の論稿は、児童の文章表現力の発達に関する研究上、典型的な資料として、その価値を認めることができる。

第二節　認識力と文章表現力

一

本節では、第三節において美鶴さんの文章表現力の学年的発達を検討していく前提として、蒲池文雄教授が児童の文章表現力の構造をどのようにとらえていられるかをみておきたい。

蒲池文雄教授は、児童の文章表現力のとらえ方について、次のような見解を示された。

「さて、私が、こどもの作文指導に力を入れた理由を、改まった形で述べれば、書くことは、こどもの認識能力を育てる、と言われているが、このことを、自分のこどもによって、実証してみたかった、ということになる。と言うと、子どもを実験台に使ったように聞こえるかもしれないが、別の言い方をすると、私は、書くことは、そのこどもの認識能力(5)（観察力、表象する力、思考する力、想像する力などを含める）を高め、その主体を確立させるのに大きい力をもっと《ママ》信じているので、考え深いこども、主体的に思考し、行動できるこどもを、書かせることによって育てたいと念願したのである。（したがって、私は『作文力』という時、その中には、表現力だけでなしに、認識力も含めて考えている。）」（前掲「一児童の作文学習の歩み」、四ぺ、傍線は引用者。）

これによって、蒲池文雄教授のばあい、認識力と表現力の統一体として文章表現力が把握されていることがわかる。もっとも、このとらえ方は、蒲池文雄教授独自のものではなく、蒲池教授が戦後の生活綴り方の業績から吸収していかれた考え方であった。この点について、蒲池文雄教授は、次のように説明されている。

「書かせることによって、じっくりと対象に取り組ませ、そこに、こどもの自主的なものの考え方、見方を育てていこうとするやり方を、わたくしは、娘の赤ん坊の時分（昭和二七、八年ごろ）から、生活綴方によって学びました。『新しい綴方教室』(6)（国分一太郎）だの、『山びこ学校』(7)（無着成恭）だの、『山芋』(8)（大関松三郎・寒川道夫）だのは、そのころのわたくしの目と心を大きくひらいてくれた書物です。『学級革命』(9)（小西健二郎）は、その後、娘の入学する一年前（引用者注、昭和三二年ごろ）に読んで感銘させられた本です。この『わたしは小学生』の与える印象は、『山びこ学校』以下の三つの生活綴方の代表的著作の与える感銘とは、ひじょうに違った面もあるので、これを生活綴方と呼んでよいかどうか、わたくしにはわかりませんが、この仕事の起点に、生活綴方のものの考え方の影響が強くあったことは、事実として指摘しておきたいと思います。（さらにその後、考えることと書くことの関連について、わたくしが大きな示唆を受けたものに、『生活綴方の認識と表現』(10)（今井誉次郎）があります。）」

（前掲「『わたしは小学生』の生まれるまで」――「あとがき」に代えて――、二四六ぺ、傍線は引用者。）

蒲池文雄教授自ら、美鶴さんの日記や作文を文集としてまとめつつその主体的なものの考え方や見方を育てていこうとされた仕事の起点に、戦後の生活綴り方のものの考え方の影響が強くあったことを、認めていられるのである。

以上、蒲池文雄教授が文章表現力を認識力と表現力との統一体として把握していられること、そしてそのとらえ方は、戦後の生活綴り方の業績の中から吸収していかれたものであること、の二点を指摘した。

二

次に、文章表現力を認識力と表現力との統一体としてとらえるとは、具体的にはどういうことであるのか、段落意識の問題を例にとって考えてみたい。

蒲池文雄教授は、はじめて段落のつけられた、美鶴さんの文章として、次の一年生の時の日記をあげていられる。

○　みつるの　ほしいもの　（昭和三三年八月一七作）

みつるの　ほしい　もの。いぬ。ねこ。ほん。ミルクのみ　人ぎょう。みつるは　犬なら　どんな　犬でも　かわいらしく　みえるのです。みつるの　一ばん　すきな　犬のしゅるいは　スピッツと　あきた犬　です。みつるは　小さい　小犬ほど　すきです。子犬は　まるまると　して　ふとって　います。そして　大きい　犬は、ときどき　ほえたりかみついたり　します。けれど　子犬は　クンクン　いって　かわいらしい　だけです。

ねこは、かわいい　こえで　ないて　ねずみを　とってくれます。みつるは、ねこが、かわいいのです。

みつるの　うちには、ミルクのみ　人ぎょうが　ないので　大へん　ほしいです。うらの　ささき　くんの　いもうとの　のりちゃんはミルクのみ　人ぎょうを、二つも、もっています。そして　本の　うらに　せんでんしてある　ミル

クのみ　人ぎょうを　みると　よけい　ほしく　なります。みつるは　本なら　どんな　本でも、あれば　あるほどすきです。とうちゃんが　本を　かってきて　くれると、ごはんを　たべるのも　いやに　なって　よむ　くせが　あります。（八月一七日）

（「みつるの日記」、八〜九ぺ）

この日記は、「平生、段落意識の指導ということが気になっているので、この日は、実験の気持もあって、書く前に、書き出しを一字下げること、書くことがら、対象が違ったら行をかえることを簡単に説明した」（前掲「父親としての作文教育論」、八ぺ）結果生まれたものであった。

しかし、この段落意識の指導は徹底せず、早くも翌日（八月十八日）の日記では、段落がつけられなくなり、ついで二日後（八月十九日）の日記では、「えいが」という、日記中最長の文章（四百字詰め原稿用紙約五枚分）が、わずか二段落で書かれるという結果となった。

蒲池文雄教授は、右に述べた事実をふまえ、その際の指導について、「そういう形式的な指導がいかに効果がなかったかは（実は右の文〈引用者注『みつるのほしいもの』〉でも完全ではないが）、（中略）十分立証された。」（前掲「父親としての作文教育論」、八ぺ）と反省していられる。さらに、蒲池教授は、今井誉次郎氏の、「こういう文（引用者注、八月十七日作、『みつるのほしいもの』）だと、『犬』『ねこ』『ミルクのみ人形』（『ほん』のことは段落が分けてない）というように、ことがらによって、静的に（時間的でなく）段落が分けられて、指導しやすいのですが、これが直ちに時間的な段落をつける力とはなっていません。また、段落を分ける指導も、段落的な認識を育てることと並行して行われるべきで、段落を単なる形式として教えようとすることは、文部省的なやり方で、そういうことでは、実際的に子どもたちの『思考力を伸ばす』ことにはなりません。（「主として『文の書き出し』の指導に関連して」——みつるちゃんの日記に学ぶこと——、「作文と教育」第10巻第7号〈昭・三四・六・二〇、百合出版刊〉掲載、七〇ぺ、傍線は引用者。）という指摘を引用され、「その後、私にとって、段落意識を育てることが、『思考力を伸ばす』ことになるような指導とはどんな指導か、ということが一つの課題となった。」（「父親としての作文教育論」、八ぺ）と述べていられる。

以上のことによって、蒲池文雄教授が、「段落をつけることのできる力」とは、単に表現形式として段落をつける力ではなく、段落的な認識を伴った力であるととらえていられることがわかる。今井誉次郎氏の指摘に学びつつ、表現力と認識力との統一体としての文章表現力をとらえていこうとされる、蒲池文雄教授の基本姿勢をうかがうことができる。

第三節　児童の文章表現力の学年的発達

一

蒲池美鶴さんの文章表現力の学年的発達については、すでに、父親である蒲池文雄教授によって、そのあらましが考察されている。

蒲池文雄教授は、次に示す四編の論稿において、美鶴さんの各時期の文章表現力の実態および発達について、綿密な考察を加えられた。

1「父親としての作文教育論」

〈入学前～一年生〉

2「わが子の作文を見つめる」

〈二年生～三年生第一学期〉

3 「わが子の作文のあゆみ」

〈三年生～四年生第一学期〉

4 「『もぐらの観察』をめぐって」

〈「もぐらの観察」（四年生九月十三日作）の分析および一年生から四年生第二学期までの、動物の観察を主とした文章における観察力と表現力の発達〉

また、このほかにも、蒲池文雄教授は、直接美鶴さんの文章表現力の学年的発達を論じたものではないが、次のような論稿をまとめていられる。

5 「わが子の作文に想う」――読者感想文について――

〈四年生第二学期～五年生第一学期までの読書感想文の実態〉

6 「小学生と俳句」

〈『小学生ミチルの句集』をめぐっての、六年生二学期（昭・三八・七・二五）の夜の家族の話し合い〉

7 「『わたしは小学生』の生まれるまで」――「あとがき」に代えて――

〈『わたしは小学生』の成立事情と美鶴さんの文章表現力を育てた家庭的要因〉

8 「一児童の作文学習の歩み」――文集『わたしは小学生』の生まれるまで――

〈『わたしは小学生』の成立事情と表現意欲・文体の面からみた六年間の文章表現力の問題点〉

これら八編の論稿の内容から明らかなように、美鶴さんの文章表現力の学年的発達については、蒲池文雄教授によって、主として、一年生から四年生の初めのころまでの実態が明らかにされているのである。

したがって、本節では、一・二・三の論稿を中心に、①「一年生から四年生初めごろまでの美鶴さんの文章表現力の学年的発達が、蒲池文雄教授によって、どのように分析されているか」という点を中心に、検討していきたい。

さらに、①を補う意味で、四の論稿を中心に、②「動物の観察を中心とした文章群と、五年『父と海へ』、六年『ミイコの話』をとりあげ、一年生から六年生までの叙述力の発達過程」をとらえていくようにしたい。

二

まず、美鶴さんの文章表現力の学年的発達を、次の六つの時期に分けて、それぞれの時期の発達を、蒲池文雄教授がどのようにとらえていられるかを、検討していく。

1　入学前
2　一年生
3　二年生
4　三年生
5　四年生（第二学期ごろまで）
6　四年生二学期以降（五、六年生）

〈入学前の文章表現力の発達〉

蒲池美鶴さんは、小学校入学の日（昭・三三・四・八）に、自ら進んで、二編の文章（日記）をまとめた。この二編の文章は、蒲池文雄教授によれば、「こどもの書いた最初の日記らしい日記」（「父親としての作文教育論」、五ぺ）であった。蒲池文雄教授は、その日記を書く素地となる文章表現力の発達過程について、次のように分析していられる。

そこでまず、こどもの入学前の文章表現力の実態を、手もとにある資料によって、ざっとたどってみる。

私のこどものばあいも、最初、文章は絵にくっついて出てきた。まず、こどもが、絵らしい絵——対象が何か判定できるような——を書き出したのが一才九か月ごろからである。（最初は人の顔）それが段段複雑なものに発達していくうち、満四才ごろになると、漫画の影響を受けて、漫画調の絵を多く書くようになり、四才五か月ごろになると、漫画の連続した場面に、ごく簡単なことばで説明をつけるようになった。

例えば、昭和三一年三月一日（四才五か月半）の、漫画「うたしまたろう」（自分で題を書いている。）は、一二場面あり、浜辺でいじめられる亀を見ているところから、死ぬところまで、順番に、1……12の番号をつけている。そのうち、文句のあるのは三番面《ママ》で、例えば、故郷に帰ったところでは、「おかあち［ゃ］んがいないて(?)」、最後の場面では、「しんじやつた」「おわり」とある。

この翌日、三月二日には、生まれてはじめての絵日記らしいものを書いている。それは、前夜飛びこんできたすずめを、かごの中に入れておいたところ、この日の昼ごろ急に死んでしまった。それを大へんかわいそうに思って眺めていたが、書き損じの原稿紙の裏に、かごの中のすずめと、それを見ながら鉛筆を取って絵日記を書いている自分の姿とを絵に書き、右隅にその説明文を次のようにつけた。

「あんまりあばれるからしんでしまいましたかはいいそおですねえ」

このうち△をつけた二字は裏返しで●をつけた三字は父と母に教えてもらった。最後のえについては、私が、「なくてもよかろう?」ときいてみたら、「どうしてもつけんといかん。」といってきかなかった。

ところが、それから八か月後（五才一か月半）の昭和三一年一一月三日には、次のような、かなり長い、絵のない、独立した日記を書いているのが注目される。

幼稚園入園前の日記例（昭和三一年一一月三日）

「きょうばあちゃん（注・母方の祖母）がきました。そしてどうしてじいちゃんがこなか［っ］たのそおいうとばあちゃんわこおおへんじしました。せきがでてねつがでたのです［っ］て。ほうぅそうだ［っ］たの。そしてじいちゃんのおみまいにくだものでもか［っ］てあげましょういいえくだものわも［っ］てきましたといいました。するとかあちゃんがおみまいにいなだ（注・稲田、店の名）でおかしでもか［っ］てあげましようするとばあちやんわいいえなにもいりません。それならなにもないじゃあないのいりません。」（総字数一九三字。△をつけた字は裏返しに書く。）

この文などは、文の内容がしり切れとんぼになっていること、接続詞（そして）の使い方が正しくないこと、表記上の不備が多いことなどで、不十分な面が多いとはいえ、例1・2まで、あと一飛びだという気がする。（引用者注、入学式の日に書いた二編の日記）

しかし、この一飛びがなかなかだった。というのは、こういう生活文も幼稚園入園前から幼稚園時代にかけて、折にふれて書いてはいるが、その後もこどもが一番熱心に書いたのは漫画（説明文や人物の詞を入れた創作的なもの）で、漫画が自己表現の主流をなすものとなったからである。（この漫画の創作も、こどもの自己表現の一手段であり、文章表現力を伸ばした点もあるわけだから、私のこどものばあい、漫画が作文の助けになった、ということもいえると思う。）次にあげるのは、昭和三一年一二月一九日（五才三か月）作の、漫画「うしわかまる」の一場面の説明文である。

「うしわかまるのけんにまめまる（注・美鶴の創作で、牛若丸の兄）のけんがあたりましたそのとたんびつくりしたうしわかまるわまめまるのむねおついてしまいました」

人物の詞としては、たおれた「まめまる」のそばに驚いてかける「うしわかまる」に、「ああにうえ」「しんだらいや」といわせている。

以上が入学式前のこどもの文章表現力の発達のあらましである。これによると、文章を作る能力も、表記の力も一応はあり、絵日記や日記文を書いた体験さえもあって、入学直後に日記を書く態勢は一応整っていたといえよう。（美鶴が早くから日記を書くことに一種のあこがれを持っていたのは、三才九か月違いの兄の絵日記に刺戟された点が多い。）しかし、こどもが現実に主として書いていたのは創作漫画であって、日記を書く能力は、いわば可能性として秘められていたわけである。

（「父親としての作文教育論」、四～五ぺ、傍線は引用者。）

これによって、入学前の美鶴さんの文章表現力が、①絵（一才九か月ごろ～）→②漫画調の絵（四才ごろ～）→③漫画の連続した場面にごく簡単なことばを付したもの（四才五か月ごろ～）→④絵日記（絵を主としたもの、四才五か月ごろ～）→⑤日記（五才一か月半～）という段階を経て発達していったこと、美鶴さんが入学前に（主として書いたのは創作漫画〈説明文や人物のことばの備わったもの〉であるが）すでに日記を書くことのできる素地能力を身につけていたこと、などがわかる。克明な記録ではないが、小学校入学に到るまでの文章表現力の発達のあらましが、簡明に記述されている。

〈一年生における文章表現力の発達〉

さて、入学前における文章表現力の発達で触れたように、蒲池美鶴さんは、小学校入学の日に（日記らしい最初の）日記を二編書きあげた。その二編の日記は、次のようなものであった。

〈例文は、すべて、印刷事情の許す限り、原文そのままの形を示すようにした。
ただし、脱字は［　］の中に補い、かなづかいの誤りは右に×をつけて示した。〉

例1　（四月八日　その一）　　（『新版わたしは小学生』一〇ぺ）

みつるはきょう一ねんせいになりました。きょうは四月の八かですこのちょうめんはうけもちのこしろせんせいにもらいました。ほんとうにやさしいせんせいです。ようちえんのおかだせんせいもやさしいせんせいです。おかだせんえいはそつえんしきのときないていました。ようちえんじゅうのせんせいがないたそうです。それからこしろせんせいにさんすうのちょうめんももらいました。いいせんせいです。一ねん三くみの子がみんな二さつつづもらいましたみつるも一ねん三くみですきょうしつのなかにはかわいいえなどがはりつけてあります。こしろせんせいはおんなのせんせいです。

例2　（四月八日　その二）　　（同上書、一一ぺ）

かあちゃんのびょうき

みつるのかあちゃんはもうちょうでにゅういんしています。それでとうちゃんわかあちゃんのいるせんばというところにかんびょうをしにいくのでみつるはせんばのあるまつ山からかよっています。けれどかあちゃんはあと二三日ぐらいしたらでるというのでもうすこしでうちへかえれるとおもいます。四月八日

例文1については、「右の文は、文中にあるように、この日、受持の先生からもらったノートに書いたもので、一ページ四〇字詰（八×五）の六ページ半総字数（以下、総字数は、句読点、符号、分ち書きや改行のためあけたマスなどを除いた、実際の文字数で示す。）二五八字で、こどもがこれまでに書いた文としては最長である。（この文のあとには、『こしろせんせい』と題する絵と、友だちと登校している自分の姿を書いた絵が各一ページある。なお、次の例2

には絵はない。)」(「父親としての作文教育論」、五ペ)とある。例文2については、「この方は一三六字。例1とあわせて三九四字である。」(同上誌、五ペ)とある。

これら二編の日記は、美鶴さんが、まったく誰からも勧められず、強いられないで書いたものであった。蒲池文雄教授は、美鶴さんが、「これだけの長さの文章を、いきなり書き出した動機」について、①素地となるもの、②直接の動機、の二つの観点から分析を加えられた。

①素地となるもの については、入学前の文章表現力の発達の項で触れたように、美鶴さんがすでに入学前に日記を書く力と意欲を持っていたことが明らかにされている。②直接の動機 については、「こういう(引用者注、日記を書く)可能性を現実のものとしたのは何であろうか。それは一口にいえば、小学校入学の感激と喜びであろう。早くから文章による自己表現に大きな興味を持っていた美鶴ではあったが、今までは、漫画はむろん、たまに書く日記でも所詮は一種の遊びにすぎなかった。しかし、きょうからは一年生、晴れて日記を書くことができる、そういう喜びがこどもの胸にわいたに違いない。また、『漫画は遊び、日記は勉強、これからは勉強をしなくては。』という意気ごみも心の中に生まれたに違いない。そういう喜びと意気ごみが、まず冒頭、『みつるはきょう一ねんせいになりました。』と書かせ、以下次次ときょうの体験をたたみかけることとなったのであろう。つまり、入学の日の感激によって、日記を書きたくてたまらなかった心の堰が切られたわけである。/ところで、このようなこどもの意欲を助けたものとしては、『ほんとうにやさしい』『いいせんせい』である受持の先生が、はりきっているこどもにノートを下さったことをあげなければならない。」(「父親としての作文教育論」、五〜六ペ)と分析されている。

蒲池文雄教授の分析の的確さ、深さには驚かされる。

次に、例文1・2の文字力・表記力については、次のように分析されている。

「右二文は、全然読点を用いず、句点はつけおとしたところもある。しかし、ひらがなの形はほとんどできており、大部分のかなづかいは正しく、拗・促音の表記は完全である。こういう表記力（これはさきの『素地』の中に入るわけだが）は何によって養われたか。これは後述のように、入学前に読書を多くしていることと関係があるには違いないが、私たちとして、そのために特に有効だったと思うのは、幼稚園の夏休みごろ、こどもが自発的に、『ながいながいペンギンの話』（いぬい・とみこ著）を、ノートに熱心に視写したことである。これは、どうしたわけか、本人が非常におもしろがってやったので、その分量も相当のものになったが、それによって、文字・かなづかい・外来語のかたかなによる表記、符号の使い方等を学ぶことが、きわめて多かったと思う。」（同上誌、六ぺ、傍線は引用者。）

蒲池美鶴さんのばあい、文字力・表記力ともに（若干の問題があるとはいえ）、小学校一年生として、極めて高い水準にあったことがわかる。こうした文字力・表記力を育てた要因についても、豊富な読書量と、特に『ながいながいペンギンの話』の視写体験の二つの面から言及されている。視写による文字力・表記力の習得の指摘は重要である。

さらに、蒲池文雄教授は、「右の二文については、なお大切な問題がのこされている。その一つとして、右の二文におけるこどもの認識の仕方、あるいは文を書いた意図、というものと、その認識なり意図なりが、文の表現の上にどうあらわれているか、という問題がある。」（同上誌、六〜七ぺ、傍線は引用者。）と指摘していられる。さらに蒲池文雄教授は、例1・2の日記を、認識と表現の観点から分析して、「右二文は、同日のうちに、ひき続いて書かれたものであるにもかかわらず、興味深い対照を示している。」（同上誌、六〜七ぺ）と述べられた。蒲池文雄教授は、右のように、例1・2の日記が、それぞれこどもの認識のしかたにおいては、対照的である、ととらえるにあたっては、「今井誉次郎先生の論文（引用者注『主として「文の書き出し」の指導に関連して――みつるちゃんの日記に学ぶこと――』、「作文と教育」第10巻第7号〈昭・三四・六・二〇、百合出版刊〉所収）から教えられるところがあった。」（同上誌、七ぺ）と述べていられる。

今井誉次郎氏は、その論文の中で、例1・2の日記について、認識と表現の観点から、それぞれ、次のように分析を加えられた。

「この文（引用者注、例1の日記）では、文を書く前に書こうとすることがらの全体（ばくぜんとした全体）が、つかまれていません。けれども、一年生になったうれしさと、日記を書こうという興味で、『みつるはきょう一ねんせいになりました。』と一気に書いたのでしょう。それから、ちょっと考えてから『きょうは四月の八日（ようか）です。』と書いたのです。以下ずっと、串だんご式に、ひねり出して書いたのです。

(1) このちょうめんは[1]こしろせんせいにもらいました。
(2) （[1']こしろせんせいは、）ほんとうに[2]やさしいせんせいです。
(3) ようちえんの[3]おかだせんせいも[2']やさしいせんせいです。
(4) [3']おかだせんせいはそつえんしきのとき[4]ないていました。
(5) ようちえんじゅうのせんせいが[4']ないたそうです。

というように、1と1'、2と2'……というように、ことばのしりとりのような形が繰返されています。しりとりでないところは『この』とか『それから』ということばでつないだり、またつなぎのことばを使わないで、いきなり書きつけたりしています。

（中略）

この文は、串だんごの一つ一つのことがらを、母親に話しているのだともいえます。この種の会話だと、それこそ、串だんご式に、ぽつん、ぽつんと連想的に思い出しては話し、考えては話しすればいいのです。

（中略）

串だんご式の会話的な文だと、前にも述べたように、書く前に書こうとすることがらの全体（ばくぜんとした全体）がつかまれていないから、最初に題を書くことはできないのです。

しかし、この日記の作者は、この日の日記を前掲のように書いた後、あらためて、つぎのような題のある文（引用者注、例2の日記）を書いています。

（中略）

これは、受持の先生に『かあちゃんのびょうき』のことを知らせる意図で書いたのでしょう。このような、はっきりした意図のもとに書かれた文ですから、串だんご式ではなくて、しっかり一つにまとまっており、すじが通っています。事実を書いたあとに、『けれど云々』というふうに逆接の『けれど』を使って、これから見通《ママ》しを書いて結んでいます。

右の二つの文例によって、文を書く前に、書こうとすることがらの全体（ばくぜんとした全体）が認識されていない場合と、認識されている場合があることがわかります。（同上誌、六五～六六ぺ）

この分析によって、例一の日記では、書こうとすることがらの全体を認識せず、連想的に思い出したことを母に話しかけるように叙述していること、一方、例2の日記では、受け持ちの先生に、母親の病気のことを知らせるという、はっきりとした意図のもとに、書こうとすることがらの全体をつかんで叙述していることがわかる。同じ日に書かれたとはいえ、二つの日記から帰納される文章表現力（認識を含めて）には大きな隔りがあるのである。

次に、段落意識の発達については、第二節　認識力と文章表現力　の中で触れたように、美鶴さんのばあい、一年生の八月段階（昭・三三・八・一七の日記「みつるのほしいもの」）では、まだ身についていない[11]ことが明らかにされている。（第二節の例文参照――例文3と呼ぶ。）

次に、蒲池文雄教授は、美鶴さんの一年生の日記について、会話を入れた文の発達という観点から、考察を加えていられる。蒲池教授は、文章表現力の発達上、会話を入れた文がどのような役割を果たすかについては、「人々のその時時の心と体のうごきを生き生きと伝え、概念的でない、読む者の心を強く動かす文を書きうるためには、会話を入れた文がうまく書けるようになることが大切である。美鶴の日記を、日を追って見ていくと、文がおもしろくなってきたというのは、この会話の入れ方が多くまたうまくなってきていることと大きな関係のあることがわかる。」（同上誌、九ぺ）と指摘されている。

さて、文章の中に会話が入ってきた最初のものとしては、昭和三十三年四月十日の日記があげられている。その日記は、次のようであった。

例4　（四月一〇日）

てつじょうもうくぐり

きようみつるはささきくんと二ねんせいのよしみちゃんとがっこうへいきよりました。そのとちゅうよしみちゃんがささきくんとみつるにけいさつのてつじょうもうをくぐろうやそのほうがはやいよといっててつじょうもうをするっとくぐりぬけてしまいましたするとよっちゃんがぼくもやってみるといってくぐりぬけました。みつるもくぐりぬけました。そしてあとからささきくんとみつるがかばんをみてみるときずがいっぱいいっていました。みつるはかえってからおこられました。（『新版わたしは小学生』、一二ぺ）

この日記について、蒲池文雄教授は、「ともかく会話が二所《ママ》入れてあるために、描写がそれだけでも具体的になったと言えよう。しかし、買ってもらったばかりのピカピカの『かばん』（実はランドセル）に大きなきずを発見しておどろいた時、よっちゃんとかわしたであろう会話や、帰ってから、母親に叱られた時の会話などを写すだけの力はまだな」（同上誌、九ぺ、傍線のみ引用者。）いと分析されている。会話を写す力の発達をおさえるのに、「実際に話されながら記述化されなかった会話」の観点からも考察が加えてある点は、注目すべきである。

その後、美鶴さんの日記は、「四・五月は、時折、例４程度の簡単な会話を写すにとどまってい」（同上誌、九ぺ）たが、「六月から七月にかけて、対象をリアルに写す力がまし、文もずっと長くなるにつれて、会話の分量もまし、写し方も生き生きとして来た。」（同上誌、九ぺ）その、会話の写し方が生き生きとしてきた例としては、次の日記が示してある。

例５　（七月一八日）

兄ちゃんのびょうき

ゆうがた　兄ちゃんが　びょうきに　なったので　おくすりを、すえ田と　いうところへ　かいに　いきました。でも「ない」と　いわれたので　山田と　いう　おくすりやに　かいに　いきました。さんざんさがして　やっとみつけました。その、玉ぐすりは、少し　大きすぎました。ちょっと　小さいほうのを、かいました。かえって兄ちゃんにのませようと　しました。けれど兄ちゃんは　玉ぐすりの、大きいのや　中くらいのは「ようのまん。」と　いってはきだしたりする　たちなので、せっかく　おちゃを口に　いれて、くすりを、のもうとしても、おちゃを、むだにするだけで　ちっとも　のみません。かあちゃんは、おこって「なんで　ようのまんの。みつるでも　こんな　おくすり　すぐ　きゅっと　のんで　しまうよ。あんたの　へんとうせん（注・のどのあなの意。）は　みつるの　ばいからあるのよ。」と　いいました。あんまり　かあちゃんが、せめるので、兄ちゃんは　なきべそを、かいて　いました。かあちゃんが「なにを　なきよるん　この、おくすりは　一つぶが　百円も　するんよ。」と　いったら「ウン　ぼく、となりの　へやへ　いって　のんで　くる。うそを　いわせん。ぜったいよ。ゆびきりげんまん。」と、いいました。かあちゃんは、「ほんとうかしら。うまいことを　いって　のんだような　ふりするん　じゃないかしら　わたしがいって　みよ。」と　いいました。みて、ほんとうに　のんだので　かあちゃんは　兄ちゃんを　ほめました。みつる

は、「あんなことで　ほめられるん　ええわい。」と　おもいました。（『新版わたしは小学生』、一五～一七ぺ）

（注）この日の日記の原題は、「みなとまつりと兄ちゃんのびょうき」といい、全文八〇七字であるが、その前半二八〇字を略し、題も改めた。この部分だけで五二七字である。（内、会話の部分一七一字で約三分の一）

この日記について、蒲池文雄教授は、「この文について、先生の赤ペンは、『おくすりをのむときのようすがくわしくかけています。ほんとうにせんせいもそばでみているようによくわかります。』と書いているが、それは会話がかなり多く、しかも生き生きと写されていることによる点が多いであろう。」（同上誌、一〇ぺ）と分析されている。

さらに、蒲池文雄教授は、「この種の文（引用者注、会話を含む文章）の例をたどっているうちに気づいたこと二つ」（同上誌、一〇ぺ）として、次のように述べていられる。

その一。一一月五日の「おべんとう」という文で、お弁当を忘れた美鶴が、走って家に帰る途中、お隣の奥さんに出あう。そこで奥さんは、「あれ、みつるちゃん」「おかあちゃん、おつかいにいくゆうたんじゃけど、さあ、どこへ、いったんじゃろか」（傍線引用者）というところがある。この文中の「ゆう」という書き方を見て、私は「これは、いうじゃないの?」と聞いてみた。こどもは、「それは、ゆうでのうちゃいかんのよ。谷本（注、隣家）のおばちゃんが、ゆうゆうて言うたんよ。」と答えた。これは、かなづかいとしては、なるほどいうと書くべきだが、（こどもは、かなづかいとしては、入学の日以来、いうを用いて誤ったことはない。例2参照）、人の会話を写す時には、あくまでもその人の言ったとおりに忠実に書くべきだ、という一年生なりの見識である。

その二。会話を次次と写す場合、「というと」「ときくと」「といいました」などのことば、あるいはその主語となることばが続出して、うるさくなることがある。おとな、ことに作家は、それを適当に略してしまうのだが、小学生は、馬鹿正直に一一それを書かないと気がすまない傾きがある。ところが、一年生でも、あまり問答が重なると、うるさくなって、適宜ことばを略することを思いつくらしい。

右のような例として、一二月二二日の「どんばらじめうり」という文がある。（中略）その文の中に、「その人はふつうのおびを　みせて、「これ　なんちゅうだかね？」「それも　おびよ。」すると　その人は……」というところがある。この文では、「と聞くと、かあちゃんは、…………とこたえました。」といった文が略されているわけである。この前後にも両人の問答が重ねられているので、もしここを、普通の書き方をすると、うるさく、間のびのするところだが、右のように書くと、文がひきしまり、情景が生きてくる。

私の気づいたところでは、日記の中で、こういう書き方をしたのは、ここだけである。（注）ただし、翌年二月七日の「こしろ先生のお手がみ」という文の中では、母親と本人が問答を重ねるところを、「　」の右上に小さく人名を記して、会話だけを劇のように並べるやり方で写している。（同上誌、一一ぺ）

（注）　さきに、「幼稚園入園前の日記例」としてあげた文中にも、一見ここに述べたのと同様な省略が見られるが、あのばあいは、まだ文章表現力が十分でないために、偶然似た形になったまでで、今のばあいとは別に考えなければならない。

蒲池教授の分析によって、児童の文章表現力（特に、叙述力）の学年的発達を跡づけていく視点として、「会話の写し方」という観点が有効であることがわかる。（もっとも、これは、生活文について言えることで、説明、論説等にあてはまらない。）また、会話の写し方の発達を分析する方法についても、蒲池文雄教授独自のものが示されている。また、蒲池文雄教授は、右に引用した、会話の写し方（その二）を、美鶴さんがどのようにして習得したかについて、「こういう風な会話の写し方は、やはり、本をたくさん読んでいるうちに自得したものではなかろうか。一年生には一年生なりの工夫が生まれてくるものである。」（同上誌、一一ぺ）と分析されている。

次に、一年生における美鶴さんの文章表現力を育てた家庭的要因については、
1　読書する環境の中に育ったこと
2　家族がよく話しあいの場を持ったこと
3　両親が日記の愛読者であったこと
4　こどもの日記を大切にしたこと
の四点が示され、さらに、学校における指導面として、
5　学校教育の面から
があげられている。
右の1　読書する環境の中に育ったこと　の中には、美鶴さんの読書生活の一端が、次のように述べられている。

「満三・四才が漫画期、（むろん、そののちも読む。漫画と作文力の関連については前に触れた。）幼稚園に入る前（満五才ごろ）には、小学館の幼年文庫（『ピノキオ』・『ガリバーりょこうき』・『ロビンソンのぼうけん』など、百ページ余りの絵入り物語）を好んで読み、幼稚園の夏休みころは、前出の『ながいながいペンギンの話』を特に愛読、その他では、東光出版社の『アラビアンナイト物語』・『世界おとぎ噺』・『未明・賢治・譲治・広介日本名作童話集』など（各五百ページ余）を好んで読んだ。一年生になってからの本で一番気に入っているのは、あかね書房の『世界児童文学集』である。

一年生の間の読書量は、手もとにある五月―八月のメモによると、月平均一一冊二〇〇〇ページである。（雑誌・漫画等を除く。）

一年生の時の読書の内容は、物語・童話、それに少数の作文の本など、文学的なものに限られているが、その代り、文学的なものだと、兄（当時五年生）の持っている本、借りて来た本にも食指をのばし、ほとんどこれを片付けるという旺盛な意欲を持っていた。」（同上誌、一二ペ）

一年生における美鶴さんの文章表現力の発達は、一つには、豊富な読書量（質を伴った）がもたらしたものとみることができるのである。蒲池文雄教授も、読書力と文章表現力（作文力）の関連について、「このような読書態度が、作文力の基礎となる思考力、判断力を育て、語いを豊かにし、正しいことばの使い方に習熟させたことはいうまでもないが、今までにふれてきた、段落意識や、会話を写す力、あるいは表記の力も、読書によって養われたところが多いであろう。」（同上誌、一二〜一三ペ）と指摘していられる。

2　家族がよく話しあいの場を持ったことについては、「私たちは、その日に見聞したものについて、よくみんなで――こどもたちを中心にして――話す機会があった。それがおのずから美鶴の日記の取材や叙述の上で役に立ったのではないかと思う。」（同上誌、一三ペ）と述べられ、「このような話しあいが効果をあげたと思われる例」（同上誌、一三ペ）として、次の日記をあげていられる。

例6　（八月一九日）

えいが（けがれなきいたずら）

おひるから　えいがを　みに　いきました。「くろい　おうし」と、「けがれなき　いたずら」です。「けがれなき　いたずら」は　きょうかいの　おぼうさまが　びょうきの　女の子の　ために　おはなしを　して　あげた　ものがたりです。きょうかいの　まえに　あかんぼうが　すてられていて、おぼうさまが、それを　みつけて　みんなで　そだて

ることに　なりました。ふとった　おぼうさまが、ゆりかごに　赤ちゃんを　のせて　ゆりかごに　ひもをつけ、そのひもの　はしっこを　じぶんの　手へ　むすびつけ、手を　うごかすと　ゆりかごが　ゆれると　いう　しくみで

　ジャガイモを　むいて　いるのがおかしくて、みつるも　かあちゃんも　わらいました。

赤んぼうが、大きくなって　四つか五つに　なりました。そして　マルセリーノと　いう　なまえを　もらいました。ある　おまつりの、日　おぼうさまに　つれられて　マルセリーノは、町へ　きました。おぼうさまが　びょうきの、人の　おうちに　はいって　いるあいだに　町の、中へ　さまよいこんで、ある　リンゴを　うって　いる　みせへ、くると　ちょっと、一つ　とって　しまいました。それが　中を　とったから　みせやのりんごが、ぜんぶ　おちました。それで　みせの　おばさんが「たすけてっどろぼうっ。」と　さけびました。それで　町は　うしが　あばれたり

　くるまが　ひっくりかえったり　たくさんの　りんごが　めちゃくちゃに、なったり　大そうどうを、おこしました。そのさわぎを　みながら　一人　にこにこして　リンゴを　たべて　いるのは、マルセリーノです。それで、いじのわるい　そんちょうさんが　おぼうさまに「このきょうかいを　でて　いって　くれ。」と、いいました。おぼうさまは、マルセリーノを、しかって　あいてに　してくれないので　さびしく　おもって、マルセリーノは、おぼうさまに

　ぜったいあがったら　いけないと　いわれた　かいだんに、あがって　いきました。そこには　ものおきが　ありました。ものおきの　おわりにも　ドアが　あるので、おして、つぎのへやへ　はいると　そこには　イエス・キリストの、十じかがあって　キリストが　はりつけにされて　いました。マルセリーノは、びっくり［し］て　ボールの　ように　ものおきへ、で、かいだんを、かけ　おりて　いきを　はずませました。よくじつ、「うごいたら　にげよう。」と　いって　また、二かいへ　あがりました。イエス・キリストの　ぞうは、うごきません。マルセリーノは、「おなかが　へってるだろうな。」といって　一かいへ　おり、パンを、ぬすんで　キリストの　ぞうの　ところへきて、「これだけしかなかったの　おなかすいてるんだろう。」と　いいました。すると、キリス［ト］の　右の　手の　小ゆびが、うごきました。五ほんの　ゆびが、うごいて　マルセリーノが　さしだして　いる　パンを、うけとり　キリストの　ぞうが　パンを　たべました。みつるは「おかしいな　ぞうが　うごくはずは、ないのに」と　おもいました。パ

ンを　たべた　あとで　イエス・キリストの　ぞうと　マルセリーノは　おはなしを　して　かえりました。さいごの日、マルセリーノは、パンと　さかなを　もって　イエス　キリストに、あげました。キリストは、パンと　さかなを、たべて　いつものように　おはなしを、しました。キリストは、「おまえは、いま、なにが、一ばん　ほしい。」と、ききました。マルセリーノは、「おかあさん。」と　いいました。キリストは、それなら、つれて　あげる。さあ、ここに、ねなさい。」と　いいました。マルセリーノは、「ぼく、ねむたくない」と　いいました。キリストは、「それなら　ここにおいで、だっこ　して　あげる。」と、いって　てを　だしました。マルセリーノは、キリストに、だかれて　しんだようにねむって　ゆめの　中で、天ごくへ　いきました。おぼうさまたちが　きて、ドアの　すきまからみると　キリストの、ぞうが、ありません　それは、キリストが　マルセリーノを　だっこして　いたから　でした。キリストは、みんなが、みて　いるのを、しって　マルセリーノを、そばの、いすへ　すわらせ、もとの　十じかへ、もどり　ました。これを、みた　おぼうさまたちは、なみだを　ながして、キリストを、おがみました。それからマルセリーノの、おはかを　つくり、イエス・キリストを　たてまつって　みんなで　おがみました。おはなしが、すんだので　おぼうさまは　きょうかいへ　かえって　いきました。みんなは、かえって　きょうの　えいがの　ことを　はなしあいました。みつるは、こんばんきっと、おそろしいゆめを、みると　おもって　いましたが、なんのゆめも　みませんでした。

（『新版わたしは小学生』、二〇〜二四ぺ）

（注）　夏休みのある午後、家族一同（両親・兄・本人）が揃って、映画「けがれなきいたずら」を見、大いに感激し、夕方帰ってくると、いろいろこれについて話しあった。次の文は、翌日の午後、一気呵成、わき目もふらず書きあげたもので、総字数一六〇五字、前述したように日記中最長の文である。（同上誌、一三ぺ）

蒲池文雄教授は、美鶴さんがこの文章を書く上で、家族の話し合いが及ぼした効果について、「一緒に映画を見、（この時、母親がそばから、時折、字幕の文を読んでやっていた。）帰って話しあったことが、この場合、特に筋の理解と整理に役立ち、この文を書く助けになったと思う。」（同上誌、一五ぺ）と分析していられる。

なお、一年生の時の平素の指導は、「書くまでの雰囲気を作ってやること、取材について助言することが主であって、叙述の過程および書いた後の推敲の指導などはほとんどしてやらなかった。美鶴のばあい、のびのびとした空気の中で、思うままに書かせるのが一番よいことを、私たちはすぐさとった。かなづかいや、漢字のあやまりを、あとで直させることもあるにはあったが、それもなるべく先生の『赤ペン』のお仕事にゆずるというのが私たちのたてまえであった。」（同上誌、八ペ）とあるように、記述中および記述後の推敲の指導はなされていない。

3　両親が日記の愛読者であったこと　については、「こどもが日記を書きあげると、早速手に取って、読みあい、話しあった。その際も、特別のばあいは別として、作文教育の意図をもっての批評をしたのでなく、おもしろく読みあい、叙述のうまいところはほめ、よい考えののべられたところは感心しあったまでのことである。だから、私たちのしたことも『教育』といってよいなら、それは一口にいって、『雰囲気による作文教育』、『（書きたくなるような）気分を育てる作文教育』ということになろうか。／いずれにしても、こどもは、『書きあげたら、すぐ、とうちゃんとかあちゃんが読んでくれる。』という期待を、いつも持ちながら書いたのである。」（同上誌、一五ペ）とあるように、書く意欲を育てた面と、表現のよいところをほめることによって、叙述力を伸ばしたことが考えられる。

4　こどもの日記帳を大切にしたこと　については、日記を合本し、さらに文集としてまとめたことが、美鶴さんの表現意欲を支えたことが指摘されている。（同上誌、二ペ、一五ペによる。）

5　学校教育の面から　については、担任の先生が、「日記を丹念に読み、いたわり深い批評を書き、教室で何度か美鶴さんの日記をとりあげて読んでくださった」ことなど、細心な指導が行われたことが指摘されている。（同上誌、一六ペによる。）

以上、一年生における美鶴さんの文章表現力を育てた要因については、家庭・学校の両面から、詳しい分析がなされていた。要因としては、読書力と文章表現力の関連、話し合いなどを通しての、主として取材、叙述面の指導の充実、家族が日記を愛読し大切にしたことによる表現意欲の促進などを認めることができる。

最後に、美鶴さんが、一年生の間に書いた日記の分量面については、次のようであった。

「小学校に入学した昭和三三年四月八日、みずから進んで日記を書き始め、一年生の間（翌年三月末日までの三五八日間）に、二九二篇の日記文（内、三篇は詩）を書いた。一日に二篇書いた日が八日あるので、実際の日数は二八四日である。この日数をパーセンテージで示すと、七九・三％強となり、ほぼ五日のうち四日書いたことになる。／また、一年間に書いた日記の総量は、ノートの形式が一定していないので正確には言えないが、一ページ九六字詰（一二×八）三六ページの市販の国語ノートを主に用いて三五冊、これを四百字詰原稿紙に換算すると、ほぼ二五〇枚となる。」（同上誌、一〜二ぺ）

なお、一年間に書いた形態については、文と絵の関係という観点から、「日記のはじめの五冊（六月一六日まで）は絵日記の形をとっている。しかし、その形は文章が主、絵が従で、絵はさし絵的に入れられていることが多い。いわば、絵日記としては最終段階で、六月一七日以後、絵というシッポはまったく切れてしまった。しかし、前述のように、こどもは、幼稚園入園前に、文章だけの日記文を書いたこともある（少くとも六・七篇）のだから、私たちの指導いかんでは、もっと早く、絵から切りはなすこともできたはずである。それが六月中旬まで延びたのは、私が深い考えもなく、二・三・四冊目に、ふつうの絵日記形式のノートを与えたためであろう。絵日記形式のノートを与えると、やはり絵日記まで退化するのである。（もっとも、文が比較的長いので、絵のらんは空白のページが多くなってはいるが。）この点、与えるノートの形式が、日記の形式を規制するということを教えられた。」（同上誌、六ぺ）と分析されており、これによって、①一年生の初めは、絵日記といっても文が主で絵が従であったこと、②絵が全くなくなるのは、六月十七日以降[12]であること、③この時期は、指導のいかんによってもっと早められたこと、がわかる。

以上、美鶴さんの一年生における文章表現力の発達については、日記の分量、段落意識、会話を写す力、文字力、表記力、それらの力を育てた（家庭的）要因の面から、綿密な考察が加えられていた。一年間に書いたすべての日記について考察が加えられているのではないが、代表例に即しての分析・考察は、密度が高く、的確であった。

〈二年生における文章表現力の発達〉

蒲池文雄教授は、「二年生のころの、こどもの生活と心をもっともよく代表すると思われる作文の一つ」（蒲池文雄教授稿「わが子の作文を見つめる」、「国語研究」三五号、三〇ぺ）として、次の作文をあげていられる。蒲池教授によれば、この作文は、「みつるの文集」第2集の中で、美鶴さんが一番好きだといっている作文である。

例1　（昭和三四年一二月六日作）

らくせいしきのおちゃわん

きょうは、しんこうしゃの　らくせいしきが　ありました。
かあちゃんは　朝から、
「きょうは　たいてい　赤と白の　おもちを　くれるよ。こんな　おめでたい日は、二十年に　一、二へんしか　ないのに。」
といっていました。
いよいよ　らくせいしきが　はじまると、校長先生が、ちょうれいだいの上に　あがって、

「えー、きょうは、やっと　北校しゃが　らくせいしました。四年生、五年生の人々は、よく　今まで　分きょうじょうで　しんぼうしてくれました。これから、しん校しゃに　はいっても、気をおちつけて、しっかりべんきょうしましょう。『校しゃは　できたが、中の　せいとは…』などと　いわれないように　してください。では、これから　北こうしゃの　ために、たいへん　よく　つくして　くだった、ピィーティーエーの会長さんの　おことばがあります。」

と　おっしゃいました。それから　ピィーティーエーの会長さんが　いろいろ　お話してから、こうかを　うたいました。先生たちの　さしずで、みんな　きょうしつに　はいりました。

古代先生は、「らくせいしきとは　何のことですか。」と聞いてから、一つのおちゃわんを　さし出して、

「これは、らくせいの　きねんです。ここに、三つはま小学校、千九百五十九年と　しるして　あります。」

とおっしゃって、うしろの　子に　ちゃわんを　くばらせました。美鶴は　早く　見たいので　うずうず　しました。やっと　ちゃわんが　くばられると、それを　いつまでも　見ていました。

そのうちに　おかえりになったので、みんな　ハンケチにつつんで　かえります。美鶴は　あいにく　ハンケチをわすれたので、たった　二まいの　ちり紙で、一まいは　中につめて、あとの　一まいで　つつんで　かえりました。すると、とちゅうで　おもしろいことを　思いつきました。かあちゃんは朝、おもちだとばかり　いっていました。ちゃわんを　つつんだまま　さかさにすると、まるで　おもちのように　見えます。それで　かあちゃんを　かついでやろうと、大いそぎで　かえりました。

うちへ　つくと、おえんから　あがって、

「かあちゃん、やっぱり　おもちもろた。」

と　いうと、

「それ、みとうみいね《（みてごらん）》。やっぱり　かあちゃんは　よう　しっとろ。」

と、じまんしているので、美鶴は　おかしくなって、ちょっとちり紙を　のけると、中から　おちゃわんが　出てきたので、とうちゃんも　かあちゃんも　大びっくりです。かあちゃんなどは　目をしろくろさせて　わらいながら、

「あああ、おかし。かあちゃんは、さっそく　やいてやらないかんと　思とったんよ。」といいました。みんなは　しばらく　わらいが　とまりませんでした。美鶴も、こんなに　うまく　人を　だましたのは、うまれて　はじめてです。

しばらくして　とうちゃんは　あたらしい　おちゃを　入れて　もって来て　このおちゃわんに　ついでくれました。とてもおいしい　おちゃでした。(『新版わたしは小学生』、五五〜五八ぺ)

この作文について、蒲池文雄教授は、「こどもが、落成式の日に、お茶わんをもらった喜びを、それだけでしぼませないで、小さな茶わんをもとに、大きな楽しみと喜びを創造し、それを家庭に持ち帰ったその創意工夫は、わが子ながらほめてやりたいと思う。そして、それを、このような文にまとめあげて、後の日まで、この日の感激と楽しさをしのぶよすがとして、われひとに残したことは、それだけ生活を豊かにしたわけで、立派なことだといってよい。」(同上誌、三三一ぺ、傍線のみ引用者)と述べられた。ここには、美鶴さんが文章表現力を伸ばしていく土台としての生活が、豊かになってきていることが指摘されている。この作文を読むと、美鶴さんの、作文を書くための材料を発見してくる取材能力のすぐれていること、また、その中から書く材料を発掘してくるところとしての家庭生活が豊かで、その雰囲気がなごやかであることなどがわかる。さらには、この作文が創造されてくる過程に、美鶴さんのすぐれた思考力が大きく作用していることも確かめられる。

次に、この作文の表現能力面については、蒲池文雄教授は、①会話をよく写していること、②構想がうまい、ことに起承転結が大へんよくできていること、の二点をあげていられる。(同上誌、三三一ぺによる。)蒲池教授のご指摘のように、この作文では、朝のおかあさんの話(起)、らくせい式でおちゃわんをもらったこと(承)、おかあさんをかつぐことを思いついたこと(転)、結び(結)という、整然とした組みたてになっていることが注目される。

蒲池文雄教授は、二年生になってからの美鶴さんの文章表現力の発達について、「全般として、まとまった、ねらいのはっきりした、構想もしっかりとした文が書けるようになった。また事がらをくわしく書く力もできてきた。したがって、一そう長い文も書けるようになった。（二年生の三学期では、四百字詰で三、四枚の文がふつうである。）」（同上誌、二九ぺ）と述べていられる。二年生になって、美鶴さんの文章表現力が、構想力、叙述力（くわしく書く力）、記述量の三面において発達してきたことがおさえられている。先に引いた例1の作文についても、この三点はあてはまる。

このように、美鶴さんの文章表現力が、一年生から二年生にかけて、めざましい発達をみせてきた要因としては、二年生のはじめから三年生の夏休みまで、「一応原稿を書かせ、こどもとわたくし（時に母親）が、簡単な話しあいをし、こども自身に多少の手を入れさせた上、ノートに清書させるようにした。」（同上誌、二九ぺ）ことがあげられている。一年生の時に、「ノートにぶっつけ本番に書」（同上誌、二九ぺ）き、「具体的な文の添削や、推考の指導はほとんどしてやらなかった」（同上誌、二九ぺ）のに比べ、二年生になって、意図的な推考指導が行われたことが、発達の要因として示されているのである。

一方、二年生になってからの美鶴さんの作文の傾向としては、今まで述べたような発達的側面のみが現れてきたわけではない。この点について、蒲池文雄教授は、「全般として、とくに注意しなければならないのは、作文を書くことをおっくうがる傾向が、かなり出てきたことである。これは一年生の終りごろにきざしていたのだが、二年生の間に、次第に強くなってきた。」（同上誌、二九ぺ）と指摘されている。このように、美鶴さんが、「上級に進むにつれて、一年生のはじめに見られたほどのさかんな表現意欲が見られなくなった」（同上誌、三九ぺ）原因について、蒲池文雄教授は、次の六点をあげて分析を加えられている。

1　一年生のはじめは、あたらしく学んだ「かな」という表記手段で、自己の見聞を表現できること、そのことが珍しくおもしろかったが、書きなれるにしたがって、その感激がうすれたこと。
2　身辺の小さなできごとも、はじめは、なんでも作文の対象になりやすかった。しかし、そのうちに、作文を多く書いただけに、新鮮な、表現意欲をそそられるような題材が、身辺に得られなくなったこと。（おとなでも、文筆家でないかぎり、身辺に題材を取っての小品を一年に何十篇と書く人はめったにいないだろう。）
3　読書に対する興味が、二年・三年と急激にまし、表現よりも享受、鑑賞の方に関心がかたむいたこと。
4　その読書というのは、童話・物語などの文学的なものが大部分で、自分が文を書くばあいも、その影響でリアルな作文よりも、フィクションをまじえたものを好むかたむきがでてきたこと。[13]（これは三年生になって顕著になった。もっとも、このばあいは、一方で表現力がのびているのだから、一概に表現意欲がおとろえたとはいえないが。）
5　二年生になってからは、ローマ字文以外は、草稿を書き、それを推考の上清書するように指導したことが、文を書くことを、おっくうがらせたこと。（このような指導が無益だったとは思わないが。）
6　こどもの最初のころの文章表現は、他人に読んでもらうことははっきり意識したものではなく、ただ文を書くことがおもしろくて書いた。それは、自己満足的なもので、しいていえば自分のために書いたのである。（このことは、現在、こども自身も、当時の気持をふりかえって認めているところである。）ところで、その文章表現が、家庭や学校で、作文教育という軌道にのせられ、だんだん他人の目を意識したものにかわっていく過程の中で（一面、そのために表現意欲がのびもしたが）、当初の、おのずからな、書きたくてたまらないので書く、のびのびとした表現態度がうすれていき、また書くのがおっくうになる、ということもおこった。
美鶴さんの表現意欲が低下した原因としては、1. 表記手段「かな」に対する興味の減少、2. 新鮮な題材の減少、3. 享受・鑑賞への興味の増大、4. 作風の変化、5. 推考・清書のわずらわしさ、6. 表現意識の変化（対読者意識の発生)、の六点にわたって考察が加えられている。これらは、表現意欲の低下の原因の複雑さをよく示している。

さて、二年生になって美鶴さんの表現意欲が減退の傾向にあることをみてきたが、二年生の二学期には、その回復のきざしもみえてきている。二年生になって減退していた、美鶴さんの表現意欲を、「一時的かもしれないが、大いにふるい立たせた」(同上誌、三〇ぺ)ものは、ローマ字の学習であった。蒲池文雄教授は、美鶴さんのローマ字学習の歩み(「みつるのローマ字文集」〔「ことばの教育」123号(昭・三五・五・一、ローマ字教育会刊)掲載〕という論稿あり。蒲池文雄教授、昭・三五・三・三一稿。)について、次のように述べていられる。

「ローマ字の勉強は、二年生の一〇月二五日からはじめた。(中略)……読む力の方は、習いはじめて二〇日後には、一分間の黙読の速度二五語、その二日後には三五語(いずれも、あたらしい教材により、数回の平均)となった。さらにに《ママ》、本年一月二一日、わたくしが、愛媛大学教育学部の三・四年八六人に対して黙読の早さを調べるために用いた教材を、同じ日に読ませた時には、七四語(大学生の平均は八一語)に達した。

ローマ字による作文をはじめて書いたのは、習いはじめて二一日後の一一月一五日で五三語から成る日記文である。その後、三月までには、二百語、三百語から、長きは四百語におよぶ文もどんどん書けるようになった。」(同上誌、三五ぺ)(〰〰引用者注、昭和三五年、二年生)

これを読むと、美鶴さんは、極めて短期間のうちたに、ローマ字読字力、ローマ字作文力を習得、発達させていったことがわかる。

美鶴さんのローマ字作文の表現水準については、次の作文を例に引いて、考察が加えられている。

例　(I-gatu 14-ka mokuyôbi, Kumori)

3-zigoro, Otukai ni ikimasita . Midori no Honya to Denkiya desu. Denkiya niwa, Denki-gotatu o tori ni iku no desu. Hon wa Hurosiki-zutumi ni tutunde ikimasita.

Honya no tikaku no Mitukado made kuruto, Isi no Ue de Hurosiki-zutumi o hodoitari, Huku o totonoetari simasita.

Sate, kore ga owaruto, osoru osoru Mise ni tikazukimasita. keredo Naka ni hairuto, husigi ni otitukimasu.

"Obatyan, kore arigatô!"　to itte Mise kara tobidasu to, Usiro kara itumo no teinei na, "Arigatôgozaimasu" o 2-kai kurikaesita Orei ga kikoete kimasita.

Mituru wa hitotu no Sigoto o oeta node uresiku natte, Denkiya e kakete ikimasita.

Soto kara naka o mite miruto, oku no hô no to ga simatte imasu. Mituru wa, "Obatyan!"　to iu yuki ga nai node, sibaraku atira o mawatte kite, mata yôsu o ukagau koto ni simasita.

Mitimiti arukinagara Mituru wa, "Terao San nara imagoro mô moratte kaeriyoru darô ni to urayamasiku natte zibun ga nasakenaku narimasita.

Soro Soro kaette mo yosasô desu.

Mise no mae ni kaerimasita. Mise niwa Otoko no Okyaku ga kite imasita. Mituru wa Obasan ga iru no ga wakatta node, Otoko no hito ga dete ittara hairô to, matimasita.

Otoko no hito wa sugu dete itta node, Mituru wa Mise ni tonde ikimasita.

Kotatu o moratte Soto e deru to, honto ni hotto simasita.

(『新版わたしは小学生』、223～225ぺ、傍線は引用者。)

わかち書き、大文字小文字の用い方、改行の仕方、符号の用い方など、すべて原文のままである。(「みつるの文集」にのせた時には、かりに"Otukai"という題をつけておいたが、原文は題がない。ローマ字作文はすべて題をつけずに書いている。)〈同上誌、35ぺ〉

このローマ字作文について、蒲池文雄教授は、「この文は、正しいわかち書きに直して数えると二一〇語、ふつうの漢字かなまじり文で書くと、約六百字の長さのもので、娘の書いたローマ字文の中では、特別長いものではない。それでも、新指導要領（引用者注、昭和三三年度版）の六年の目標、『正しいわかち書きをして、簡単なローマ字の文を書くこと。』（傍点、蒲池教授）は、まず達成しているといえよう。さらに、表現の質から見ても、漢字かなまじり文に比し、見劣りするところがない。それどころか、「Mise kara tobidasu to, Usiro kara itumo no teinei na, "Arigatôgozaimasu" o 2-kai kurikaesita Orei ga kikoete kimasita.（引用者注、例2の傍線部）」という文などは、情景をいわばザッハリッヒ（引用者注、独語、即物的）にとらえており、今までに見られなかった、ざんしんな表現となっている。」（同上誌、三〇ぺ）と考察されている。ローマ字作文が、表現力の面でも高い水準にあったことが確かめられる。

蒲池文雄教授は、美鶴さんがローマ字学習にとりくんだ動機について、「一口にいえば、それは、未知のものへのあこがれ、ということができる。しかし、その中には、二つのものがふくまれている。一つは、未知の文字に対する好奇心であり、一つは、その文字で書かれている未知の物語を読みたいと思う心である。」（同上誌、三〇ぺ、傍線は引用者。）と考察されている。また、美鶴さんがローマ字学習にいかに熱心にとりくんだかは、「わたくし（引用者注、蒲池教授）は、まだローマ字を学習させるには早すぎると思っていた（中略）。しかし、こどもの希望がきわめて強いので、その熱意におされてはじめたわけである。」（同上誌、三五ぺ）と述べられていることからも、十分うかがうことができる。美鶴さんが、このように積極的にローマ字学習にとりくんだのは、先に、表現意欲の低下した原因の分析1.に示した。表記手段「かな」への興味の低下と深くかかわっている。すなわち、新しい表記手段を得て、その文字を使っての表現意欲がかきたてられたのである。

さらに、蒲池文雄教授は、ローマ字学習の効果があがった原因として、

①父親の蒲池教授が、大学での指導のために、熱心にローマ字にとりくまれているのをみて、美鶴さんのローマ字熱が点火されたこと、つまり、外からの強制でなく、ローマ字の学習熱が、美鶴さんの自主的なものであり、本物であったこと

②ローマ字で書くことは、わかち書きや、大文字、小文字の区別、いろんな符号の使い方など、漢字かな文に比

べて困難を伴うが、逆にいえば、漢字を用いることからくる困難さ（字を知らない、ということのほかに、漢字で書くか、かなで書くかの問題、送りがなのことなど）、かなづかいのめんどうさがない。つまり、漢字かなまじり文の欠点を補って、より表現力を向上させる上でのメリットがあったこと（同上誌、三八ぺによる。）の二点をあげていられる。

また、蒲池文雄教授は、美鶴さんの表現意欲を盛んにして、今後、文章表現力を発達させていくための手だてについても、次の六点を示していられる。

①原則として、ぶっつけ本番でノートに書かせる。ただし、自分で、できるだけの推考はさせる。

②（一年生の七月から、日記に題をつけさせ一つのまとまった作文を書くよう指導したが、今後は）形式にこだわらず、長短を問わず、作文というより、日記性を重んじた指導を心がける。（題はつけなくてもよいことにする。）

③文体は、今までは、すべて敬体で書いていたが、常体で書くこともやらせてみる。（敬体は――低学年ではかならずしもそうではないが――他人に見せる意識とつながりやすい。自分のために、思うことをズバズバ書くのには常体がいいと考えられる。）

④適当な題材があれば、適当な時に、今までのような作文（身辺に取材した生活文）も書かせてみる。また、童話の創作なども作りたいときには作らせる。ローマ字作文は、ローマ字書きの本の読後感想文や、手紙の交換の機会などをとらえてやらせる。

⑤（読書には、ある時期になると読んだものに圧倒され、自分の書いたものに魅力を感じなくなるというマイナス面と、取材、構想、表現、語いなどの上にプラスになる面とがあるが）読書が作文の上によい影響を与えるようにするために、今は読書が物語類を中心としているが、しだいにそのわくを広げるようにする。

⑥読書によって、対象を、他人のめがねで眺めたり、受身の立場で、しかも外面的に描くことのよいよう、読書

や作文以前の日常の生活そのものを充実させ、対象にはたらきかけて、自分の力で対象を処理する意欲と実力をつけさせるように務める。（同上誌、四〇～四二ぺによる。）

ここには、①推考指導方針の転換、②日記性を重んじた指導、③常体の採用、④童話の創作およびローマ字作文の指導、⑤読書範囲の拡大、⑥日常生活の充実（による対象をとらえる力の強化）、という観点から、表現意欲を盛んにさせ、文章表現力を発達させるための方策が、具体的に説かれている。

なお、二年生になってから美鶴さんが書いた作文の分量は、「一年間の作文数は九七篇（学校での作文は含まない）、ノート（市販のふつうのもので、一ページの字数は、一五〇字ないし一六二字のものを、もっとも多く用いた。）で一六冊」（同上誌、二九ぺ）であった。「一がいに数字だけでは推せないが、一年生の時は、五日に四篇書き、二年生の時は、一週間に二篇書いたことになる。」（同上誌、三〇ぺ）とあるように、分量面では減少している。これは、先に述べた表現意欲の低下の傾向（二年生）を考えれば、当然の現象であった。

以上、美鶴さんの二年生における文章表現力は、「文章表現の技術面では、いろんな点で、たしかに進歩が見られた。しかし、作文を書く意欲という根本的な点では（前項のローマ字のばあいは例外として）、一年生の時より後退した」（同上誌、三〇ぺ）とまとめることができる。

二年生については、表現意欲の問題が中心にとりあげられ、具体的な作文に即してその発達をあとづけてあるわけではない。しかし、表現意欲の後退した原因が詳しく分析され、しかも、その分析に基づいて、表現意欲、ひいては文章表現力を発達させるための具体的対策（指導方針・方法に及ぶ）が示されている点は、注目に値する。

〈三年生における文章表現力の発達〉

美鶴さんの文章表現意欲の低下の傾向は、三年生にも引き継がれ、その傾向は、三年生の夏休みまで続いた。（「わが子の作文の歩み」、二ぺによる。以下の引用は、この論文を中心とする。）この間、美鶴さんは、「身辺の生活に取材したリアルな作文を書く点では、その意欲に、かなり衰えが見られた」（同上誌、一四ぺ）が、一方で、「童話の創作には非常に興味を持ち、夏休みまでに、三編の相当長い童話を書」（同上誌、一四ぺ）くようになった。美鶴さんが、三年生の間に書いた童話は、次のようである。

1「タローと花子」（昭・三五・五・八作、四百字詰原稿用紙七枚）
2「タイム・マシン」（昭・三五・六・四作、五枚）
3「ジョン物語」（昭・三五・八・一四作、一七枚）
4「ケンジのぼうけん」（昭・三六・二・二六作、九枚）
（同上誌、二ぺ）

年間四編という数字が示すように、童話が、一年間に書かれた全作文中に占める比率は、極めて低いものであった。しかし、①各編の分量がふつうの作文に比し、はるかに多いこと、②積極的な興味をもって書いたこと、の二点は、作文意欲の停滞期にあって、童話の創作だけは例外であったことを示している。（同上誌、二ぺによる。）

蒲池文雄教授は、美鶴さんが熱心に童話のの創作にとりくむようになった原因について、次のように分析されている。

「このようなフィクションとしての作文が作られるようになった理由としては、（中略）身辺のリアルな事実に取材するふつうの作文にやう《ママ》やくあきがきたという消極的なものと、二年生ころから、童話・物語類を読むことがますます多くなり、自分もまねをしてみたくなったという積極的なものとがあげられよう。」
（同上誌、五ぺ）

美鶴さんのばあい、三年生になって、童話の創作にとりくむようになったことは、これまでの、身辺のリアルな事実に取材するふつうの作文にものたりなくなったために、空想の世界に取材した童話に新境地を求めたということであって、三年生における美鶴さんの文章表現力（特に取材力）の発達を物語る現象とみなすことができよう。

さて、二年生から三年生の夏休みまで続いた表現意欲の中だるみ（停滞）は、美鶴さんが、三年生の二学期のはじめに、それまでの松山市立三津浜小学校から、愛媛大学教育学部附属小学校へ転校したことによって、解消されることとなる。表現意欲が回復したことは、作文の分量の面に、さっそく現れ、三年生一学期中の作文が合計十四編にとどまったのに対して、転校直後の二学期の作文は、合計約百編にも達した。（同上誌、五ぺによる。）蒲池文雄教授は、転校を契機として、美鶴さんの表現意欲が再びさかんになった理由について、次のように説明していられる。

> 娘が三年生になって、作文意欲があまりふるわなくった理由としては、すでに述べたことのほかに、つぎのような、作文以前の、生活・学習面の問題があった。すなわち、一・二年生の時は、組替えはなく、同じ先生が持ち上がられた。この組は、こどもの粒がそろい、勉強もよくでき、男女の仲もよく、クラスの雰囲気が大へんよかった。ところが、三年生になる時、組替えがあって、クラスの気風は一変した。男子のボス的な存在が目立って来て、クラスの空気ががさつになり、勉強も落ちついてしにくくなった。その上、入学以来、こどもの気質をよくのみこんで指導して下さっていた担任の先生は、他校へ転任された。これらのことから、娘は一・二年生の時に持っていた学校生活への張り合いというものを失いかけたのである。
>
> さて、転校してみたところ、新しいクラスの気風がきわめて民主的な、あかるいもので、娘を、新入りだからといって、女の子だからといって、少しも差別をせず、大切にしてくれたことが、その気持を大いに引き立

てた。それに、担任の先生が、すぐ、こどもの気質をのみこんで、ゆきとどいた心づかいをして下さったことが、娘の心に「いっしょうけんめいやろう。」という気持を吹きこんだ。作文意欲も、そういう根本のところと結びついて燃え上ってきたのであって、単に転校して目先が変ったからさかんになった、というようなものでないことを注意しておきたい。

（同上誌、五～六ぺ、傍線は引用者。）

これをみると、美鶴さんの文章表現意欲が再びさかんになったのは、書くための環境が整い、新しい学校生活から多くの刺激を受けることができるようになったためであることがわかる。したがって、二学期以降、「ふたたび生活的なリアルな作文をきわめて熱心に書」（同上誌、一四ぺ）くようになり、そのために、童話の創作は、「二学期以後はほとんど作らず、翌年二月に一編が作られたにとどま」（同上誌、五ぺ）ることとなった。ただし、三年二学期以降の取材は、それまでとは違って、「学校生活が中心となり、家庭生活を取りあげたものは、ごく少なくなった。」（同上誌、一四ぺ）その理由として、蒲池文雄教授は、

①学校生活がこどもの関心を強くひいた反面、家庭生活は今までに相当多く取り上げていて、新鮮な題材が乏しくなったこと

②通学距離が遠くて、家庭にいる時間が少なくなった上に、勉強が忙しく、家庭生活に変化がみられなくなったこと

（同上誌、一四ぺによる）

の二点を示していられる。

文章の題材が、家庭生活よりも学校生活から多く取られるようになることは、一般に、取材の範囲が広がった点において、取材力が発達した結果とみなすことができる。美鶴さんのばあいも、新鮮な書きがいのある題材を家庭のみでなく広く学校生活の中から学ぶことができるようになったとみなせば、取材力が発達したということになる。

しかし、美鶴さんのばあいをつぶさにみると、取材の中心が家庭から学校生活へ移る過程には、複雑な要因がからんでおり、単に取材の範囲が広がったというだけではとらえきれない面がある。このことは、取材力の発達一つをとりあげても、その発達の様相（あるいは段階）が、いかにダイナミックで複雑なものであるかを物語っているといえよう。（六年「ミイコの話」は家庭生活に取材した作文の最高峰に位置している。）

次に、「三年生の二学期から、四年生のはじめまでの作文の本質的な傾向としては、事象に、なぜ、どうしてと立ち向かい、その意味を、こどもなりに、せい一ぱい考えるようになったこと、自分の意見をはっきり出していくようになったこと」（同上誌、一四ぺ）をあげることができる。次に引くのは、美鶴さんが、附属小学校に転校して十日目に書いた作文である。

例1　（九月一〇日）

お立てり

国語の時間に、先生が、ある問題を出された。ところが、大かたの子が、手を上げなかった。自分の思っていることをどしどし発表するというのは、ずっと前からいわれている。このくらいの事がわからないでどうする、というので、手を上げてない子は立たされた。美鶴も、そのうちの一人だった。美鶴らは立ったままで勉強したが、ふしぎなことに、立ったとたんに頭がさえて来て、元気よく手を上げることができるようになった。美鶴ばかりではないらしく、立っているほとんどの子が、毎回手を上げることができた。どうして頭がさえるのだろうか。どうして手を上げられるのだろうか。

家にかえって、立たされた、ということを話すと、母が

「もう、こりとろ。」

といった。でも、美鶴は、今日のお立てりがうれしかった。気持がさっぱりした。

しかし、もう一回、手を上げずにいて、立たされようとは思わない。いやなお立てりもあるし、それに、考えないといけないのは、なぜ先生が美鶴らを立たしたか、ということだ。お立てりが面白いからといって、いつも手を上げなかったら、先生はたまらない。これからは、今日みたいに立たされないよう、できるだけ手を上げようと思う。

（同上誌、六～七ぺ）

蒲池文雄教授は、この作文について、形式面・内容面の両面から検討を加えていられる。

まず、形式面に関しては、

ここではじめて常体を用いていることである。もっとも、日記帳を見ると、九月六日までは、すべて敬体で書き、七日から常体となっている。この変化は、偶然のものでなく、わたくしの意識的な指導の結果である。わたくしは、作文はかならず常体で書け、と指導したのではなく、日記というものは、本来、自分のために書くのだから、その方が書きやすかったら、常体で書いてもかまわない、と示唆したのであるが（くわしくは前稿参照）、ぐいぐいと思ったことを端的に書ける常体での書き方は、大いにこどもの気に入ったらしく（こどもも、この方がのびのび書ける、といっている。）その後、特別なばあい（手紙文や、学校に提出する文のうちのあるものなど、読む相手をはっきり意識した文）を除いては、全部とっていいほど、常体で用いて今日にいたっている。常体を用いることは、あるいは、女の子らしい優しさの表現をそこなうことにもなりかねまいが、わたくしとしては、娘のばあい、日記としての作文では、簡潔で、自己をはっきり表現するのに適している常体をつづけて用いさせたいと思っている。（だれにとっても、また、いつでも、常体が自己の自由な表現に適しているというつもりはないが。）

右の文の、てきぱきと自問自答をし、自分のつき当ったものから、より高い立場につきぬけようとしている態度は、文体と切りはなせないものがある。これを、敬体を用いて書いたとすると、随分まのびした表現になるのでなかろうか。わたくしには、少し極言かもしれないが、こういう内容の文は、敬体では書けないのではないか、とさえ思われる。

（同上誌、七ぺ、傍線は引用者。）

と分析され、さらに、「小学校の中学年あたりでは、こどもの表現意欲を高め、表現力をますために、文体（敬体・常体の別）にも、もっと注意をはらって指導すべきではなかろうか。」（同上誌、七～八ぺ）と問題を提出されている。

一方、内容面に関しては、蒲池文雄教授は、

内容面でのこの作文の特色は、こどもがいわば一つのショックを受けるような事がらにぶつかって、その中で自分なりに、事がらの持つ意味、自分の感じたことの意味を考え、今までの自分よりも一歩高いところに進み出ようとしている点にある。それが、文章の表現には、「どうして頭がさえるのだろうか。」「どうして手が上げられるのだろうか。」というように、「どうして」ということばを用いて、一つの事象の原因を考えようとし、また、「なぜ先生が美鶴らを立たしたか。」と、立たされたことの意味を考える文となってあらわれている。また、「ところが」・「でも」・「しかし」と、逆接の接続詞が多く用いられていることも、事がらを、そのままに、受け身の態度で受けとって流されてしまうのでなく、積極的に、その中から自分の考え方を見いだしていこうとする自主的な態度が育ちはじめていることを物語るのではなかろうか。

（同上誌、八ぺ、傍線のみ引用者）

と分析されている。

この「お立てり」という作文の分析を通して、思ったことを端的に書ける常体を用いたことが、この作文の表現水準を高めたこと、文体（常体か敬体か）に留意して書かせることが、児童の文章表現力を発達させる要因の一つとなることを確認することができる。常体で書くことは、二年生における文章表現力の発達のところで触れたように、美鶴さんの停滞した表現意欲を盛んにするための手だての一つであった。蒲池教授のご指導[14]によって、美鶴さんの文章表現力が発達していく過程（指導の成果として達成されつつある、あるいは達成された文章表現力）をとらえることができるのは、この研究（蒲池教授の）の最大の成果である。

さて、右の作文（例1）に芽生えている「思索的にたち向かう態度」は、これ以降に、しだいに強くなり、三年生の三学期になると、次のような、「生まれてはじめての論文らしいもの」を書くこととなる。（同上誌、八ぺによる。）

例2（一月一四日）

お化けとゆうれいについて

お化けとゆうれいは、どうちがうだろうか。

まず、お化けは、人をおどかしてやろうと思って出て来るものだ。そして、ゆうれいにくらべると、そうおそろしくもなくて、どこかユーモアがある。お化けのしゅるいは、一つ目こぞうに、三つ目こぞう、のっぺらぼう（これは、中でも一番おそろしい。）からかさや、げた、ちょうちんなどのお化け、それに、動物では、がまのお化けがある。こういったお化けは、茶目っ気があって、面白い。

次にゆうれいは、口に出していうのも、おそろしい。なぜだろうか。

ゆうれいというものは、うらみを持った人間が、死んでから、うらんでいる人に、しかえしをするために出てくるのだ。ゆうれいは、決まって、青白い顔をしていて、顔の前に、黒い、びっしょりしたかみをたらしている。そして両手は、むねの前でまげて、手首の所からだらんとたらして、足は、まぼろしみたいに、スーッと消えている。着物はいつも、白だ。

私の知っているゆうれいの中に、いそらという女がいる。これは、上田秋成が作った「雨月物語」の中の「きびつのかま」というお話に出てくるのだ。いそらは、はじめはたいへんいい女だったが、男にうら切られたので、のろいの言葉をのこして死んでしまった。そして、いろいろなたたりをしたあとで、とうとう男をころしてしまった。

これにしても、「お岩のゆうれい」にしても、「番長皿屋しき」のおきくにしても、ゆうれいというものは、みんな、しゅうねんぶかくて、しつこくつきまとう。そして、うらみをはらしてしまうまでは、たたることをやめない。ところで、ゆうれいは、ほとんどみな女であるのは、どういうわけだろうか。私は、女の方が、しゅうねんぶかい性質だからだろう、と思う。

ほんとうは、お化けやゆうれいは、ぜったいにいないと信じているのに、夜になると、どうしてもこわくてこわくてならないのは、どうしてだろう。ふしぎでならない。

〈父親のメモ〉（この文のあとに記しておいたもの。）

〝この日、別に書くことがない、といのうので、「じゃ、もう、ねなさい。」といっていたところ、ねる前になって、「とうちゃん、おばけとゆうれいとはどうちがうの？」と思いがけないことを聞きにきた。「美鶴は、どう思う？　考えたことを作文に書いてごらん。」といったら、さっそく書きはじめた。ちょうど一時間かかって、十時十五分、書きおわると、すぐねてしまった。〟

（『新版わたしは小学生』、九八～一〇〇ペ）

この作文では、「おばけ」と「ゆうれい」の違いについて、思索的によく掘り下げられている。

例1・2においてみてきたように、美鶴さんが思索的にものごとをみる態度・力を伸ばしていった要因について、蒲池文雄教授は、次の二点（より重視されているのは②の方）を示していられる。

①美鶴さんの成長段階が、ちょうど、思索的にものごとを考える段階にきていたこと

②新しい担任の先生が、作文の時だけでなく、すべての学習と生活の中で、「なぜか、どうしてかを、いつも考

えよう。」という指導を強くされていること（指導的要因）

（同上誌、八ぺによる。）

なお、三年生の一年間に、美鶴さんが書いた作文の分量については、「作文（日記）は、百五十篇あまり、このほかに、本集（引用者注『みつるの文集』第三集）中で、『豆日記』とよんでいるものが、四十数日分ある。あわせて約二百篇」（「みつるの文集」第三集、「あとがき」、五七ぺ）であった。ローマ字作文および文の種類については、次に引用するような実態であった。

「ローマ字作文は三年生の一年間に八編作ったのみで、二年生の後期の半年たらずの間に二一編も作った勢いには比すべくもない。しかし、一編が二五〇語ないし三〇〇語ぐらいの長いものが四月から一一月まで毎月一編ずつ作られており、また、本稿一の備考1にのべたように、本年の二月中旬以降三月末まで、短文（平均二五語ぐらい）ながら、ローマ字文の日記を、ほとんど毎日書いていることから分かるように、かなり熱心に書いたといえる。けれども、その熱心さは、二年生後期の、おもしろくてたまらずに書いた時のそれとは比較にならないことは、止むをえないことであろう。ローマ字を、もはや新奇なものと感ぜず、それに特別なあこがれをいだかないほどに自分のものにしてしまったのであるから。」

（同上誌、一四ぺ、傍線は引用者）

「文の種類からというと、生活文とか童話とか、どちらかというと文学的傾向のものに、興味を持ち、観察文・記録文・感想文（読書感想文をふくむ）・手紙・詩などにはあまり興味を持たない。」

（同上誌、一四ぺ、傍線は引用者）

（この傾向は、『わたしは小学生』全体にいいうることである。高学年にやや読書感想文を多く書く傾向はあるが。）

以上、美鶴さんの三学年における文章表現力の発達としては、転校による生活（学校）環境の変化と充実、および、蒲池文雄教授の意図的な作文指導によって、二年生以来の表現意欲の停滞を克服し、順調に、文章表現力を伸ばしていった時期ということができよう。蒲池教授のご指導と、美鶴さんの文章表現力の発達とが、相関的に把握できることは、この学年の記述の中でも、特筆すべき成果である。また、美鶴さんの三学年における、発達段階上の特徴（発達的徴候）としては、童話の創作および思索的な傾向の文章が現れたことをあげることができる。もっとも、思索的な文章が芽生え、意見文に近い文章が書かれるようになってきたとはいえ、文章の種類としては、生活文、童話などの文学的な傾向の文章が主流であった。

〈四年生における文章表現力の発達〉

美鶴さんの四年生における文章表現力の発達をみる際の、重要な要因の一つとして、「母親の作文への関与」が変化したことがあげられている。蒲池文雄教授は、そのことについて、次のように説明されている。

母親の作文への関与は、直接、推敲指導や添削に及ぶことは、入学以来今日までほとんどなかった。それよりも、「何を書こうか。」という時に相談相手になってやること、あとで作文を読んで感想を述べてやることなどが主なことであった。こういうことは、こどもの表現力を高める上には直接大きな影響をもつには違いないが、一々のふるまいが格別際立ったものではないので、取り立てて論ずることはむずかしい。この点からも、わたくしは、母親のはらたきを認めながらも、前一回の論文では、とくに母親の役割として論ずることはしなかった。

ところが、最近、娘が四年生なってから、母親が相当はっきりした指導をして、そのために、単に日常茶飯的な報告におわりかけていた娘の作文が、こどもの心の動きの生き生きとうかがわれる文にまで高められた。

（同上誌、一一ぺ、傍線は引用者。）

右の「母親の指導」によって生まれてきた作文としては、次の例が示されている。

例1　**身体けんさ**（昭和三六年四月一四日―一五日）

三時間めは、身体けんさだった。ざ高、体重、身長など、全部はかる。

私の一番心配なのは、身長だ。私は、日ごろから、よく、せのことを気にしている。何も、気にしなくてもいいと思っていながら、どうしても気になるのだ。

私の身長は、百二十六センチメートルだった。全国女子の平きんと同じだ。まずまず一安心した。

身体けんさをしている時、久保さんを見て、びっくりした。もう、おちちがふくらみはじめているのだ。ふわっとふくらんで、先の方も、だいぶ大きくなっている。久保さんだけではない。もう、何人もふくらんでいる。私は、自分を見た。ぺっしゃんこで、先なんか、小さい豆つぶの半分くらいしかない。情けなくなって、久保さんたちがうらやましくなった。

おちちがふくらみだすと、何だか、おねえさんになったような気がする。そして、女らしくなる。ところが私のおちちは、いっこうふくれるようすを見せない。ほんとに、早く久保さんたちに追いつきたいと思った。

帰ってかあちゃんに話したら、こんなにいった。

「へん食せずに大きならんと。それに、精神のかんけいもあるんよ。かあちゃんにいつまでもあまえずに、お姉さんらしくすること。それから、お兄ちゃんとけんかせずに、細かい所に注意して女らしくせんといかんよ。」

私は、ちょっとむつかしいなあ、と思った。

かあちゃんは、夕ごはんの時に、こんな体けんを話してくれた。かあちゃんが、六年生の時、身体けんさをうけた。その時、男子がこっそりガラスごしに見ていた。そして、あとで、「おまえ、おちちがふくれとったろが。」とはやした。かあちゃんは、はずかしくてたまらなかったそうだ。私は、その男の子は、だんぜん悪いと思う。女の子のおちちがふくれていたら、なぜいけないのか、わからない。いつまで　たっても、おちちのふくれない女の子の方が、だいぶおかしい。だが、その時はずかしがったかあちゃんの気持ちも、よくわからない。私だったら、むしろ、男の子をけいべつして、「おちちがふくれたらどこが悪い。男の子は、自分がふくれないので、くやしくてはやすんだろう。」と思うだろう。

（『新版わたしは小学生』、一〇四～一〇六ぺ）

この作文が生まれるに際して、具体的に、母親がどんな役割を果たしたか、については、

四月一四日に身体検査があったが、娘がその日書いたのは、実は最初の方の、「まずまず一安心した。」まで（全体の約五分の一）の何の奇もない文だった。ところが、翌日、母親とふろに行った娘は、自分の「おちち」を眺めながら、きのう身体検査で見た友だちの「おちち」がふくらんでいて羨ましかったことを話した。母親は帰ってから、「美鶴ちゃんは、きのう、日記に書くことがないといっていたけれど、ちゃんと書くことはあるじゃないの。さっき、おふろで話したことを書いたらいいのに。」といった。そして、夕食の時、こどもが文中に書いたような注意をし、自分の体験も語ったのである。こどものからだの発達には、たしかに母親の注意したような物心両面の影響があるわけだから、これは適切な忠告であった。また、自分の少女時代の体験を語ったことは、そんな何でもないような体験の中にも、大きな歴史的意味のあることを、いくらかでも悟らせるのに役立った。

以上のような母親の配慮と助言が、こどもに一つの事象の意味をより深く考えさせるとともに、作文の題材は、案外身近なところにあることを教えたことと思う。（同上誌、一三ぺ）

と解説されている。

次に、この学年での大きな問題点は、再び、四年生の五月ごろになって、美鶴さんの、積極的に書こうとする意欲（気持ち）が薄れてきたことである。蒲池文雄教授は、その理由について、「その理由の大半は、通学距離が遠い上に、学校の勉強がいそがしくなり、時間的、気分的に余裕がなくなったことにあると思う。」（同上誌、一五ぺ）と分析され、さらに、「わたくしの知っているこどもの中にも、三年生までは熱心に書いてきたが、四年生になって、勉強が忙しくなり、書けなくなったと訴えてきたのが二、三例ある。このへんに、作文をよく書く子にとっての一つの関所があるようだ。」（同上誌、一五ぺ）と、重要な指摘をされている。美鶴さんを含めて、三～四人の事例からの帰納ではあるが、文章表現力の学年的発達上、四年生の時期に、最も（指導上）困難な時がおとずれるという指摘は重要である。なおこの問題は、発達段階上の問題（発達上のピーク）なのか、あるいは、学習環境の問題であるのかを確かめる必要がある。

さて、蒲池文雄教授は、美鶴さんの四年生（昭和三十六年）九月十三日の作文「もぐらの観察」を、「こども（引用者注、美鶴さん）の小学時代の作文中、観察力、表現力の点から見て、一つのピークを示すもの[15]」（前掲「一児童の作文学習の歩み」、「国文学攷」四七号掲載、七ぺ）と位置づけていられる。

次に、四年生における作文の分量面については、「この一年間に娘の書いた、作文・日記（こどものこととて、両者の間に厳密な区別はつけにくい）は約百九十篇（うち、十数篇は学校での作文）。」（「みつるの文集」第四集、「あとがき」、五七ぺ）と述べられている。

なお、四年生の七月の時点で、蒲池文雄教授は、今後の指導方針を、次のように示していられる。
①作文というよりも日記を書く習慣をつけさせ、一日五分でもよいから書かせる。
②まとまった長い作文は、夏休みに書かせる。こどもの自主性を重んじる。
③読書は、後の表現力の養いになるという考えで対する。
（同上誌、一五ぺによる。）
以上、四年生における文章表現力については、三年生に引き続いて、思索的傾向をもつ作文（身体けんさ）が母親の指導のもとに書かれていること、発達上の関所および発達上の一つのピークが九月ごろに現れたこと、の二点をみることができた。

〈四年生二学期以降の実態〉

四年生二学期以降⑯の実態については、まず、五年生と六年生の時期（各一年間）に書かれた、美鶴さんの作文の分量面をみておきたい。
○五年生……言及なし。「みつるの文集」５には、十九編を収める。このほかに、短い読書記録（感想）文を書いたものがある。日記一ページ分（二百字）を約五十日分書いている。（同上文集、三九ぺによる。）
○六年生……「みつるの文集」６に収めてある十五編以外に、①みつるの文集(5)の完成（四月十一日～十三日の日記、大型ノート）、②アメリカ原子力潜水艦沈没（四月十二日、大型ノート）、③修学旅行に行けなかったこと（四月、原稿用紙に清書）、④青きドナウを見て（原稿用紙に清書）などがあったようである。（同上文集、裏表紙の、蒲池教授のメモによる。）
これをみると、五年生の時の総数が不明（六年間に約八百編であるから、逆算すると、「みつるの文集」５に収めてあるものが大半を占める。）であるが、四年生の二学期以降、書かれた作文の総数が減少する傾向にあることがわかる。

これは、先にみたように、四年生の五月以後に生じた「作文を書くことをおっくうがる」傾向に起因していると考えられる。

蒲池教授は、美鶴さんの五年生の時の実態を、次のように述べていられる。

「五年生といえば、こどもらしい無邪気な発想と表現が失われる反面、深い個性的な思索はまだ育っていません。いきおい、文章は何の奇もない、おもしろみのとぼしいものとなりがちです。自然、書く意欲も薄れてきます。／それに、学校の勉強はにわかに忙しくなり、宿題という名の超過勤務もうんとふえてきます。さらに、それらの勉強に、入試準備的な色彩までも加味される傾向があります。／そういったことが、作文という、内面的なものを育てる、時間のたくさんかかる仕事に対して、概して言えば、マイナスにはたらくのは当然です。もっとも、以上のことは、私の見た五年生と作文教育についての一般論です。しかし、今の世の中で、娘だけがこの一般的傾向の例外であることを望んでも、できることではありません。／こう考えてきますと、ここに咲かせた花が、どんなにみすぼらしいものであっても、親としてはほめてやりたい気持ちです。」

（「みつるの文集」5、「あとがき」、四三ぺ）

これによって、美鶴さんの五年生の時期の作文の傾向を知ることができる。「こどもらしい無邪気な発想と表現が失われる半面、深い個性的な思索はまだ育っていない」という指摘は、五年生段階の文章表現力の特質を示すことばであろう。もっとも、これは全体としての一般的傾向であって、五年生七月二十八日作「『変身』（フランツ・カフカ作）を読んで」（読書感想文）などは、深い、個性的な思索によって貫かれた、表現水準の極めて高い作文である。身辺に取材したリアルな作文（生活文）については、（以下でとりあげるように）叙述力の点で停滞現象の認められるものもあるが、意見・感想を中心とする文章では、五年生らしい思考力と表現力が育ってきている。その学年全体の表現水準を測定・帰納することは、いたってむつかしい。

次に、蒲池文雄教授は、美鶴さんが、四年生の二学期から五年生の八月にかけて書いた読書感想文（うち一編は、親子エンピツ対談）三編について、その傾向を、「右にあげた読書感想文は、すべて、文学作品（小説）に関するものであった。これは、娘が、近来、文学に強い関心を持ち、私自身も文学教育に関心を持つ者であるところから来た自然のなりゆきである。」（前掲「わが子の作文に想う」、「国語研究」32号、一六ぺ）と分析され、さらに、今後の望ましい方向については、「しかし、私は、娘の読書が、今後、文学一辺倒に進むことを望んではいない。本人の希望がそちらへ向くのであれば、文学の読書を主軸とすることは一向構わないが、そのばあいも基本的な教養としては、文学だけでなく、もっと幅の広い教養と視野を持ってもらいたいものだと思っている。」と述べていられる。

また、当時の美鶴さんの読書ぶりについては、「美鶴は、文章を書くことより本を読むことの方に熱心で、この一年間にもかなりの本を読んだ。その一部については、本集に収めたような感想文を書くこともあったが、多くは読みっぱなしである。」（「みつるの文集」5、三九ぺ）と述べられている。これによって、表現よりも鑑賞の方に傾きがちであった（二年生のころと共通）ことがうかがえる。ここにも、二年生の時期と同様、文章表現力の発達過程における、鑑賞と表現との不均衡の問題が生じている。

以上、四年生二学期以降の実態については、詳しく考察がなされていないこともあって、主として、五年生の時期の作文の傾向に触れたのみである。ここでは、美鶴さんの表現意欲が、四年生の五月ごろから再び低下し、それに続く五年生の時期に、その傾向がもちこされたことを確かめることができた。

三

〈一児童の叙述力の学年的発達〉——観察を主にした文章群を中心に——

蒲池美鶴さんのばあい、その個人文集所収の作品は、（当然のことながら）同一題材の文章ばかりではない。さらに、いわゆる生活文がその大半を占めているとはいえ、童話・読書感想文・意見文などを含み、文種の面でもかなりの広がりを持つ。そのほか、ローマ字の日記・作文も含まれている。このように、題材・文種・表記手段面で多様性をもつ資料によって、児童の文章表現力の学年的発達をあとづけるにはどうすればよいか。

それには、まず、これらの作品群の中から、題材・文種の面で共通項を見出し、それらの選ばれた作品によって、学年的発達をみていく方法が考えられる。このうち、文種面でみると、童話・読書感想文・意見文などが候補として考えられるが、これらはすべての学年にわたって資料が得られない。そこで、生活文に属する文章群を眺めると、美鶴さんは、動物の観察を主にした作文（日記を含む）を、一年生から四年生にかけて、いくつか書いている。これらは、「動物を対象に選び、それを観察し描写した作文」という要素を含みもっている点で共通性を有する文章群である。これらの文章には、いずれも、動物を描写した文が含まれており、これらの文章によって、美鶴さんの観察力・描写力がどのように発達していくかを確かめることができる。

さて、美鶴さんが、動物（虫なども含む）の観察を主にしてまとめた作文は、以下のようであった。

○一年生

1　四月二十四日のにっき（むしのたまご）

2　六月二十一日のにっき（青むし）
③　六月二十三日のにっき（青むし）
4　「かえる」（七月七日）
5　八月十日のにっき（くろあり）
6　「みかみのねこ」（八月十八日）
7　「みかみねこ」（十月二十三日）
8　「牛」（一月十九日）

○二年生(17)

9　「ウジ虫」（九月十二日）
⑩　「ポチ」（十月十七日）

○三年生

⑪　「びょう気の犬」（五月ごろ、学校での作品）
⑫　「ねずみの子」（九月十八日）
13　「冬みんがえる」（十二月十三日）

○四年生

14　「道後の熱帯館」（四月五日、ローマ字）
15　「ようけい場」（四月二十日〈ひよこ〉）
16　「ひよこ日記」（四月二十一、二十二、二十三、二十八日）
17　「のみ」（八月七日）

⑱ 「もぐらの観察」（七月二十六日の日記を、九月十三日に推敲したもの）

19 「上野動物園」（十二月十四日）

本稿では、これらの中から、③（一年）、⑩（二年）、⑪・⑫（三年）、⑱（四年）をとりあげて、「動物を描写した文」の分析を中心に、一年生から四年生までの、美鶴さんの叙述力（特に描写力を中心とする叙述力）の発達をみていきたい。さらに、五年生「父と海へ」（九月二日作）、六年生「ミイコの話」（八月作）をとりあげて、五年生、六年生における叙述力（会話文の写し方を中心とする）の発達も補っていくように努めたい。

〈一年生の日記と叙述力〉

例1

昭和三十三年（六月二十三日　月よう日　はれ）

きょう　また　大きい青むしが　いたので　つかまえました。こんどは　みつるが　ないたら　いけないと　いって　かうことに　してくれました。かうのなら　むしの　すきな　はっぱを　やらないと　しんで　しまうので　とうちゃんの　だいじな　はっぱを　やりました。それで　もう　そのはっぱを　大かた　たべてしまったので　とうちゃんが　一えだ　おってきました。ゆうごはんの　あとで　むしが　たべて　いるところを　みたら　くびを　一しょうけんめいうごかして　とてもはやく　たべて　いました。一かいに　一ミリぐらい　へっていって　なくなるのが　よく見えました。

（六文、二二四字）

〈先生から〉
だいをつけてかいてみましょう。
青虫がはっぱをたべているようすが、よくかけています。

〈父のことば〉

六月上旬ごろから、娘は分かち書きをするようになりました。これは学校での指導によるものです。

（『新版　わたしは小学生』、一四～一五ぺ、傍線等は引用者。）

六月二十一日（土）の日記でも、美鶴さんは、「大きい大きい青むし」のことを記している。この日記に、「きょう　また」とあるのは、そのためである。

虫好きの美鶴さんは、さすがによく観察している。傍線部の描写は、一年生（しかも一学期）としては、細かなところまでよくとらえ、具体的に数字をもって表すこともできている。蒲池文雄教授は、「私が、そばから、『虫の葉っぱを食べるところを、ようく見てごらん。』といって観察させたところからできた文である。」（前掲「もぐらの観察をめぐって」一六ぺ）と述べていられる。この細かな描写（一年としては）は、蒲池教授の助言・指導の成果であることがわかる。

文の数は六。各文とも、文末は「…ました。」と結んで、単調であるが、一年生らしい叙述といえよう。青むしをつかまえてから、夕ごはんのあとまでのことが、大づかみに述べられた日記である。

美鶴さんが、一年生としては高い水準にある観察力をもっていることは、右に指摘したとおりである。これは、六月二十一日の日記でも、「大きい大きい青むしが、いました。ふとさは、おやゆびぐらいあって、ながさは中ゆびよりちょっとながいでした。とまっていたはっぱと、まっついで、すじまで、ついていたので、すっかりおなじでした。」（「みつるの日記」、四ぺ」とあって、細かな観察による描写を示していることと考えあわせると、美鶴さんは、すでに一年生一学期の段階で、ぬきんでた観察力・描写力を備えていたとみてよかろう。

このような観察力を育てた要因について、父親の蒲池文雄教授は、「細かな観察の底には、対象に対する愛情がなくてはならない。（中略）こういう愛情があるから、行き届いた観察もできるので、事物に対する観察と、それに対する愛とは別物ではない」（「もぐらの観察をめぐって」、一六ぺ）と述べていられる。後年、美鶴さんが、動物の観察を主とした文章群において、観察力・描写力を著しく伸ばしていく下地は、すでに一年生一学期の段階で、できあがっていたと考えられる。

〈二年生の作文と叙述力〉

例2　ポチ　　昭和三十四年（十月十七日　土　くもりのち雨）

美鶴が　ばんの　八時前ごろに　べんきょうしていると、外で「ワン！」と、犬のなき声がしました。犬のけんかかな？　と　思っていると、かあちゃんが、

「あ、ポチかな？　そうかもわからんよ。」

と　いったので、おえんのしょうじを　あけて見ると、まさしく　ポチでした。しっぽをちぎれるばかりにふって、美鶴たちを　うれしそうに　見ています。ちかくに行くと、大よろこびで、あの犬ににあわず、おえんに　足をかけました。さむいので、どまへ　入れてやろうと　しましたが、えんりょして　はいりません。みんなが　そろって　ワイワイいってるせいもあるでしょう。それで　かあちゃんが　おさかなのほねと　ごはんを　外へもっていってやりました。すると、おいしそうに　したをペチャペチャならして　みつるらを　よこ目で　見ながら　たべました。ごはんがすむと、とっとこ　かえりだしました。かあちゃんが、

「ポチ、さよならいわんかね。」

と、わらいながらいうと、ちょっと　たちどまって　ふりむきました。そのうち、かえってしまいました。

かあちゃんが、

「あのねえ、みつるちゃん。ふつうの犬なら　げんかんの前まできて　ポケーンとしてまっとろ。ポチはね、おりこうなけん、ごめんくださーいゆうてあいずしたんよ。」

と　いいました。

ポチは　もと　かい犬でしたが、主人が　とおくへ　ひっこしていったので、のら犬になってしまいました。そしてまだ　かんさつをつけてなかったので　犬とりに　つれていかれましたが、きんじょの人が、「あんな　りこうな犬をころすのは　かわいそうだ」と　いって　とりもどし、かんさつを　つけてやったそうです。「かんさつ犬」と　書いた首わも　もっているのですが、かい主が　いないのです。よく、いな田や　田中くんの家にいて、とてもりこうで、夜は　いつも　ばんをしているそうです。

けれど　人げんでいえば　六十ぐらいの年よりで、あくびをした時に　口のきばを見てみると　だいぶ　すりへっています。それに、かたいパンをたべる時には　いよいよ〈たいへん〉たべにくそうに　口を　もごもごさせています。年よりだから、目やにも出ていて、いつも　よこになりたがっています。でも、おぎょうぎはよく、ぜったいに　ごみためなど、あさりません。まるで、どこかの老しんしみたいです。みつるは、「ジャン・バルジャン」の　名前をとって、「ジャン」と　よんでみたいと思います。

〈先生から〉

ほんとうにりっぱな犬ですね。ごみためあさりをぜったいせず、ろうしんしのような犬で、美鶴さんが名前をジャンとつけたところなど、かんしんして読ましてもらいました。はじめからおしまいまで、ジャンのことがよく書かれています。

（『新版わたしは小学生』、五一～五四ペ、傍線等は引用者。）

この作文では、表現意図（推量・伝聞など）によって、文末が分化してきている。[18]

また、傍線部（四～七行）は、一年生の時の日記とは、叙述形式を異にしている。過去形表現の間に、（歴史的）現在形が用いられることによって、叙述がひきしまっている。文末形式を工夫することによって、描写力が伸びてきているのである。

この作文でも、ポチの行動や外観をよく観察しており（特に後半、二一～二三行）、観察力は順調に発達してきている。

また〰〰線部のことば選び・表現は、二年生としては非凡なものが感じられる。

〈三年生の作文と叙述力〉

例3　びょう気の犬　　昭和三十五年（五月下旬ごろ、学校での作）

雨のふる日、おふろからかえって、えんの下を見ると、一ぴきの犬が、うずくまっていました。「ポチかな?」と思ってよく見ると、ポチより小さくて、足が長いようです。犬は、雨にびっしょりぬれて、毛がさかだっています。美鶴は、家へかけこんで、ごはんを少し持って来ました。なんだかかわいそうになったからです。

美鶴は、むねをドキドキさせて、ごはんを犬の前においてやりました。ところが、犬は見むきもしません。「へんだな?」と思って、かおを近づけました。

犬は、かおにいっぱい、くものすをつけて、どろんとした目で、ぼうっと遠くを見ています。それに、口から、赤いよだれのようなものも出ています。それで、「ははあ、この犬、びょう気なんだな。」とわかりました。

しばらくして、また来てみると、さっきと同じかっこうをしていました。

「あの犬はびょう気だから、さわってはいけない。」
と、かあちゃんにとめられているので、げたでなでてやりました。手向う気力もないようです。

長い間してまた来てみると、もう犬はいませんでした。美鶴は、「ああ、人間ならおいしゃにかかるけど、犬はどうするんじゃろ。はよ　びょう気がなおったらええのに。」と思いました。

（『新版わたしは小学生』、七六～七七ぺ、傍線等は引用者。）

この作文は、「学校で、『動物のことを書きなさい。』といわれて、その時間のうちに書いた作文。」（「みつるの文集」Ⅲ、一一ぺ）である。ある雨のふる日のことを思い出してまとめたにもかかわらず、病気の犬の姿がよく写されている。特に傍線部（六～七行）などは、観察がこまやかである。「赤いよだれ」とあるように、色彩[19]に関する記述があることは注目される。

次に、文末形式に留意してみると、二年生の作文と同様に、歴史的現在形を用いた文があり、叙述全体をひきしめる役割を果たしている。これまで、一年、二年、三年と、三編の作文（一年は日記）をとりあげてきたが、一年生の日記と二、三年生の作文とでは、明らかに叙述形式に変化が認められる。特に、現在形を用いて犬の様子を描写する文が加わったこと（二、三年生）が、文章全体から受ける感じを異なったものにしている。歴史的現在形の文の用い方は、児童の叙述力（特に描写力）の発達を分析する際に、有効な視点の一つとなる。

例4　13ねずみの子（観察文）　昭和三十五年九月十八日

（「先生が、『かんさつ文を書いていらっしゃい。』とおっしゃったので、十六日の日記をさん考にして書いた。」というまえおきがある。）

とうちゃんが、愛媛大学から、ねずみの子を持って帰りました。国語研究室のひきだしの中の、紙くずで作ったすの中に、三匹ほどいたのだそうです。一日くらい前に生まれたらしく、とても小さな体でした。

ネズミの体の細部の観察

身長はだいたい二センチメートル、しっぽはその半分くらいです。重さは、三匹で八グラムですから、一匹は、二・七グラムということになります。

せなかは、うすいむらさき色ですが、おなかや手足は、もも色でした。小さくて、見えないほどの、白い、かわいらしいひげをはやしています。

子ねずみの目の上には、うすいまくがかかっていて、そのため、黒い目がどんよりくもって見えました。でも、とても元気で、あおむけになってころんだり、よちよちはったりしています。

じっとしている時、前足と後足の指の数を数えてみました。りょう方とも五本で、指と指がしっかりくっついています。

子ねずみは、まっぱだかで、毛といえば、ひげだけです。何だか、見た感じがさむそうでした。ふっと、「人間だったら、着物をたくさん着て、とてもあたたかくしているのに。」と思って、子ねずみが、かわいそうになりました。

耳は、大人のねずみのような、大きい、とんがったものではありません。とっても小さく、丸くてぺしゃんこです。口も、いいあらわせないほど小さくて、大きくあけても、直けい二ミリくらいしかありません。うでなんか、美鶴の小指の二十分の一くらいでした。

かわはうすく、内ぞうがすけて見えました。

よく日になると、水分が少なくなったので、だいぶ弱って、からだにしわがよって来ました。それで、とうちゃんが、スポイトで、さとう水をのませました。これには、とても苦ろうしました。

まず、スポイトにさとう水を一、二てき入れ、それから、子ねずみをつまみあげて口にたらし、むりに口をこじあけてのますのです。一匹だけ、口をこじあけた時、「チュウ！」とないたのがあります。いやだったのでしょう。

ちょうど死ぬ日のことでした。めっきり活動が少なくなって、ふうっとふくか、さわるかしないと動かなくなってしまいました。それに、うでが気味のわるいほどまっ赤になっています。何だか気持が悪くなって、そのままほうってしまいました。

その日のばん、美鶴が勉強していると、急に、とうちゃんが、

「子ねずみ、あきらめておすて。もうだめじゃ。」

といって、子ねずみを、美鶴に見せました。一匹は、足をまげたまま、じいっと少しも動かずにいます。死んでいるのでした。あとの二匹は、これまたじっとしていましたが、時々、足をぴくっと動かしていました。

美鶴は、今までは、ねずみの子を生かしておきたいと思いましたが、もうこうなっては仕方がありません。これ以上死んだら、きたなくなるので、とうちゃんが、前の畑へすててしまいました。

だから、かんさつは、もうこれ以上できませんでした。（九月十八日）

（「みつるの文集」Ⅲ、一二三〜一二四ぺ、傍線等は引用者。）

この作文は、「先生が、『かんさつ文を書いていらっしゃい。』とおっしゃったので、十六日の日記をさん考にして書いた。」（「みつるの日記」Ⅲ、一二三ぺ）ものである。日記の推敲を経ている点で、次にとりあげる「もぐらの観察」（四年生）と共通している。これまでの作文と比べ、著しく叙述力が発達しているのは、推敲のたまものであろう。

蒲池文雄教授は、この作文について、「今度の作文（引用者注、『もぐらの観察』〈四年生〉）につながる観察の細かさと、説明の周到さが見られる。」（「もぐらの観察をめぐって」、一六ぺ）と述べていられる。この作文の特質が端的に把握されている。

作文「ねずみの子」では、子ねずみの観察は実にこまやかで、身長、重さ、口の直径、うでの長さなど、具体的な数字で表している。ねずみの子の体の細部にわたって、色や形をよく写している。随所に、はっとさせられるような記述（表現）があり、中でも、よく日、父がねずみにスポイトで水をのませるところ（一一〜一二行）は手ぎわよくまとめていて感心させられる。ねずみの子が家に来てから死ぬまでのことは、かなりこみ入ったことがらであるが、美鶴さんは、その間のことを実に要領よく説明しまとめている。こみ入ったことがらの説明の面でも、美鶴さんの叙述力が発達してきているのである。

作文「ねずみの子」は、四年生の作文「もぐらの観察」（六年間の観察力・描写力の一つのピークをなすと、蒲池教授が指摘された作文）へつながる表現水準にある作文であり、まさしく「ねずみの観察」ともいうべきものであった。三年生の二学期になって、美鶴さんの叙述力は著しく発達してきたといえよう。

〈四年生の作文と叙述力〉

例5　もぐらの観察

昭和三十六年（九月十三日　水曜日）

夏休みのある朝、九時ごろだった。とうちゃんが、庭から、

「運河が開通したよ！」

とよんだので、行ってみると、ずうっと庭に水路を作って、そこへ水ための水を流しこんでいた。ふつう、水ための水をくみ出す時は、ひしゃくで、思いきり力を入れて、庭の木へぱっと水をかける。ひじょうに力のいる仕事だ。だが、水路を作ると、楽に向こうの方へ流れて行く。そうして、大きなあなの中にたまるしかけになっている。新しい工夫だ。

私は、水のたまるあなの所へ行って、中をのぞきこんだ。中にいた小さな虫たちは、すに水がはいってきたので、びっくりぎょうてんしてにげ回っている。あっぷあっぷしだした虫を、私は、そっとはっぱですくってやった。

その時だ。とつぜん、水がガボッといったかと思うと、ねずみぐらいの大きさの動物が飛び出した。私は、思わず、ぎくっとして、

「とうちゃん、もぐら！」

と大声でさけんだ。

とうちゃんが飛んで来て、大急ぎで、水をくんでいたひしゃくで、ぎゅっとおさえつけた。もぐらは、体全体で飛びはねて、必死でにげようとする。

「だれか、はよう、バケツ！　バケツ！」

とうちゃんも、けんめいだ。かあちゃんが、台所から、ぞうきんバケツを持って走って来て、あばれ回るもぐらを、やっと中に入れた。

もぐらは、バケツのふちにはい上がろう、はい上がろうともがいている。でも、ガシャガシャ音を立てて、バケツをすべるばかりだ。

にいちゃんが、

「かわいそうなけん、土を入れてやらんといかん。」

といって、スコップに一ぱい土を入れてやると、もぐらは、一生けんめいもぐろうとする。けれど、土が少ないので、どこへ行ってもせなかが出ている。それで、バケツに半分ぐらい土を入れてやると、安心してもぐってしまった。

そのあと、外は暑いので、台所にバケツを入れて観察した。

身長は十五センチメートルぐらい。せなかは、青むらさきの黒がかったような色で、むねのあたりはみかん色だった。

体には、ビロードのような毛が生えている。さわったら、すべすべと、とてもいい手ざわりで、気持ちがよかった。

手はちょっと見た目には、ひれのような感じだ。体にぴたっとくっつき、外がわを向いていて、うでがないようだ。

指は五本あるが、とっても大きくて長いするどいつめが生えていた。

足もにたような感じだが、手にくらべてだいぶ小さい。

鼻は少しつきでていて、先の方がもも色だ。そして両がわに、ひげがぴんぴんと、四、五本ずつ生えている。

目と耳は、どこかにあるはずだと思ってよく見たけれど、とうとうわからなかった。

口のかっこうは、さめににていて、するどい歯がならんでいた。

しっぽが、ちょんとあった。小さくて、固いしっぽの先に、短いひげを少しつけていた。

ひと目見た時は、ねずみによくにているな、と思った。でも、よく観察してみると、目も手足も、口や鼻、体の毛など、全然ちがっていて、土の中で生活するのに、大へんつごうよくできていることがわかった。

もぐらは、ものすごくトンネル作りがうまい。鼻先で、土をぐんぐんおし分けて行き、手で、ひじょうにうまく土をかき分ける。あっというまにもぐってしまうので、外へ出して観察するのが大仕事だった。こちらかと思えばあちら、あちらをほりおこせば、また、いつのまにか、こちらの土が動いている、というぐあいだ。そして、ちょっとあいきょう者で、時々、ちょこんとかわいい鼻を出して、ひくひく動かしては、またもぐっていく。

私は、生きたもぐらをつかまえたのは、生まれて初めてだ。こんなにかわいい、トンネル作りの名人だとは知らなかった。でも、土の中をあらし、植物の根をいためるので、お百姓さんたちには、きらわれているそうだ。

観察がすんだので、夕方、とうちゃんに、

「どこか、むこうの方へにがしてきなさい。」

といわれた。それで、にいちゃんとにがしに行くことにしたが、門を出ないうちに、もぐらは、さっとバケツから飛び出した。そして、私たちがまごまごしている間に、さっさと庭の土の中に深くもぐりこんでしまった。

私は、もうこのもぐらと会うこともないだろう、うちのせまい庭にも、こんなおもしろい動物が住んでいたんだな、と思いながら、家の中にはいった。（小学館主催第十回全国児童生徒作品コンクール・総理大臣賞受賞作品）

〈父のことば〉

七月二十六日の日記を、学校のお勧めで、コンクールに応募するために、九月十三日に推考させたものです。もぐらをとらえるところや、もぐらの様子が生き生きと写されているのは、感動がうせないうちに書いた日記がもとになっているからです。

（『新版わたしは小学生』、一二二～一二六ぺ、傍線等は引用者。）


この作文については、蒲池文雄教授自ら、細密な分析を試みていられる。[20] したがって、美鶴さんの四年生の叙述力については、蒲池教授の考察に基づいて検討していきたい。

この作文の成立事情については、次のように説明されている。

「九月の上旬、学校から、コンクールに出すから、何か適当な作文を用意するように、と娘がいわれた時、私がすぐ思いうかべたのは、七月二十六日の日記であった。というのは、その日、右のような事実があって、その時の様子や、もぐらのさまを、娘が、生き生きと　日記に書いていたのを覚えていたからである。そこで、その日記文を推考するように娘にすすめたのであるが、文の骨格はすでに日記でできあがっており、細部の描写も詳しくなされていたから、夜分だけ使って、二日目の十三日には、清書した原稿ができあがった。この間、期日に迫られた原稿を書いていた私は、ほとんど手伝わず、母親が推考の相談役になってやっていた。というわけで、娘にいわせると、「学校から出させられた作文で、こんなに楽に書けた作文はない」そうである。」

（同上誌、一四ぺ、傍線は引用者）

七月二十六日の日記において、すでに文章の骨格ができあがり、細部の描写（とはいえ、説明的、観察記録風であって、目にうかぶような描写ではないが）も詳しくなされていた点は、留意すべき事実である。美鶴さんの、四年生の時の文章表現力が、いかに高い水準にあったかがうかがわれる。

蒲池文雄教授は、この作文のすぐれた点として、次の三点をあげていられる。

1　客観的で、しかも愛情のこもった観察をしていること

2　構想（話の段取り）のすぐれていること

3　ことばづかいが、簡潔、的確で、キビキビしていること

美鶴さんの観察力・構想力・叙述力の三点について指摘されているのである。

まず、1の観察力については、客観的に観察しているが、対象をつきはなしてしまうのでなく、もぐらに深い愛情を注ぎ、その愛情を通して観察・描写していること、(21)をあげていられる。これは、一年生の日記においても認めることができるものであった。美鶴さんのすぐれた観察力は、動物に対する深い愛情に根ざしている。（このような、愛情に根ざした観察をする態度と力は、後年、「ミイコの話」〈六年生〉という作品を生む。）

2の構想力については、次にあげるような「もぐらの観察」の構想表を示して、

①書き出しと結びの巧みさ

②「初め」（大段落一）の部分の起承転結の運びのうまさ

③本論（大段落二）の観察の部分の、観察の精密さと描写のうまさ
④構想がはっきりして、しかも、ことがらの流れにすなおに従い、いかにも自然であること（構想上のうまみ）
の四点を指摘していられる。（同上誌、一七～一九ぺによる。）

「もぐらの観察」の構想

大段落		小段落		時刻
初め（序） もぐらをとらえるまで。（冒頭の文～「安心してもぐってしまった。」）	(1)起部	場面の説明	冒頭の文～「新しい工夫だ」	朝
	(2)承部	穴のところで	「私は」～「すくってやった。」	
	(3)転部	もぐらの出現と捕捉	「その時だ。」～「やっと中へ入れた。」	
	(4)結部	もぐらの安堵したこと	「もぐらは」～「もぐってしまった。」	
中（中心） もぐらの観察。（「そのあと」～「きらわれているそうだ。」）	(1)序	観察の場所	「そのあと」の一文	朝～日中
	(2)中心	1静態の観察	「身長は」～「ことがわかった。」	
		2動態の観察	「もぐらは」～「またもぐっていく。」	
	(3)結び	観察後の感想	「私は」～「きらわれているそうだ。」	

終わり（結び）	観察をおわって。（「観察がすんだので」〜最後の文）	(1)前段	もぐらを逃がしに行ったこと	「観察がすんだので」〜「もぐりこんでしまった。」	夕方
		(2)後段	もぐらに対する感慨	最後の文	

※原案には、右のほかに、登場人物と対象（もぐらの出没を示す）の二欄を設けたが、印刷の便宜上、略した。

（同上誌、一八ぺ）

これらのうち、①について、蒲池教授は、

「冒頭は、「夏休みのある朝、九時ごろだった。とうちゃんが、庭から、『運河が開通したよ！』とよんだので」という、夏の朝にふさわしい、さわやかな書き出しで、読者を話の中に引き入れていく。（中略）そして、文は、「私は、もうこのもぐらと会うこともないだろう、……」という深い感慨を述べて静かに閉じられ、書き出しの文の、元気のいい、ピチピチした表現と、微妙な対照を見せている。」

（同上誌、一七〜一八ぺ、傍線は引用者）

と述べていられる。

③については、「この部分は（引用者注、本論の観察の部分、前掲の作文の、二四〜三九行）、大きく、もぐらの静態の観察と、動態の観察の二部分に分かれる。前者は精密、後者は的確簡潔な写しぶりである。」（同上誌、一八ぺ）と分析していられる。もぐらの観察が、静態と動態の部分に分けて、それぞれ整然とまとめられているのである。

作文「もぐらの観察」では、もぐらの体の細部（各部分に分けて）にわたって、細密な観察が施されている。（二五〜一三行）部分を細かくみて、そのあと全体をまとめて示す書き方（傍線部、三四〜三五行）がなされ、三年生「ねずみの子」以上に叙述上の工夫をしていることがわかる。

3の叙述力については、表現の簡潔さ、的確さ、きびきびしていること、の概念を使い分けて、分析を加えていられる。

まず、表現の的確さについては、蒲池文雄教授は、

「まず、表現が的確であるというのは、使うべき場所に、使うべきことばが使われていることから来る。その一例をあげる。

はじめのところに、「とうちゃんが、庭から、『運河が開通したよ！』とよんだので、行ってみると」とある。似たようないい方だが、もぐら出現のところには、「私は、思わず、ぎくっとして、『とうちゃん、もぐら！』と大声でさけんだ。とうちゃんが飛んで来て」とある。

一方は、「よんだ」ので「行ってみた」わけだ。一方は、「大声でさけんだ」「飛んで来て」と、その間、髪を入れない。いわんや「ので」をや。また、小さなことだが、「とうちゃん」の「運河が開通したよ！」ということばは、むろん、単なる事実の叙述ではなく、こどもに対する呼びかけである。そこをちゃんと、「よんだので」とうけたところ、心情・行為・表現の上に、一分のすきもない。」

（同上誌、一九〜二〇ぺ、傍線は引用者。）

と述べていられる。美鶴さんが、一つ一つのことばを厳密に選び、的確な表現をしていることがわかる。

次に、表現の簡潔さについては、「簡潔でキビキビしているという点には、常体を効果的に使用したことが大い

に関係していると思う。／（中略）三年生の一学期の始めから、日記や、ふつうの作文は、常体で書くことを勧め、娘もその方を喜んで、特別のばあいを除いては、常体で書いてきた。この文も、常体で書いたから、こういう生き生きとした、ひきしまった文が書けたのだ、と思う。（同上誌、二〇ぺ、傍線は引用者。）と指摘されている。三年生の「ねずみの子」が敬体で書かれていたことを思いあわせると、常体による表現を用いたことが、叙述をひきしめ、生き生きとさせることにつながったという指摘は、うなずける。

さらに、表現の的確さと簡潔さの両方を助けた点として、現在形の使い方のうまいことをあげて、次のように説明されている。

現在形の使い方のうまいことが、叙述の的確さ、あるいは簡潔さを助けている点が大いにあると思われる。現在形を過去形の中で自由に使う、ということは、こどもに取っては、かなり難しいことだとされている。しかし、この文では、現在形が、過去形の地の中で、実にうまく、自由自在に使いこなされている。

この文の中で、現在形が用いられているところは、大別して二つになる。

一つは、いわゆる歴史的現在で、こどもが、その時の様子を、まざまざと眼前に思いうかべるような気持で書いたところである。

「中にいた小さな虫たちは、……びっくりぎょうてんしてにげ回っている。」「もぐらは、……必死でにげようとする。」「とうちゃんも、けんめいだ。」

などは、これである。

もう一つは、この時だけの事実でなく、いつもそうしている、そうなっている、という習慣的、恒常的事実や、一般的真理を述べているばあいである。

「ふつう、水ための水をくみ出す時は、……庭の木へぱっと水をかける。ひじょうに力のいる仕事だ。だが、水路を作ると、楽に向こうの方へ流れていく。」

などがそれである。

過去形の文の中に、こういう形の文が、過不足なく使われて、分を生き生きとさせ、また説明をすっきりさせるのに大いに役立っている。

（同上誌、二〇ぺ、傍線は引用者。）

「現在形表現の工夫」という観点は、すでに、一、二、三年の作文の分析でもとりあげてきたものである。これは、叙述力の発達をあとづける際の極めて有効な視点といえよう。

このほか、蒲池文雄教授の指摘されていること以外にも、「もぐらの観察」について、次の三点が注目される。

まず、この作文の前半（一～一六行）の、傍線を引いた部分をみると、「ひじょうに力のいる仕事だ。」「新しい工夫だ。」「とうちゃんもけんめいだ。」という文が、要所要所に用いられ、叙述全体をひきしめていることがあげられよう。これは、蒲池文雄教授が指摘された表現（叙述）の的確さとかかわるが、その場面を描写・説明するいくつか（二～三）の文のあとに、その様子やありまさを要約・総括するような文をはさんで叙述を進めている点は、美鶴さん独自の叙述のスタイル（文体）として注目させられる。このことは、文末形式の多様性（た・だ・いる・動詞終止形・体言止めなど）とも深くかかわっている。また、四角で囲んだ二つの文（一行・九行）をみると、その場面の冒頭に、時にかかわる文がきている。これも、美鶴さんの叙述のスタイルであろう。

二つめに、この作文の三三行目「しっぽがちょんとあった。」という一文は、むだがなく、しかももぐらの姿をほうふつさせる表現になっている。（具体的に数字で表すのがより説明的とすれば、この表現は、より描写的である。）誰にもいえそうで、なかなかこうは表せない表現である。

三つめに、この作文では、会話文が用いられ（五箇所、二・一一・一五・二二・四三行）、叙述を生き生きとさせていることがあげられよう。特に、「『だれか、はよう、バケツ！　バケツ！』／とうちゃんも、けんめいだ。」（一五～一六行）は、すぐれた会話の写し方となっている。

以上、作文「もぐらの観察」については、蒲池文雄教授の分析されたものを中心に、若干の私見を付け加えてきた。蒲池文雄教授が、この作文を、「こどもの小学時代の作文中、観察力、表現力の点から見て、一つのピークを示すもの」（「一児童の作文学習の歩み」「国文学攷」四七号掲載、七ぺ）と位置づけていらっしゃるのも、十分にうなずけることである。

〈五年生の作文と叙述力〉

例6　父と海へ　　昭和三十七年（九月二日）

「ザザザ、ドシャーン」

しゅん間、私は、自転車の荷台から飛びおりた。が、父は、足をつくひまもなく左にたおれた。

「とうちゃん、どうかなった？」

私は、ようやく立ち上がった父にそう言った。だが、答を聞く前に、すりむけて血がいっぱいにじんだひざこぞうが、私の目にはいった。

「あああ、どうしょう……　いたかろ。」

「それよりも、美鶴けがせなんだ？」

「ううん、美鶴は何にも……　ほんとにごめん。美鶴が乗っとらなんだら、こんなけがせずにすんだのに……。」

「いや、かまんかまん。それでも、美鶴がけがせんでよかったわい。曲がり角に、あんなに新しい砂利がしいてあるとは思わなんだな。」

夏休みも終わりに近いある日、私は、ことし初めて海につれていってもらうというので、はりきって家を出た。それが、電車の駅に行く途中で、こんなことになろうとは。

「とうちゃん、海へなんか行ける？」

「いや、大したきずじゃないけん行くよ。せっかく美鶴が楽しみにしとったんじゃけん、どうしても行かにゃ。」

父は、そう言って、また自転車を走らせた。

駅に着くと、父は、水道の水できず口を洗った。血と泥は落ちたが、きず口からは、また新しく血がにじみ出てきた。

私は、これを見ていると、一年前のことを思い出さずにはいられなかった。やはり曲がり角に砂利がしいてあって、自転車をたおしてしまい、父と同じ所をひどくすりむいたことがあった。病院に行ったりもして、そのきずあとは、今もはっきりと残っている。父もそんなになったらどうしょう。私は心配だった。

でも、父が、

「どう、切られのよさみたいじゃろう。」

とわらいながら言って、ひょうきんな顔をしてみせたので、少しはほっとした。

電車に乗ってからは、父は、きずのことには何もふれなかった。

海水浴場に着くと、私は、すぐに海へはいった。もう夏も終わりなので、泳ぐ人も少なく、海は広々としていた。学校のプールではたびたび泳いだが、海で泳ぐのはことし初めてなので、とてもうれしかった。しかし、時に、浜辺の浅い所に立ってこちらを見ている父の、足のきずのことが気になった。

泳ぎあきて浜に上がると、目が自然に父のひざこぞうにいく。海水がしみていたそうだ。

「きずはどう？　いたかろ？」

「いや、海の水は薬じゃ、薬じゃ。」

父は、平気な顔をしている。私は、また泳ぎにいく。

こうして遊びつかれたころ、むこうの方で声がした。

「じょうちゃん、ボートに乗らんかね。沖の方は涼しゅうて、ながめもええよ。」

見ると、まっ黒に日焼けした、貸しボート屋の青年だ。父はボートがこげないので、その青年にこいでもらうことにした。

私は、タオルをかたにかけて、父といっしょにボートに乗りこんだ。ボートはスーッとすべり出した。思っていたより速い。すぐに、赤旗の所まで来た。

「ボートをこぐのは、何でもないようだけど、案外むずかしいものですね。私も、若い時、友だちと初めてボートに乗ってこいだら、全然進まずに、船の中に水をかきこむので困りましたよ。」

「いや、すぐ慣れますよ。一時間も練習したらみなできます。じょう、こいでみるかな。」

私は、「うまくこげるだろうか。」という心配と、初めてオールを持つうれしさで、興奮してしまった。

「そこへ足をのばして……　そう。オールを持って、こういうふうに、ぐんとこぐ。オールは、海の表面をかくだけでええんよ。」

しばらくは、手をとって教えてくれたが、

「さあ、じょう、ひとりでこいでおみ。」

と、重くて大きいオールをわたしてくれた。

左右のオールは、どうも、うまく水をかけない。力がはいらず、からすべりをしてしまう。でも、しばらくすると、どうにか進みだした。

「その調子、その調子！」

けれど、私はすぐにつかれてしまった。

「ほんなら、おいさんがこぐかな。」

青年は、今度はかた手で、軽くギッコン、ギッコンこぎだした。

小一時間ほどして、岸にもどった。

「じょう、また来て、おいさんとボートに乗ろやな。さよなら。」

こう言って、青年は私たちと別れた。

「美鶴、ええ思い出ができたね。」

と、父が言った。

「うん、生まれて初めてじゃったけんね。」

「美鶴、よう遊んだけん、思い残すことなかろ。もう四時じゃ。はよ帰らんと、かあちゃんが心配するよ。」

「うん。よう遊んだねえ。」

帰り道、父が、じょうだんのような口調で、こう言った。

「美鶴、帰って、かあちゃんに、けがのこと、すぐ、言われんぞう。心配するけんな。」

「うんうん、わかっとる、わかっとる。」

と、私は、笑いながら答えた。

あれから二週間たった今では、心配していた父のきずも、わずかなかさぶたを残して、すっかり直ってしまっている。

(『新版わたしは小学生』、一六九～一七三ペ、傍線は引用者)

この作文を読んで、まず気づくことは、会話文を多用して叙述を進めていることである。実に二十六の会話文が用いられている。この作文は、次の「ミイコの話」(六年生)と比較することによって、主として、「会話文と叙述力」という視点から考察を加えてみたい。

美鶴さんは、この作文で、「けがをしたにもかかわらず、美鶴さんを心配させまいとする父の心づかい」を表現することを、そのねらいの一つとしていたと思われる。これは、結びの一文にもよく現れている。しかし、全体を通してみると、父のけがのこと以外に、ボート乗りの体験のことも述べられ、「父の心づかい」で一貫されていない面もみられる。ボートに乗った時の描写をみると、初めてオールを持つうれしさを描きつくすには至っていない。

むしろ、美鶴さんにしては、平凡な作品にとどまっていると思われる。会話を多用し、会話によって叙述を進めていくことは、小学校五年生には、まだむつかしいことだったのであろう。

会話の写し方としては、会話だけで叙述を進めているところがあること、会話を有効に用いて書き出しを工夫していることなど、すぐれた点も認められる。しかし、大部分は、叙述の自然的展開の中に会話をはさんでいく方法を用いており、会話と地の文との区別がはっきりしている。会話と地の文とが有機的に連関し、叙述をひきしめるところまでは、まだ到達していないのである。どうしても、次の「ミイコの話」に比べると、「父と海へ」は見劣りがする。また、文末形式の変化が乏しいこと、描写の文が少ないことなども、叙述を単調にしている。

蒲池文雄教授が、五年生の時期の一般的な文章表現力の実態について、「こどもらしい無邪気な発想と表現が失われる反面、深い個性的な思索はまだ育っていません。いきおい、文章は何の奇もない、おもしろみのとぼしいものとなりがちです。」（「みつるの文集」5、四三ペ）と述べられ、美鶴さんもその例外ではないと言われていることは、この作文「父と海へ」をみる限りでは、肯定することができる。四年生の「もぐらの観察」と六年生の「ミイコの話」の間に置いてみると（動物の観察を主とした文章でないという点で、厳密な比較はできないが）、文章表現力の発達が停滞した時期の作文と考えられる。

なお、「青年」（三八行）、「小一時間」（五二行）などは、高学年らしい語彙を用いている。

〈六年生の作文と叙述文〉

例7　ミイコの話　　昭和三十八年（八月）[22]

「かあちゃん、来ておみ！　見たことのないねこが！」

兄のびっくりしたような声に、私も、父も母も、台所にとんで行った。見ると、白と茶のきれいなねこが、たたきのすみっこでおとなしくすわっている。

「あれ！　どこから来たんじゃろ？」

みんな、めずらしがって、かわりばんこになでながら、批評を始めた。

「このねこ、おとなしいね。しっぽが短いよ。」

「割合、足が長うて、体が大きいね。」

「毛がきれいで、かわいらしいわい。」

そのうちに、ねこは台所の板の間にあがりこんで、あちこち見まわしながら、とてもきれいな声で「ミャーン」と鳴いた。少しも、ものおじするようすがない。きっと、もとはどこかのかいねこだったのだろう。

めずらしいので、だいてみたり、なでてみたり、みんな新しく来たねこにつきっきりだった。ねこの方も、すっかりわが家が気に入ったらしく、それから毎日家に来るようになった。そして、声がきれいなので、おすねこだけれど、「ミイコ」とよばれることになった。

私は、ミイコのようにおもしろいねこを見たことがない。

ミイコをころりとあおむけにひっくりかえして、のどやおなかをなでてやると、いい気になって、スンゴロスンゴロのどを鳴らしだす。それから子守歌を二、三回歌ってやって、そろりと手をはなすと、前足も後ろ足も上にぽかんと広げたまま、いつまでもばかみたいにねている。よほど、どん感なねこにちがいない。兄は、後ろ足を持ってさかづりにしたり、前足だけで歩かせたりして、むちゃくちゃにする。だが、ミイコは、「ミャーン」と一声鳴くだけで、後はどんなにされても、されるままになっている。ガンジーの無抵抗主義とは、こんなものだろうか。しかし、私や兄がしているのは遊びだということを知っていて、いっしょうけんめい相手をつとめているのかもしれない。

おとなしくて、にゅうわなのはいいが、ねこ同志のけんかとなると、ぜんぜんミイコに勝ち目はない。

「アウウ〜〜〜」

夜、こんなへんな声が聞こえる時は、ミイコがけんかの相手を見つけたのだ。まったく、このちょう戦のうなり声だけは一人前だ。窓の近くでうなっているミイコを、

「ミイコ、ミイコや。」

と呼ぶと、後ろをふり向いて、今までとはうって変わったかわいらしい声で、「ミャーン」と答える。それから、私たちがいるので勢いづいて、強敵きじねこに向かって、じりじりとせまって行く。

しばらくして、「ギャオギャオ、ガーッ」というものすごい声にびっくりして、私は大急ぎで台所の戸を開けて外に出ようとした。そこへ、ミイコがすごい勢いで飛びこんで来て、あっという間に板の間の下にもぐりこんでしまった。「ミイコ！」と呼んでも鳴きもせず、おびえきって、奥の方で、まんまるい目玉をきょときょとさせている。かわいそうに、また負けたのだ。

十分ほどして、

「ミイコ、もうきじねこなんかおらんよ。はよ出ておいで！」

と呼ぶと、おそるおそるまだあたりをけいかいしながら、はい出して来た。やさしくなでてやると、ようやく、安心したらしく、目をつぶって、「ミャー」と鳴いた。

弱いくせに、強がりの、のろまなミイコ。ところが、食べ物のことになると、ふしぎなくらい、びん感になる。冷ぞう庫をあけただけで、こっくりこっくりろをこいでいたのが、ぱっと目を見開いて、必死の声をふりしぼって鳴く。でも、その努力も報われないことが多い。たまに、何かもらうと、飛びついて食べながら、「アウヮ、アウヮ、アウヮ」と、きみょうな声を出す。うれしさと感謝のいりまじった、感きわまった声だ。

兄のアルバムには、とてもおもしろい写真がはってある。ミイコが、はりこの虎といっしょに本を読んでいるところを、上からとったものだ。本のとびらには、大きく「吾輩は猫である」と書いてある。そこを、前足でおさえて、まるで本当に読んでいるように見える。わが家のけっ作写真の一つだ。

「ミイコ読書の図」などと、みかけはよくても、頭の中はどうも弱いらしく、父にいつも、「お前の脳みそは、どこ

にあるんじゃ。」とからかわれている。

この前、私は、ためしに、毛のふかふかした大きなおもちゃの犬を、ミイコの鼻先につきつけてみた。ミイコはびっくりして、鼻にしわをよせて犬をかいでいたが、いきなりその頭に、がぶりとかみついた。私は、まさかかみつくとは思っていなかったので、おどろいてミイコの頭をパンとたたいた。ミイコはすぐにはなして、すまなそうな顔をしたが、おもちゃにかみつくとは、まったくばかなねこだ。

父が子どものころ、家に子ねこが一匹いたそうだ、そのねこは、どういうわけか、祖父（私の父の父）の大切にしているとこの間のかけじくをゆさぶるのが大好きだった。それで、ゆさぶっては祖父にしかられ、ゆさぶってはしかられしていたが、祖父がちょっとゆだんしていると、そうっとしのんで来ては、電光石火の早わざで、ぱっとゆさぶって、あっという間ににげて行く。さすがやかましやの祖父も、いつも笑い出して、そのねこをしかれなかったそうだ。人をからかったりして、なんともりこうなねこだ。ミイコには、とてもこんな芸当はできまい。

頭が弱くても、甘えるのは人一倍で、私のひざの上にはいあがっては、前足でだきつくようなかっこうをしながら、顔を見上げる。すっかり信頼しているその目を見ると、かわいらしくてたまらない。鼻と鼻とをくっつけたり、おしまいには、ミイコの体をだいて、まんまるなかっこうにしてしまったりする。こんな甘えん坊のミイコだが、母の言うことだけは、ピリッとなって聞くのだから、おかしい。

母のるすの時、ミイコは、よくどろ足で上にあがって来る。そして、たたみの上にのうのうとねそべっている。だれが何と言っても、動こうともしない。ところが、母の、

「ただいま！」

という声を聞くが早いか、さっとはね起きて、すごい勢いで土間に飛びおりる。

「これ、ミイコ！」

と、母が、こわい顔で、でも笑いそうになりながらしかると、かわいそうに、耳を後ろにねかせて、首が体の中にのめりこんでしまうかと思うほどちぢまってしまう。そのようすが、あんまりかわいらしくていじらしいので、私たちは思

わずふき出してしまう。兄が、

「おこられたんか。かわいそうに。」

と、やさしくなでて、ちぢこまったミイコを、もとのとおりにしてやっておさまりがつく。母がこんなにしかるのは、ミイコがいつもどろ足であがって、たたみの上をざらざらにし、ぬけ毛をそこら中にまき散らすからだ。

この間、みんなが夕飯をたべていた時、とつぜん、ミイコがおえんに飛び上がって来た。

「あっ、ミイコ！」

とさけんだ母が、続けざまに、

「えいっ、えいっ、とうっ。」

と、腹の底から気合いをかけた。昔、なぎなたできたえた気合いだ。ミイコは、一声ごとにあとずさりして、「とうっ。」とともに、えんの下へころげ落ちた。みんな、しばらくは笑いが止まらなかった。

このように、ミイコは、いつも家中に笑いの種をまき散らす愛きょう者だ。

そんなミイコだが、ある寒い晩、いつになく、だまってしょんぼりとはいって来て、土間にうずくまってしまった。が、すわりぐあいがどうもおかしくて、左足を出すようにしている。みんな、ふしぎがってよく見ると、ひどいけがをしていた。毛がむしりとられて、大きな穴があき、その穴から、血と、どろどろの黄色味がかった液が流れている。その上、息づかいも早い。家中が、たちまち大さわぎになった。母はミイコのひたいに手を当ててみて、

「熱があるようなよ。」

と言った。兄は、すぐ薬箱からオキシフルを持って来た。そして、すっかり元気のないミイコをひざにだいて、きず口にたらしてやった。白いあわがジュウッと出る。少ししみたのか、ミイコは、目をつぶったまま足をふるわせた。いつもは戸をしめる時、ミイコを外へ出してしまう母が、

「そうか、そうか、かわいそうに。」

と言いながら、土間のすみにねどこをこしらえてやった。ミイコは、鳴きもせず、目をつぶったままで、ぐったりとなっ

ている。ふだんは元気でおもしろいねこだけに、いかにもかわいそうだった。

よく日は、ずっとねていたのがよかったのか、だいぶん元気になって、ものを食べたり、鳴いたりするようになった。でも、歩くことは、まだなかなかできないようだった。

それから数日たつと、びっこをひきひき歩きまわるようになった。動物のけがのなおるのは、ほんとうに早いものだ。一週間余りもたつと、すっかりいつものとおり歩けるようになった。ただ、左足にできたもも色のきずあとだけは、なかなかなおらなかった。

うちをたよって、いっしょうけんめい足をひきずりながらやって来た心ねを考えると、ほんとうにいじらしい。

うちで、ミイコに食べ物をよくやるのは、父だ。「ミイコは、朝早うから来て、長い間、何かくれんかと待っとるんじゃろ。ごはん食べるところばかり見せて、何もやらんというのは、あんまりかわいそうじゃ。ミイコの身にもなってごらんよ。」というのが、父の言い分だ。

朝、みんなの飲んだミルクびんの底に、少し残っているのを、よくミイコにやっている。ミイコは、これがとても好きで、ぱっと飛び上がっては、つるつるしたびんに必死でつめを立て、どこを見ているのかわからないような細い目をしながら、びんをなめまわす。その間、ずっと二本足で立ったままだから、父は、

「ほらほら、ミイコのボリショイ！　ミイコのボリショイ！」

と、調子をとっている。ソビエトのボリショイ・サーカスのくまそっくりのかっこうをしているというわけだ。

いつも残り物をくれる父には、ミイコも敬意を表して、朝、父が起きて来ると、必ず、

「ミャーン」

とあいさつする。それから、けさは、いったいどんなものをくれるのかしら、と期待にみちた顔で父を見上げている。その時は、ふだんより、いっそうかわいい顔つきになっている。

人間で言えば、働きざかりの年ごろだろうけれど、ミイコは、朝から晩まで、ひまがあると丸くなって、ねてばかりいる。私は、うらやましくなって、つい口をすべらせたことがある。

「ミイコは勉強に追われることもないし、仕事は何もせんでええし、あんきなことよ。」

すると、母が、

「それでも、ミイコは本も読めんし、テレビもわからん。考えることも、楽しむことも知らんのよ。それに、色盲で、白と黒だけの世界らしいよ。そんなのがええの?」

と、たしなめるように言った。

「ああ、そうだったな。」

私は、無心にねむっているミイコを、そっとなでてやった。

近所の人たちには、ただののらねこでしかないミイコも、わが家へ来れば、かわいがられ、自分も甘え切っている。のんきで、どこかぬけていて、あいきょうのあるミイコと、ユーモアの好きな私たち一家と、すっかり気が合ったのだろう。

台所の土間にうずくまって、何の不安もなくねているミイコを見ると、いやなことも、わずらわしいこともすっかり忘れてしまいそうだ。

今、わが家で一番問題になっているのは、数か月後にうつる予定の私たちの新しい家に、ミイコをつれていくかどうかということだ。父母は、のらねこ出身のミイコをわざわざつれていく必要はない、と言っているが、私たちきょうだいは、何とか父母を説得して、ミイコをつれて行くようにしたいと思っている。

〈父のことば〉

その後、十二月上旬に、母親の実家のすぐ隣の新しい家に引越しました。ところが、実家にも、「のらねこ出身」のめすの「ミイコ」がいるので、こどもたちと相談の上、この「ミイコ」と別れて来ました。しかし、今もよく家族の話題に上っています。

（『新版わたしは小学生』、一九七〜二〇七ペ）

この作文では、会話の写し方に、著しい進歩がうかがわれる。会話は、分量的には、五年生の作文「父と海へ」

よりも少なくなっているが、叙述全体の中に会話文がうまく配置され、地の文と会話文との間に有機的な関連が認められる。たとえば、一行目と二行目、九九行目と一〇〇行目、などは、会話のあとに続く地の文によって、さらに会話表現が生き生きとしてきている。全般的に、会話文が選ばれ、しかも惜しんで用いられている。ミイコの姿を描写する中に会話文を用いたことが、会話文をひきたてたのであろう。

次に、この作文では、わくで囲んだ書き出しの部分（一～一〇行）の表し方がすぐれている。一気にこの文章の中に読み手を引き込まずにはおかない書き出しである。しかも、会話の主を記すことなく、誰のことばかがわかるような写し方を工夫している。みごとな叙述力といえよう。

この作文では、四年生の「もぐらの観察」で芽生えていた、美鶴さん独自の叙述のスタイルが完成している。傍線部（一〇、一七、一九、二三～二四、三〇～三一、三九、四二、四八、五三、七四、一〇〇行）をみると、これらの文が要所要所にはさまれて、実に効果的である。これらは、美鶴さんの感想や判断を示す文であるとともに、その前に述べてきたことがらを要約・総括している文でもある。これらの文があるとないとでは、美鶴さんの叙述から受ける印象はずいぶん異なってしまう。これらの文によって、文章に一種のリズム（あるいは、抑揚）が生まれるとともに、読み手の場面の理解を容易にする働きをも果たしている。手紙文などに比べると、明確に読み手を意識して書かれたものとはいえないが、それでも、対読者意識の強くなっていることがうかがえる。読みやすさを考えた上で、これらの文がはさみこまれていると思われる。

この作文の中で、最も表し方のすぐれている場面を一つあげるとすれば、後半のわくで囲んだ部分（七六～八一行）であろう。この作文を中学生に読み聞かせ、この部分にさしかかると、愛すべきミイコのけがに教室中が静まりかえり、七九～八〇行目の母のことばで大爆笑となる。実に心にくいほどの表現をしている。このほか、先に述べた傍線部の文も、読み聞かせをしていると、思わず笑いが起こるところである。美鶴さんのばあい、技巧に走っているのとは違う、計画し工夫した表現が随所に認められる。読み手を意識して、その表現を工夫し、コントロールしていることが、美鶴さんの叙述力を高めている要因の一つであると考えられる。

このほか、用いてある語彙が豊富で的確であることも、この作文の表現水準を高いものにしている。ミイコの鳴き声は、ありきたりの表現を用いず、しかも奇異な感じのしない、美鶴さん独自の表現を工夫している。ミイコの観察もこまやかで、ミイコの姿がほうふつとするほどである。中でも、ミイコのけがの場面、ミイコを治療する場面（八一〜八二行）は、特にすぐれた観察力と描写力を示している。蒲池文雄教授が、「ミイコは、近所では、いつも『シーッ』と追い立てられている、名もない猫である。到底、作文の題材になりようはない。だから、『ミイコの話』では、この猫そのものが題材だったのでなく、この猫に、猫格（?）を付与したわが家が、『ミイコの話』の題材になっているのである。〈後にあげる『もぐらの観察』（四年生）についても、似たようなことが言えると思う。〉（前掲「一　児童の作文学習の歩み」、五ぺ）と述べていられるように、この作文「ミイコの話」に至って、美鶴さんの動物に対する深い思いやりが、みごとに結実しているように思われる。

野地潤家博士が、「小学校六年間に生み出された作文・日記八〇〇編を、『ミイコの話』一編に代表させ、あるいは濃縮させることは、無理であろうか。わたくし自身は、『ミイコの話』の一編に代表させることが可能であると考えている。すなわち、この『ミイコの話』一編に、美鶴ちゃんの六年間の文章表現力の結晶を見いだすことができる。結晶はまた結実である。」（野地潤家博士稿「高学年の表現像の探索」――蒲池美鶴ちゃんのばあい――　学校教育研究会編「学校教育」昭・四八・一月号掲載、『作文指導論』（昭・五〇・五・一、共文社刊）所収、六一ぺ）と指摘していられるように、六年生の「ミイコの話」は、美鶴さんの六年間の文章表現力の到達点を示している。

以上、観察を主にした文章群をとりあげ、美鶴さんの叙述力の学年的発達を検討してきた。この作業を通して、児童の叙述力の学年的発達をあとづけていく際の視点（観点）として、次のような六点が有効であると思われる。

1　文末表現と叙述力（特に歴史的現在形の用い方）
2　学年相応の語彙と叙述力
3　会話文と叙述力
4　対読者意識と叙述力
5　叙述のスタイル（文体）と叙述力
6　個性的表現と叙述力

（ただし、これらの視点は、生活文に限定したばあいのものである。）

中でも、5・6をとらえていくことはむつかしいが、さまざまな個性を持つ児童の叙述力をとらえていくためには、今後重点的に掘り下げていかなくてはならない視点である。

（「六年生の作文と叙述力」の項を記述するにあたっては、野地潤家博士の論稿「高学年の表現像の探索」（前掲）から多くの示唆を得た。）

第四節　家庭的要因と文章表現力の発達

一

蒲池文雄教授は、その論稿「『わたしは小学生』の生まれるまで――『あとがき』に代えて――」（昭和三九年七月七日稿、『新版わたしは小学生』所収）の中で、美鶴さんの文章表現力および表現意欲を育てた家庭的要因として、次の

四点を示していられる。(23)
1　家族が読書を好んだこと
2　親子の話しあいをよくしたこと
3　こどもの日記をたいせつにしたこと
4　書くことをたいせつにしたこと
（同上書、二四一～二四六ぺ）

これら四つの家庭的要因は、「こどもの人間性――それが作文力の中核となるものですが――を形づくる上で根本となるものは両親（祖父母・兄姉等）の生活態度と、それによって作り出される家庭環境」（同上書、二四〇ぺ）であるという考えにたって、「こどもの作文力に直接影響した、形の上でかなりはっきりつかめる家庭的要因」（同上書、二四一ぺ）としてとりあげられたものであった。
1　家族が読書を好んだこと　では、美鶴さんの読書環境の問題がとりあげられている。ご両親、お兄さんがそろってすぐれた読書人であり、おのずとすぐれた読書環境が形成されていたこと、ご両親やお兄さんの読書ぶりに触発されつつ、美鶴さんの読書意欲が高められていったこと、こうしためぐまれた読書環境の中にあって、美鶴さんの読書活動は着実に積み重ねられていった。
美鶴さんの本格的な読書ぶりは、すでに、第三節の一学年における文章表現力の発達の項で紹介したとおりである。

美鶴さんが、発達段階ごとに文章表現力を着実に伸ばしていった要因の一つとして、質的にも量的にもすぐれた読書活動の集積によってたえず読書力を伸ばしていったことを認めることができる。美鶴さんの文章表現力は、豊富な読書量（質を伴った）によってつちかわれたものであった。
2　親子の話しあいをよくしたこと　では、①本を読んだり映画やテレビを見たりしての感想の話し合い、②学校や登校・下校の途中での見聞についての話し合い、③親子エンピツ対談、④『小学生ミチルの句集』をめぐっての座談会などが、美鶴さんのものの見方や考え方を深め、表現力を育てたことが指摘されている。

これらの話し合いは、美鶴さんが日記や作文を書く際に、取材や叙述の面に役立った（第三節、一年生における文章表現の発達の項参照）だけでなく、美鶴さんの話す力・聞く力を伸ばしていく上でも効果があったと思われる。

3　こどもの日記をたいせつにしたこと　では、家族全員が美鶴さんの日記や作文の熱心な愛読者となり、みんなでおもしろく読み合い、叙述・表現のすぐれたところはほめ、よい考えの述べられたところには感心しあったりしたことが、美鶴さんの心のはりとなって書く意欲を支えたこと、日記帳を製本したり、年ごとにガリ切りをして文集を作ったことが、美鶴さんをはげましたことなどが指摘されている。

家族の方たちが、叙述・表現のうまいところをほめ、よい考えの述べられたところに感心しあったりしたことは、美鶴さんの書く意欲を支えたのみならず、表現上のヒントを与えることにもなり、美鶴さんの文章表現力を伸ばす役割を果たしたにちがいない。

4　書くことをたいせつにしたこと　では、美鶴さんの作文環境の問題が指摘されている。お兄さんの絵日記から日記を書きたいという意欲を刺激されたこと、ご両親自ら書くことに熱心であること、こういう環境の中で、美鶴さんは、早くから鉛筆を握る習慣を身につけることができた。

さらに、蒲池文雄教授が作文教育（とりわけ生活綴り方）に深い関心を注がれ、「書くことによって、じっくり対象に取り組ませ、そこに、こどもの自主的なものの考え方・見方を育ててい」（同上誌、二四六ぺ）くという考え方にたって、美鶴さんの指導にあたられたことが、美鶴さんの文章表現力を大きく伸ばすもととなった。美鶴さんの文章表現力を発達させた根本の要因としては、父親蒲池文雄教授の意図的・計画的作文指導が行われたことを銘記しなくてはならない。

このほかに、学校の担任の先生方によって、適宜指導の手がさしのべられ、積極的に発表の機会が与えられたことも、重要な要因の一つである。

二

蒲池美鶴さんのばあい、その文章表現力の学年的発達過程は、表現意欲の停滞期を含むとはいえ、それぞれの発達段階ごとに完成味をみせており、それぞれの学年および発達段階ごとに到達した表現水準は、わが国の標準的児童の水準をはかるに越えるものがあった。そのため、美鶴さんの事例は、ややもすると、特殊な事例としての側面だけが強調されるおそれがある。

しかし、美鶴さんのばあい、そのすぐれた文章表現力は、文章表現力を伸ばし育てていくための環境が、生活・学習の両面にわたって細心の心くばりによって整えられ、かつ行き届いた指導が計画的に継続された結果（成果）としてもたらされたものであることを、忘れてはなるまい。その意味で、美鶴さんの到達した表現水準は、わが国の作文教育の到達可能水準を示しているといえよう。

（本節の記述は、野地潤家博士稿「解説――『わたしは小学生』に寄せて――」〈『新版わたしは小学生』所収〉に負うところが大きい。）

注

（1）初版では、印刷所のミスで、「旅行に行けなかったこと」（六年生〈昭三八年〉四月の作）という作文が加わり、合計七八編が収めてあるが、新版では除かれた。

(2) この点については、蒲池文雄教授は、「この『みつるの文集』は、はじめから六年間続けるつもりではなかった。最初は、ともかく、娘が一年間よく書いたから、一年生の時の文集を作っておこうと思いついたのだった。それが毎年続いて、結果的には六年間続けたことになった。（前掲「一児童の作文学習の歩み」、一ぺ）と述べていられる。

(3) 対象として、長女の美鶴さんを選ばれた理由について、蒲池文雄教授は、「私自身、作文教育というものに、いささかの関心を持ってはいるが、実地に小さいこどもの授業はしていないので、ひとりのこどもの作文の力がどうのびていくか、ということを考える上では、いきおい自分のこどもの作文を対象に考えるほかはない。（「みつるの日記」昭・三四・三・三一発行、「まえがき」）と説明されている。

(4) 日記形態と作文形態とが混在している点も、考察上問題となる。

(5) 国分一太郎氏は、「生活綴方の本質」（日本作文の会編『生活綴方概論』〈講座・生活綴方第一巻、昭・三七・一一・二〇、百合出版刊〉所収）という論文の中で、認識能力を伸ばしていく目的として、1観察力をのばすこと、2表象力をのばすこと、3思考力をのばすこと、4想像力をのばすこと、の四つをあげていられる。（同上書、四四〜六二ぺ参照）蒲池文雄教授の見解は、こうした戦後生活綴り方の業績に基づいていると考えられる。

(6) 昭・二六・二、日本評論社刊。

(7) 昭・二六・三、青銅社刊。

(8) 昭・二六・二、百合出版刊。

(9) 昭・三〇、牧書店刊。

(10) 昭・三四・二月、明治図書刊。

(11) 前掲の今井氏の論文によると、「この日記の作者の生活と密着した——説明したくてたまらないことを書いた——文章は、一年生の三学期ころになると、よく整っていたむ《ママ》だがなく、段落もしっかりしています。」（同上誌、七〇ぺ）とある。

(12) さらに、「七月中旬ごろから（担任の先生や親のすすめもあって）題をつけての作文を書き出した。それとともに、文が長く、しかもはっきりとした中心点があり、構想もまとまったものになっていった。」（「わが子の作文を見つめる」、二八〜二九ぺ）

(13) この傾向が顕著になるのは、三年生になってからであるが、すでに、二年生の時期にも「空をとべたら」（昭・三四・八・八作）という作文で、「夢の中で、空を飛んだこと」を書いている。三年生になって童話を多く書くようになる下地は、すでに二年生の八月ごろに現れているとみてよかろう。

(14)「附属小学校転校とともに、わたくしが、こどもの作文意欲向上のためにした助言の主なものは、前稿の六で述べたように、
①ぶっつけ本番でノートに書くこと。
②題はつけなくてよい。長短も問わない。日記をつけるつもりで書くこと。
③常体で書いてもよい。
の三点であった。これは予期通りの効果をあげたと思う。昨年九月以降、こどもがどんどん作文を書き出したのは、基本的には転校にともなう生活の転換によるものだが、この助言が倒面からの援助をしたと思っている。」(同上誌、一四〜一五ぺ) とある。

(15) 四年生の時期に「作文をよく書く子にとっての一つの関門がある」という指摘は、四年生の時期に、作文力の一つのピークがおとずれ、さらにその力を伸ばしていくことがむつかしい時期となるという意味にもとれる。こういう仮説に立てば、美鶴さんのばあいは、四年生の九月に、文章表現力のピークがおとずれたことになる。この点については、以下の『児童の叙述力の発達』のところで検討することにしたい。

(16) 四年生(二学期以降)は、「みつるの文集」四でみると、十七編あり。

(17) 蒲池文雄教授稿「もぐらの観察をめぐって」(「国語研究」39号掲載)によれば、ほかに、「小犬」、「かわいそうな子ねこ」「青虫のことを書いた文」があった。(同上誌、一六ぺによる。)

(18) この点については、芦沢節氏稿「作文能力の発達過程」(国研論集2『ことばの研究第二集』(昭・四〇・三・三一、秀英出版刊)所収)から多くの示唆を得た。

(19)『児童の表現力と作文』(国研報告63、昭・五三・六・二〇、東京書籍刊)によると、言語変換テスト(色彩画をみて作文させたもの)では、色彩に関する記述のきわめて乏しかったことを指摘している。(同上書、八ぺ参照) 調査方法、時期のちがうものなので、一般化はできないが、この調査(国研、六年生) 結果は参考となろう。

(20)「もぐらの観察をめぐって」「国語研究」39号掲載

(21)「もぐらの観察をめぐって」同上誌、一五ぺによる。

(22) 夏休み中に書かれたことと、この作文の表現水準の高いこととは、関係がある。

(23) 右の四点は、蒲池教授が、「父親としての作文教育論」(「国語研究」32号掲載)の中で、美鶴さんの入学前から小学校一年生の終わりまでの文章表現力の発達過程を考察して示された家庭的要因とほぼ重なる。ここで新たに付け加わったのは、4書くことをたいせつにしたこと　である。

第三章　児童の作文スキルの発達──国立国語研究所のばあい──

第一節　作文スキルの発達に関する調査研究の仕組み

一

国立国語研究所では、昭和二十八年度から昭和三十五年度にかけて[1]、小学生の言語能力の発達に関する調査研究[2]を実施した。この調査研究は、「小学校児童（引用者注、調査対象としては、昭和二八年度・二九年度入学者）の言語諸能力の発達を、ひとりひとりの児童について追跡的に調べ、国語習得上の問題点を明らかにする。」（国立国語研究所著『小学生の言語能力の発達』、昭和三九年一〇月、明治図書刊、一四ぺ）ことを目的としたもので、世界でも類例[3]の少ない独自の発達研究であった。

調査は、主として、

1　言語諸能力……言語要素（発音、文字、表記、語い、文法）の習得と言語スキル（聞く、話す、読む、作文）の成長

2　言語生活……聞く話すの生活、家庭読書等

3　発達要因……知能、身体、情緒、環境、学習指導

（前掲『小学生の言語能力の発達』、一五ペ）

の三項目にわたり、多角的総合的なものであった。これらの調査結果は、順次、

・『入門期の言語能力』（国研報告7）　昭・二九・三　輿水実ほか
・『低学年の読み書き能力』（国研報告10）　昭・三一・三　輿水実ほか
・「低学年の話し聞く能力の調査」（国研年報8）　昭・三二・一二　高橋太郎稿
・『中学年の読み書き能力』（国研報告14）　昭・三三・三　輿水実ほか
・「中学年の話す能力の発達」（国研年報9）　昭・三三・一二　高橋太郎稿
・「中高年の聞く能力の発達」（国研年報9）　昭・三三・一二　村石昭三稿
・「高学年の聞く話す能力の調査」（国研年報10）　昭・三五・二　村石昭三稿
・「卒業時の話し言葉による伝達の実験」（国研年報10）　昭・三五・二　高橋太郎稿
・『高学年の読み書き能力』（国研報告17）　昭・三五・三　輿水実ほか

などに中間報告され、最終的に、

・『小学生の言語能力の発達』（国研報告26）　昭・三九・一〇　明治図書刊

にまとめて刊行された。(4)

二

次に、小学生の言語能力の発達に関する調査研究のうち、作文スキルの発達に関する調査研究が、どのような仕

組みで行われたかをみておきたい。

作文スキルの発達に関する調査の概要[5]を、まとめて示すと、以下のようである。

○調査対象および実施期間

1　昭和二八年度小学校新入学児童……入学（昭・二八・四）から卒業（昭・三三・三）まで

（各校約五〇名ずつ――甲学級）

2　昭和二九[6]年度小学校新入学児童……入学（昭・二九・四）から卒業（昭・三四・三）まで

（各校約五〇名ずつ――乙学級）

○調査対象児童の所属学校[7]

1　実験学校（東京都内一校）

調査のすべてを研究所員が直接出向いておこなう学校。

2　実験学校に準ずる学校（東京近くの純農村地帯の学校一校）

実験学校の成果が都市的であることを避けるため、実験学校と同一の調査を、研究所と密接な連絡のもとにおもにその学校の職員の手でおこなう学校。

3　協力学校（全国的に一〇数校）

全国的な傾向を見るために、実験学校でおこなう調査の一部分あるいは大部分を、その学校の職員の手でおこなう学校。（以上、『小学生の言語能力の発達』、一四～一五ペ）

○調査の方法

1　同一課題作文によって継続的に発達をとらえる。（一年～六年）

2　目的に応じた作文（通信〈手紙〉文・記録文・報告文・感想〈意見〉文など）を書かせ、発達の段階的徴候

（特色）をおさえる。　（四年～六年）

3　児童の作文力のうちで問題となる力（たとえば、構成力、連接力、語い力、文末処理力、推考力など）をみるための作文テストを行ない、作文力の診断をする。　（四年～六年）

4　1の課題作文で得られた結果を検証するために、同一条件（たとえば、絵をみて文章を書く）を与えて各学年一斉に作文を書かせ比較してみる。

（一年～六年、小四年～中三年）

5　（2、6との関連で）手紙文および遠足文を評価する能力（良否の判断力・鑑賞力）をみる。　（四、五年）

6　同一の経験を書かせた作文にみられる発達を検討するために、遠足後に遠足作文（遠足を題材とした作文）を書かせる。

（四年～六年、実験学校実験学級のみ）

表1　実験学校・協力学校名　（所在地名は当時のまま）

学校名 ＼ 年度		28	29	30	31	32	33	34
実験学校	東京都新宿区四谷第六小学校	○	○	○	○	○	○	○
準実験学校	神奈川県中郡伊勢原町比々多小学校	○	○	○	○	○	○	○
協力学校	東京都杉並区方南小学校	○	○	○	○	○	○	○
	栃木県小山市小山第二小学校	○	○	○	○	○	○	○
	兵庫県氷上郡氷上町北小学校	○	○	○	○	○	○	○
	滋賀県大津市中央小学校	○	○	○	○	○	○	○
	静岡県静岡市中田小学校	○	○	○	○	○	○	○
	神奈川県逗子市久木小学校	○	○	○	○	○	○	○
	長野県上水内郡豊野町豊野西小学校	○	○	○	○	○	○	○
	長野県埴科郡松代町松代小学校	○	○	○	○	○	○	○
	東京都中野区新井小学校		○	○	○	○	○	○
	岩手県北上市二子小学校	○	○	○	○			
	神奈川県横浜市六浦小学校	○						
	静岡県静岡市新通小学校	○						
	静岡県静岡市城内小学校	○						
	山口県下松市下松小学校	○						
	北海道白老郡白老小学校		○					

（『小学生の言語能力の発達』、15ぺ）

（以上、同上書、三二五ぺによる。）

この調査では、児童の作文スキルの学年的発達を明らかにするために、追跡調査法が採用されている。輿水実氏（当時、国立国語研究所所員）は、追跡調査法を選んだ理由を、次のように説明されている。

「これまでの言語能力の発達（言語発達）の研究はほとんど学齢前の幼児期のものであり、あるいは入学当初の語い量についての調査であった。小学校各学年の児童の文章読解力と漢字の読み書き能力に関して、学年を通じたテストがおこなわれて、そこに、その限りの発達も見出されていたが、言語能力の全面にわたったものでなかった。また発達といっても、同一人の発達ではなかった。そのために、言語諸能力の発達が、その言語を使っている人間の全体の心身の発達の成素としてとらえられていないうらみがあった。これに対してわれわれは、同一人の、同一学級についての、六年間の事例的な追跡研究によって、言語発達の生きた具体的なすがたを、その根底から明らかにしたいと考えたのであった。」（前掲『低学年の読み書き能力』、一ぺ、傍線は引用者。）

これは、児童の言語能力の発達に関する調査研究全般について述べられたことであるが、追跡調査の必要性は、作文スキルの発達に関する調査研究についてもそのままあてはまる。同一児童、同一学級の作文スキルの発達を追跡調査したことは、この国立国語研究所の調査の第一の長所である。

第二に、実験学級の児童の作文スキルの発達が、大都市だけの特殊な事情（都市型の発達）に左右されたり、一地域だけの特殊な発達傾向にとどまってしまう危険性を考慮に入れて、可能なかぎりの配慮がなされている点もみのがせない。作文スキルの発達に関する調査のばあい、実験学級の児童（昭和二八年度入学、約五〇名）の調査が主体となっているため、どうしても全国的、標準的な発達を帰納するうえで、限界があることはしかたがない。しかし、可能な範囲で、調査結果に普遍性をもたせるための工夫が凝らされている点は、注目してよい。

第三に、児童の作文スキルが学年的に発達していく姿を明らかにするために、主として、
①同一文題による調査
②コミュニケーションの目的に応じた作文による調査
③作文テストによる調査
④検証のための調査
の四本建ての方法が組み合わされ、作文スキルの発達を多角的にとらえるための工夫がなされていることをあげることができる。
①同一文題（同一課題作文）による調査のほかに、②目的に応じた作文による調査を行なったねらいは、「課題の生活作文『ともだち』『わたくしのうち』『先生』の結果だけから、児童の文を書く能力のすべては把握しにくいし、また、このころになると、児童の現実の書く活動や作業も、もっと多岐にわたってくるからである。作文教育の目標は、手紙・記録・報告・日記など、いろいろの目的に応じて適当な形式や内容の文が自由に書けることであり、コミュニケーションのための書く力が重視され要求されている現実にかんがみて、課題作文による調査のほかに、いろいろな目的に応じて文を書く能力の発達をもあわせみることにした。」（前掲『小学生の言語能力の発達』、三二四ぺ）と説明されているように、書く生活が広げられ、書く活動、書く力も広く要求されてくる中学年後期（四年）からの特質を考慮に入れるとともに、文種に応じて書く力を広くとらえていくことにあった。同一課題作文による調査によってとらえることのできる作文スキルが、生活文という文種に限定された力であることが、はっきりと認識されているのである。
③作文テストによる調査は、児童の作文スキルの発達上問題となる（習得が遅い）力をテスト方式によって、

客観的、診断的にとらえる方法であり、国立国語研究所独自の方法である。ただし、このテストの妥当性については、後述するように問題がある。このテスト方式は、後年、『児童の表現力と作文』（国立国語研究所著、昭・五三・六・二〇、東京書籍刊）にもとり入れられて、深められていく。

④検証のための調査　は、「課題作文によって、児童の作文能力の発達の状況、発達上の問題点などが、一応わかったが、この現象が、実験対象児童特有のものか、異なる児童についても六年間の発達に同一傾向が認められるかをみるため、対象児童をかえ一年～六年生に絵によるという同一条件を与えて共通に作文テストを実施してみた。」（同上書、四二四ぺ）もので、調査結果の普遍性を検討するための調査である。なお、芦沢節氏（当時、国立国語研究所、第二研究部国語教育研究室、室長）によれば、特に記述力の発達に関しては、同一課題作文のばあいも、この検証のための絵を見て書く作文のばあいも、同様な発達的徴候および傾向が認められている。（芦沢節氏稿「作文能力の学年的発達とその指導」「児童心理」第20巻第6号〈昭・四一・六・一、金子書房刊〉掲載、六八ぺによる。）[8]

また、これら四つの主要調査のほかにも、⑤鑑賞力をみるための調査　⑥遠足作文による調査　が実施されている。⑤鑑賞力をみるための調査　は、書く力と鑑賞力との関係を問題としている。一般に、鑑賞力がすぐれていてもすぐれた作文が書けるとは限らないことはよく指摘されるが（前掲『中学年の読み書き能力』、一四四ぺによる。）、小学校四年生、五年生の実態はどうかをみようとした調査である。（その結果は、『高学年の読み書き能力』、一一六ぺ参照。）

⑥遠足作文による調査　は、「遠足文は、多くの児童が、一様に同一の経験をしたことを書くわけだから、経験の相違からくる表現の差ではなくて、各人の真の表現能力が見られるはずであるし、また、ようやく個人差が大きくなってきたこの期の児童の表現能力の実態が、具体的にとらえられるはずである。」（前掲『中学年の読み書き能力』、一〇五ぺ）という仮説のもとに行われた調査である。

これらの調査のねらいをみると、作文スキルの学年的発達に関する仮説をたてたうえで、複数の調査が組み合わされていることがわかってくる。国立国語研究所のばあい、作文スキルの発達を、「現実に即して広く、具体的に分析的にとらえる」（前掲『小学生の言語能力の発達』、三二五ぺ）ために、独自の試みや工夫を盛り込み、作文スキルの発達に関する調査の方法を新しく開拓した点は、高く評価される。

三

次に、作文スキルの発達に関する調査のうち、

1　同一文題による調査のねらいと方法

2　作文テストの妥当性

の二点について、検討していきたい。

まず、同一文題による調査の概要は、以下のとおりである。（飯田恒作氏のばあいと比較できるように、同様の項目をあげて記述していく。）

○（主要）[9] 対象とした学校

・東京都新宿区四谷第六小学校（実験学校）

○調査期間

・昭和二十八年四月〜昭和三十三年三月

○（主要）対象学級

・四谷第六小学校一学年の中から選ばれた一学級（実験学級）〈約五十名〉

○調査のねらい

・同一の児童に六年間同一文題で継続的に作文を書かせ、その作文を内容面、計量面、形式面から分析検討することによって、児童の作文スキルの学年的発達を明らかにする。

○文題

第一学期末　「ともだち」

第二学期末　「わたくしのうち」

第三学期末　「先生」

○文題選定の理由

・特に記述なし（ただし、『低学年の読み書き能力』には、「この時期（引用者注、一、二年生）の子供たちにもっとも書きやすい題であるつもりで選んだ。」（同上書、一八ぺ、輿水実氏による）とある。

○記述の際の条件

①予告なしに、調査期間中の一定時間内に書かせ、成績物をひきあげる。所要時間は、一～三年　三〇分、四～六年　四五分[10]とする。

②書く前の事前指導は行わず、題名の軽い説明程度[11]にとどめて、自由に書かせる。

③枚数には制限なく、自由に書かせる。

④用紙は、低学年は、国立国語研究所でプリントしたマス目の大きい（一・五㎝角）用紙、中・高学年も同様（三・四年一・二五㎝角、五年一㎝角）、六年生のみ市販の四百字詰の原稿用紙を用いる。

○作文のとりあげ方

・作文評価の基準

①題意に合っているか、題意をとりちがえ、途中から題意からはずれるようなことがあるか。

②文章としてまとまっているか、単なる羅列か。
③言語上の誤り（文法・語句、文字および表記法）が多いか、少ないか。
④分量についても、多少考慮する。
の四つの評価観点を設け、五段階に評価する。（評価の実例は、『低学年の読み書き能力』二五ぺ参照。）
・個人別のデータの集積と言語能力の総合評価によるグループ分け
①個人別に六年間の言語能力診断表（『小学生の言語能力の発達』、五四六ぺ参照。）を作成するとともに、個人のパーソナリティをできる限り把握して、作文スキルの発達をおさえる際の参考資料とする。（同上書、一二三ぺ参照。）
②言語能力の総合評価により、上・中・下の三群に分けて、発達上の問題点をみる際に、適宜グループごとの考察を加える。（同上書、三三二ぺ参照。）
（以上、『小学生の言語能力の発達』、三二四〜三二九ぺによる。）

この同一文題による調査は、作文スキルの発達に関する調査研究の中核をなす調査である。これまで、アメリカなどにおいて、作文能力の学年尺度に関する研究が行われてきたが、その研究には、文題の違ったものによって尺度化されているという根本的な問題があった。（『高学年の読み書き能力』八五ぺ輿水実氏による。）国立国語研究所の同一文題による調査は、こうした従来の外国の諸研究の到達水準をふまえて、それをさらに高めていこうとしている。（同一文題によって児童の文章表現力の学年的発達をとらえていく方法は、すでに、飯田恒作氏の研究で採用されているが）同一文題調査法は、その方法の有効性を検討した結果、新たに採用されたものであった。なお、六年間一定の文題で書かせることの問題点として、「六年間同一児童に継続して、同一課題で書かせたら、児童の方で、意識して作為的なものになりはしまいか、また担当の教師が、作文の特別指導をして特殊な環境を作りはしないかという懸念」（『小学生の言語能力の発達』三二四ぺ）をあげているが、「実験学校でのわれわれの調査の場合、そうした特殊条件は起こらず、きわめて、自然に、ありのままの児童の作文能力の発達状況を見ることができた。」(同上書、三二四ぺ)としている。

文題の選定については、特に説明されていないが、学校生活、家庭生活の範囲から、題材をみつけることの容易な文題が選ばれている。日常生活の中から取材させ、いわゆる生活作文によって児童の文章表現力の発達をとらえていこうとしている点は、飯田恒作氏のばあいと共通している。国立国語研究所のばあい、生活作文によってとらえることのできる文章表現力は限定されたものである、という認識があるが、あらゆる文種に発展する可能性を有する生活作文は、[12]児童の文章表現力の発達の様相を多角的、総合的にとらえることができるという点で、有効な文題(文種)であろう。

各学期の三つの文題のうち、六年間を通してみたばあい、「発達的にも、各学年の能力の特徴がいちばん出る」(同上書、三二九ぺ)資料となったのは、各学年二学期の文題「わたくしのうち」であった。文題「ともだち」のばあいには、「たとえば一年のものなど、一年一学期のものなので、文字力が低く、書く習慣もできていない、そのために想が十分に展開しない、文章意識がないとみなされるものが三〇%(引用者注、実験学級のばあい四〇名中一二名)もいる。」(同上書、三二九ぺ)という問題が生じている。実験学級児童四十名の、一年生一学期末(昭和二八年七月)の作文「ともだち」を、形式面から分類した結果は、次のようであった。

(1)　まとまった思想がある。文の終わりに句点がついている。　一名
(2)　接続詞が使ってある。文の終わりに句点がついている。　六名
(3)　文の終わりに句点が使ってある。　一〇名
(4)　「ました」「です」で結んであるが、句点がない。　一一名
(5)　名前の羅列だけ　六名

(6)　名前の羅列に意味不明の文字の混入　　四名
(7)　意味不明文字だけ　　二名
（『入門期の言語能力』、一一六ぺ輿水実氏による。）

これらのうち、(5)、(6)、(7)の十二名が、学年的発達を考察する対象としては、不適格なものとなる。また、(5)名前の羅列だけ　のような作文が生じた原因の一つとして、「『ともだち』という作文の指示に、『だれとお友達か、どういうことをして遊んだか、お話を書きなさい。お話の書けない人は、お友達の名前を書くだけでもよい。』とした」（『入門期の言語能力』、一一六ぺ）ことをあげている。文題「ともだち」のばあい、①一年生一学期という、文章意識の未発達な時期に書かせたこと（したがって、作文を書くということがまだのみこめていない児童もいた）、②作文を書かせる際の指示に問題があったこと　の二つが、学年的発達を考察する際の問題点を生む要因となった。

一方、文題「先生」のばあいには、「ちょうど学年末に実施するために、受持の教師への感情がなまのまま入りまじって、その点から見ればおもしろい資料であるが、どうも内容的に偏っているように感じられる。」（『低学年の読み書き能力』、二三ぺ、輿水実氏による。）という問題が生じている。

文題「わたくしのうち」では、実験学級児童のばあい（今回は、三八名）、一年生二学期末（昭和二八年一二月）の作文を形式面から分類すると、

(1)　「ました」「です」で結び、文の終わりに句点がついている者　　三四名
(2)　「ました」「です」で結んでいるが、句点が使ってない者　　三名
(3)　文節に全部句点をつけてしまった者　　一名
（『入門期の言語能力』、一一七ぺ、輿水実氏による。）

のようになり、形式上完成している者は、約九十%に達している。

以上、三つの文題を検討してみて、調査の実施に際しては、次の二点に留意する必要があると思われる。

①（学年的発達を検討するためには）基礎的な文章表現力（たとえば、文章意識。文章表現のためのレディネス。）が身についた時期[13]に調査を始めること

②基礎的な文章表現力が備わっているばあいでも、文題と作文を書かせる時期との関連を考え、そこに特殊な事情が介入しないように配慮すること

また、三つの文題を比べたばあい、「ともだち」には、「同じ『ともだち』にしても、書きたい友達、それも何か特徴を持った友達があれば、それについて書けるから、書きやすい。」（『中学年の読み書き能力』、九五ぺ、芦沢節氏による。）という問題があり、「先生」には、「担任の教師がその題材となりやすいため、教師へのなまの感情が入るケースがあること、読み手としての先生を意識して書きにくかったり、思ったとおり書けないおそれのあること」などの問題が考えられる。[14]どの文題のばあいも、生活作文を書かせる以上、経験に個人差があるため、「その文題について書くことがあれば、長く、また、生き生きとも書ける。それでなければたとえ能力があっても、それほどに書けない。」（『中学年の読み書き能力』、九五ぺ、芦沢節氏による。）という個人差が生じるのはやむをえない面がある。しかし、「わたくしのうち」は、二つの文題に比べると、上述したような問題点が生じにくい、すぐれた文題とみなすことができるであろう。総じて、低学年から高学年まで、対象に大きな変化がなく、学年的発達によってその対象のいろいろな側面が掘り起こされうる文題を選ぶことが大切と思われる。この点で、飯田恒作氏が、文題「おとうさん」を選ぶにあたって、「高学年に至っても対象にあまり変化のない文題である。」と分析しているのは、卓見というべきである。文題「おとうさん」（単一素材）と文題「わたくしのうち」（複合素材）とでは、調査上どちらがより有効であるか、また、他の文題として、「私」を選んだばあいはどうかなど、文題に何を選ぶかは、調査方法論の中の文題論として大いに深められなくてはならない問題の一つである。

以上、1　同一文題による調査のねらいと方法　について、検討を加えてきた。国立国語研究所のばあい、記述の際の条件および調査上の条件を一定にする点に、特に配慮が行き届き、その際に問題となる点についても詳しい分析がなされていた。調査方法の水準の高さを認めることができよう。

次に、2　作文テストの妥当性　について検討していきたい。

作文テストの内容については、『小学生の言語能力の発達』の中に、「課題作文以外の作文力調査一覧表」（同上書、三二五～三二七ペ）があり、その概要をつかむことができる。それによれば、主要な調査項目は、次のようである。

〈調べる力〉	〈作業内容〉	〈実施学年〉
①正しく文を書く力	○語を与えて主述の整った短文を作らせる。	甲五―一[15]　乙四―一　六―一
②文と文とを連接する力	○順序を乱した文章を与えて、もとの正しい順序になおさせる。	甲五―一　乙四―一　六―一
	○文章の欠部に、それにふさわしい接続の語を入れさせる。	乙六―二
③文章の構成力	○絵を見せて、まとまった文章を書かせる。	甲五―一　乙四―一　六―一
④文章の推考力	○選択肢のついた文章を与え、文脈にふさわしい表現を選ばせる。	甲五―一　乙四―一　六―一
	○主題に即して、文章が展開されていない作文を与えて、	乙六―二

推考させる。（⑦とも関連）

⑤内容に即した題をつける力　○作文（作品）を読んで、題をつけさせる。　甲五―三
（主題意識の有無をみる）　乙四―三

⑥段落をつける力　○べたがきにされている作文（作品）を読んで、段落をつけさせる。　甲五―三　乙四―三　六―三

⑦主題を展開する力　○作文の題目と、書き出しを与えて、その続きを完結させる。　甲五―三
最後をまとめる力　乙四―三

これらの作文テストで測定しようとしている作文力は、いずれも、児童の作文スキルの学年的発達上問題となるものばかりである。輿水実氏は、このテストのねらいを、（引用者注、低学年にくらべ高学年の児童は、作文力がさまざまな面で伸びてくるが、全体としてみると）まだ主題に即さないことを、平板にだらだらと叙述するもの、文章としてまとまらないもの、主述の照応の乱れた文や、文法的に誤った文を書くものなど、いろいろと問題がある。そこで、作文能力を分析的にテストしてみて、高学年の段階で、これらのうち、どういうところに問題があるかを調べることにした。」（『高学年の読み書き能力』、一四一ぺ、芦沢節氏による、傍線は引用者。）と述べていられる。これによって、高学年になっても十分に習得されていない作文スキルとして、①主題に即して文章を展開する力、②構想力、③段落をつける力、④文と文を連接する力（連文力）、⑤主述を照応させる力（構文力）、⑥推考力などがあることがわかる。（テスト問題は、『高学年の読み書き能力』、一四一～一四六ぺおよび、『小学生の言語能力の発達』、三七八ぺ、四二二～四二四ぺに、その一部が示してある。）

これらの作文テストのうち、段落をつける力を測定するテストでは、作文（実作）とテスト結果を比較してみる

と、両者における段落づけの力が対応していないところもあることが報告されている。（『小学生の言語能力の発達』、三三一ぺ、三五二～三五四ぺによる。）また、推考力テストについては、「選択肢のついた文章から、もっともその文脈に適した好ましい表現（語句）を選択させてみることによって、推考能力をテストすることができる。（これは、同時に書く際の表現能力でもある。）（『高学年の読み書き能力』、一六三ぺ、芦沢節氏による、傍線は引用者。）と断言しているが、なお検討を要する。文脈にふさわしい表現（語句）を選ぶ力（作文テストにおいて）と、実際に作文を書く過程で、ふさわしい表現を選んだり、よりよい表現に改めたりする力との間には、隔たりがあろう。

作文力テストのばあい、実作の際に働く作文スキルとテスト方式によって測定される力とが必ずしも対応していない面がみられ、まだ試みの段階にあるというべきである。

第二節　作文スキル(16)の構造

一

国立国語研究所が実施した、小学生の言語能力の発達に関する調査研究の中心メンバーの一人、輿水実氏（この調査研究を担当した国研第二研究部部長であった。）は、スキルの定義を、その著書『国語スキル学習入門』（昭・四〇・一二・一、三省堂刊）の中で、次の五点から行なっていられる。

(1)　それは成功した経験の中に見出される、経験の成素である。

(2)　それはいわゆる「能力」の中核として働いているものである。

(3)　それは、態度や意欲や興味、関心ではない。多くの場合、ある事がらとかある経験に成功するには、強い意欲や趣味、関心や、熱心な態度が必要である。それこそ経験を要因《ママ》させる根本的な要因である。しかしスキルは、それとは一応区別される。さうした要因、要素を取り除いても、なおそこに残るところのものである。

(4)　わたしの国語スキル論においては、それは、そのものをきわ立てて、それを測定、テストすることの可能なものとする。

(5)　さらに、そのものを、かなりまで純粋に取り出して、これを意図的に修練することの可能なものとする。

(同上書、七四ぺ、傍線は引用者。)

また、輿水実氏は、作文スキルそのものについても、『現代の国語学力』(国語学力診断指導法体系第一巻、昭和四一年三月、明治図書刊)の中で、「作文ということがスキル(技能、技術)であって、作文スキルというのは、一種の重複である。強いていえば、それは、『作文の題材』とか『作文の趣味』とか『作文の評価』などに対して、特にその方法技術としての面を取り分けていう場合である。/作文スキルの具体例として、たとえば中心点をおさえて書く、だいじなことを落とさずに書く、主旨のはっきりした文章を書くというようなことと、文法的な誤りのないように書く、誤字や誤記のないように書く、段落を区切って書く、番号を入れて書くというような、やや形式的なものとある。/作文というものは一つの『総合的なスキル』である。それを分析すればいったいいくつのスキルになるのかということはほんとうは容易に決定できない。」(同上書、一二五ぺ、傍線は引用者。)と述べていられる。

以上によると、作文スキルとは、「広義の作文能力の中から、態度・意欲・関心・興味などの要素をとり除いた、客観的に測定可能で方法技術的な力」ということができよう。

二

『小学生の言語能力の発達』では、同一課題作文にみられる児童の作文スキルの学年的発達を、次のような観点から考察している。

Ⅰ　内容面にみられる発達

(1)　取材能力

(2)　主題把握の観点

(3)　主題の統一度

(4)　構想力

(5)　段落

(6)　記述力

(7)　使用語い

(8)　文体

(9)　推考能力

Ⅱ　計量面からみた発達

(10)　文字量

(11)　文数

(12)　記述速度

Ⅲ　形式面からみた発達

⒀　文法能力

⒁　表記能力

これらのうち、⑴、⑷、⑹、⑼は、「作文能力の分けかたとして、取材能力・構想能力・記述能力・推考能力の四分類がある。」（同上書、三三七ぺ）と述べられているように、従来の作文能力の分け方に従ってとらえられている。また、⑵は、阪本一郎博士の、「文章の創作過程」についての見解に基づいている。（同上書、三三八ぺ参照、本章第三節において詳しく述べる。）なお、この「主題把握の観点」は、新潟県立教育研究所の実施した作文力の調査研究（その成果は、「作文力の研究」〈「新潟県立教育研究所研究紀要第二一集」（昭・三四・三・三〇、同研究所刊）所収〉にまとめられている。）にも取り入れられており、国立国語研究所では、作文スキルの発達をまとめるにあたって、新潟県立教育研究所の研究成果を参考にしている。（他にも、「主題の統一度」「段落」「文字量」「文数」「記述速度」「文法」「表記」が共通。）

さらに、Ⅲ　形式面からみた発達　では、文法・表記をとりたてて、誤用例を中心にまとめている。国立国語研究所のばあい、これまでの文章表現力のとらえ方の成果を取り入れつつ、内容・計量・形式の三つの面から、発達をとらえることのできる観点をできる限り多く用意して、作文スキルの発達を多角的に考察していこうとしていることがわかる。

しかし、「読解力の発達」の章（同上書、二五四〜三二三ぺ）で、読解技能（スキル）の学年配当の全体構造（同上書、二六一ぺ参照）を試案として明示しているのに比べると、作文スキルについては、国立国語研究所独自にその全体構造を提示して、従来のものと比較しながら述べるという方法はとられていない。作文スキルの全体構造を明示するには至っていないといえよう。

三

国立国語研究所が、同一課題作文にみられる作文スキルの発達を、内容面、計量面、形式面の三方面から十四の観点を設けてとらえていこうとしていることは、すでにみてきたとおりである。ここでは、これら十四の観点それぞれにおいて、どのような作文スキルがとらえられているかを、具体的にみていくことにしたい。

十四の観点ごとに、具体的な作文スキルを示すと、以下のようである。

Ⅰ　内容面

1　取材力

①取材内容を、自己のことだけでなく家族や家のことにまで広げる力

②課題に合わせて考え、取材しようとする意識（取材意識）

2　主題把握力

③主題を自然的に把握する力

④主題を論理的に把握する力

⑤主題を主観的に把握する力

3　主題統一力

⑥主題から逸脱せずに書く力

⑦主題に混迷や分裂がないように書く力

⑧主題のかたよりがないように書く力

4　構想力

⑨興味中心的な構想をたてる力

⑩羅列的な構想をたてる力

⑪組織的な構想をたてる力

5　段落づけの力

⑫改行意識を中心とする段落意識

⑬意味段落によって文章を構成する力

6　記述力

6・1　描写力（観察力を含む）および記述を具体化する力

⑭細かい観察によって、いきいきと具体的に、客観的に描写する力

⑮詳しく表現するために、具体的に数字で表す力

⑯会話の部分を文脈中に巧みに入れて、記述を具体化する力

6・2　説明的態度で記述する力

⑰相手を意識し、相手にわかるように書こうとする態度にたって記述する力

6・3　省筆の力

⑱記述上必要なことと必要でないことを選択して書く力

⑲中心部分を盛りあげる書き方をする力

6・4　批判力・思考力

⑳とりあげた対象について、批判的に考察を加える力

7 語彙力

㉑日常の生活語のほかに、読書語彙・専門語彙・慣用句などを使いこなす力

㉒幼児語的な語彙や必要以上にやさしくくだいた表現をとらずに、一般通用語が使える力

㉓語を正しい用法で使用する力

㉔時間的推移、条件などを表す語を分化させて多様に使う力

㉕語を複合的に使用する力

8 文体に関する力

㉖統一した文体で書く力

㉗文種や文の様式に応じて文体を使い分ける力

9 推考力

㉘書きあげてから読み返そうとする力

㉙読みなおして、文字の誤記を訂正する力

㉚前後の文脈から判断して、ふさわしい表現に改める力

Ⅱ 計量面

10 文字量

㉛学年水準の文字量で書く力

11 文数

㉜学年水準の文数で書く力

12　記述速度
㉝学年水準の速さで書く力

Ⅲ　形式面

13　文法力
㉞主語・述語・連用修飾語・目的語の脱落現象のない文を書く力
㉟主述の照応した文を書く力
㊱主語・述語・連用修飾語・目的語の反復現象のない文を書く力
㊲連用修飾語の誤用や連用修飾語・目的語の位置の不適当な使用のない文を書く力
㊳接続語や接続助詞を適切に、正しい用法で使った文を書く力
㊴助詞の脱落や誤用のない文を書く力
㊵時制関係の誤りのない文を書く力

14　表記力（文字力を含む）
㊶正しい字形で漢字・かなを書く力
㊷漢字とかなを正しく使い分ける力
㊸かたかな書きにすべき語を、正しくかたかな表記する力
㊹文脈にふさわしい漢字を書く力
㊺正しいかなづかいで書く力
㊻正しい送りがなで書く力
㊼くぎり符号（句読点・会話のかぎなど）を適切に使う力

（森久保安美氏稿「作文の基礎能力とそのとらえ方」〔『作文指導事典』〈昭・四六・三・五、第一法規刊〉所収、九八〜九九ぺ〕から多くの示唆を得た。）

以上、十四の観点ごとに、合計四十七の作文スキル[17]をとらえてきた。これらを通してみると、全体に、いかに文章をととのえまとめていくかという観点に立って、文章を書く際の方法技術的な力が作文スキルとして取り出されていることがわかる。文字を書く力、語を綴る力、文を組み立てる力、文章としてまとめる力というように、文字、語、文、文章のそれぞれのレベルにおいて、文章として組み立てていくのに必要な力がもとめられている。基本的には、コンポジションの立場から作文スキルが分析されているのである。

次に、作文スキルをとらえていくための十四の観点の中では、文法力、表記力という形式面の力が最も詳しく分析されている。Ⅲ　形式面　は、誤用例の分類によってある程度まで客観的に取り出せるため、他の作文スキルよりもとらえやすい面がある。しかし、どこまでも細分化するのではなく、作文スキルとしての文法力、表記力をとらえていくのに有効なものに精選することが必要であろう。また、全体を通してみると、記述力の内容が比較的詳しくとらえられている点にも注目してよかろう。一方、語彙力については、語彙の広がり、正しい用法だけでなく、適切さ、簡潔性という視点からの検討が必要となろう。これらの点については、第三節において詳しくみていくことにしたい。

四

さて、これまで述べてきたことによって、作文スキルとして具体的にどのような力がとらえられているか、また作文スキルはどのような広がりと構造をもつか、という点はほぼ明らかになった。次に問題となるのは、作文スキルの実質面の検討である。ここでは、構想力、段落づけの力の二つを例にとって、児童の文章表現力の実質にどれだけ迫りえているかという視点から、作文スキルの検討をしておきたい。

まず、構想力（構成力）は、主題の統一度とも深くかかわっているが、児童の作文に技術的な力として現れるととらえられている。構想力（構成力）は、具体的には、①興味中心的構成、②羅列的構成、③組織的構成、という構成の三類型となってあらわれる。（以上、この項は、同上書、二四六ぺによる。）児童作文の構成の類型を三つに分け、発達的にとらえている点は、国立国語研究所のすぐれた点であるが、三つの構成の型が、それぞれどのような認識と結びついているかという点については、ほとんど言及がない。現象としての指摘にとどまり、組織的な構成で書くことのできる力の内実が詳しく分析されるには至っていないのである。

段落づけの力についても、①全然改行せずに書くもの、②気分的に改行しているもの、③段落としてつけているもの、の三段階に分けて、学年的発達がとらえられているものの意味、内容に即して段落づけのできる力の実質を分析して述べるには至っていない。国立国語研究所のばあい、蒲池文雄教授の「段落に分けることのできる力」の分析に比べ、「段落づけの力」のとらえ方が現象的なレベルにとどまっている。

このほかの作文スキルについても、それぞれの作文スキルがどのような認識と結びつき、どのような複合的な力の集合体となっているのかについては、考察が加えられていない。国立国語研究のばあい、学年的発達の概要を述べることに力点があり、それぞれの作文スキルの中味を詳しく分析して記述することは保留されている。国立国語研究所の文章表現力のとらえ方は、『小学生の言語能力の発達』をみる限り、文章表現力としての認識面を重要視しないものといわざるを得ない。

第三節　児童の作文スキルの学年的発達

一

本節では、次の二つの観点から、児童の作文スキルの学年的発達を検討していくことにしたい。

1　作文スキル（十四）ごとの学年的発達

2　事例研究と発達要因

なお、本節で検討するのは、課題作文「わたくしのうち」(18)にみられる作文スキルの学年的発達である。

二

Ⅰ　**内容面にみられる学年的発達**

〈1　取材力〉

課題作文「わたくしのうち」では、「その題目に即して、児童が何を考え、どういうことを取り上げようとしたか」（『小学生の言語能力の発達』、三二七ぺ）が、児童の取材力をみていく際の視点となる。ここでいう取材力は、課題に対しての取材力に限定される。

課題作文「わたくしのうち」の、一年生から六年生までの取材内容は、次に示す表2のように整理されている。

この表2によって、児童の取材力の学年的発達の概要をつかむことができる。以下、『小学生の言語能力の発達』の記述に従いながら、要点をまとめていくことにする。

1. 取材において、注意の向け方・関心が自己中心から家族・家庭に向けられていくことによって、取材範囲が拡充する。（同上書、三三八ぺによる。）

取材範囲の拡充を学年的に細かくみると、一年生から二年生にかけて、児童の取材範囲が著しく変化している。具体的には、

①「家族の紹介」が、六・二％（一年）から四三・二％（二年）に増加していること
②二年生になって、新しく「家の位置・建物・間取り・家の歴史など」が加わっていること
③「家の職業」が、三・一％（一年）から八・一％（二年）に伸びていること
④「家とは無関係に自分のしたことが書いてある」（主題からの逸脱）が、三七・八％（一年）から八・一％（二年）に減少したこと

などである。つまり、「一年では、家とは無関係に自分のしたことや、家で遊んだこと（この場合は遊んだりしたことが主で、家はただ場面としてだけ取り上げられている）が中心で、まれに家の犬やねこ等にふれている程度。題意に合わない場合が多くきわめて自己中心的であるのに対し、学年が進むにつれて、家族の紹介、家そのものの説明、家の職業など、関心が家庭・家族・家に向けられている。」（同上書、三八ぺ、傍線は引用者。）のである。傍線部の傾向は、二年生で現れ、学年を追ってさらに明確になっていく。

二年生から三年生にかけては、特に大きな変化は認められない。三年生から四年生にかけては、二・三％にすぎないが、「家人の性格」が新しく加わってきている。(19)

表2　「わたくしのうち」における取材の内容分類　(%)

内容＼学年	1年	2年	3年	4年	5年	6年
(1)家とは無関係に自分のしたことが書いてある	37.8	8.1	10.0	7.0	2.4	0
(2)家で遊んだこと・したこと	65.7	59.4	52.5	53.5	17.1	11.6
(3)家族の紹介（自分も含めて）（年齢、していること）	6.2	43.2	47.5	48.9	78.1	72.1
(4)家の職業	3.1	8.1	12.5	7.0	7.3	13.9
(5)家の位置・建物・間取り・家の歴史など	0	21.6	2.5	16.3	12.2	18.6
(6)家で飼っているもの（動物・植木・花など）	25.1	8.1	15.0	14.0	14.7	41.8
(7)家人の性格（批判的に）	0	0	0	2.3	9.5	16.2

（注）○この数字は、一つの作文のなかで、二つ以上の内容についてかいているものの数をも含めてある。児童作文の特徴として、一文中にいくつかの内容が語られていることがあるからだ。

○(1)は、全く主題から逸脱していることを示す。

○取材内容を大きく二分すれば、(1)(2)の自己中心的内容と、(3)〜(7)の家庭・家族・家に関する内容の二つになる。

○それぞれの取材内容について、詳しい紹介はない。たとえば、(2)の中でも、自己中心的なレベルのものと、家のことに関係しているものとあろう。

五年生、六年生は、高学年段階として、新たな傾向を示し、これまでの学年とは取材内容を異にしてきている。「家族の紹介」を取り上げているものが全体の七割を越え、自己中心的な内容が大きく後退したことが特徴である。高学年に至ってようやく、自己中心的な取材から脱して家庭・家族のことを取り上げることのできる力がついてきたとみてよかろう。また、五年生、六年生では、「家人の性格」を取り上げた作文が増加してきている。全体に占める割合は少ないが、高学年の一つの傾向を示していることは確かである。これは、記述力の発達において、「批判性・思想性」が取り上げられ、「高学年になると、だんだん家人や自身に対して批判的にものを見るようになる面が目立ってくる。これは、観察の目とも関連があろうが、さらに、考える力、思考力の発達に伴う批判力・思想性が加わるからである。」（同上書、三六三ぺ）と指摘されていることによっても、確認することができよう。さらに、五年生から六年生にかけては、「家とは無関係に自分のしたことが書いてある」作文がなくなったことが、学年的発達をよく物語っている。「家で遊んだこと・したこと」が減少し、「家の職業」「家の位置・建物・間取り・家の歴史など」「家人の性格」が増加してきていることも、五年生から六年生にかけて取材力が伸びていくことを示している。「家で飼っているもの」が急増していることについては、特に言及がないが、これは、六年生の作文の取材傾向を示していると思われる。[20]

以上、児童の取材範囲の拡充していく過程を、学年ごとに細かく検討してきた。この過程は、自己中心から社会生活（対人関係を中心とする）へと関心の広がる、児童の精神的発達の過程とも対応していると考えられる。

次に、児童の取材範囲の拡充していく過程を、巨視的にとらえれば、次のようにまとめることができる。

「一、二年では、家で遊んだこと、したことという形で『私のうち』が扱われているものが圧倒的に多いが、三、[21]四年になると、家族の紹介・家の職業・家の位置・歴史・飼育物等に及び、五、六年になると、家人の性格・趣味等の紹介や批判までが加わる。」（芦沢節氏稿「作文能力の学年的発達とその指導」、「児童心理」二〇巻六号掲載、六四ぺ。）

2. 文題に合わせて取材しようとする課題意識の発達によって、取材範囲も拡充していく。主題への関心や陳述目的が明確になること（課題意識の発達）と、取材内容が自己中心的な内容から家族・家庭に関する内容へと拡充していく過程とは対応している。つまり、文題に合わせて取材しようとする課題意識の発達は、取材力の発達の一側面を示すとともに、発達の重要な要因にもなっている。（以上、この項は、同上書、三三八ぺによる。）

3. 説明的な態度によって記述を進めていけるようになるにしたがって、取材範囲が拡充してくる。（同上書、三三八ぺ）

説明的態度が出てくることによって、「取材内容がおのずから自己一身のことにとどまらず、家族や家にまで広げられ」（同上書、三三八ぺ）てくることになる。説明的態度で記述を進めていくことは、すでに二年生においてその徴候を認めることができる。たとえば、一年生と二年生の作文の書き出しを比較してみると、次のような違いが認められている。

「一年生の時の作文は、たいてい、『きのう……』『ぼくは……』『がっこうからかえって……』である。そしてその調子で貫かれている。二年生では、ほとんどが、『わたくしのうちでは……』『ぼくの家は……』になっている。そして、家族や家庭に気をくばりながら、やがて、ぼく、わたしのしたことが中心になる。『きのう……』

といった書き出しの作文もあるが、その中に家族が顔を出す。しかも、こうした書き出しは非常に少ない。ほとんどが家族・家庭の説明からはいっている。このように、説明的になることが、作文としてよいことかどうかは別として、とにかくそういった傾向が見出される。」（『低学年の読み書き能力』、一二三ぺ、輿水実氏による、傍線は引用者。）

記述に際して、説明的態度が芽生え、それが明確になってくることは、課題意識の発達と同様に、取材力の発達の一側面を示すとともに、発達の一要因ともなっているのである。（同上書、一三二八ぺによる。）

以上、児童の取材力の発達については、

1. 取材の着眼点・態度
2. 課題意識
3. 説明的態度

の三つの観点から検討を加えてきた。これらは相互に連関して、児童の取材力を発達させる要因となっている。なお、国立国語研究所のばあい、取材力そのものについての厳密な定義はなされていないが、右の三つのうち、3　説明的態度　は記述力に含め、他の、1　取材の着眼点・態度、2　課題意識　を取材力として考えることができる。

〈2　主題把握力〉

「主題把握の観点」という用語は、新潟県立教育研究所が昭和三十三年に行なった、作文力の研究において、調査項目の一つにとりあげられている。新潟県立教育研究所では、阪本一郎博士が「観照の深さ」（昭和八年、「実践綴方教育」掲載、『読みと作文の心理』〈昭・三〇・一・二八、牧書店刊〉所収）という論文の中で、児童の観照の構えが[22]、自然的・論理的・主観的という三つの段階を追って発達していくことを指摘されたのを受け、主題把握の観点という立場から、自然的・論理的・主観的の三つに分けて、その学年的発達を検討している。国立国語研究所では、新潟県立教育研究所の研究からそのまま「主題把握の観点」という項目を借り入れて、児童の作文スキルの学年的発達をとらえていく観点の一つとしているのである。

さて、新潟県立教育研究所では、阪本一郎博士の考えに基づいて、主題把握の観点の三類型を、それぞれ次のように定義している。

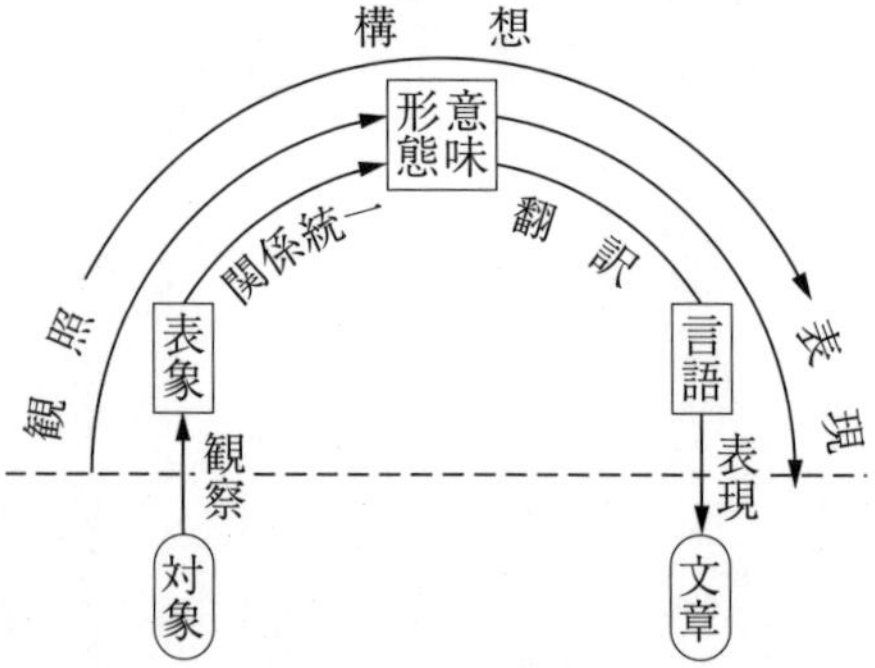

図１　文章創作の過程（観察表現の弧）

（同上書、228ぺ）

図２　〈観照の構えの学年的発達〉

学年	1	2	3	4	5	6
構え	自然的		論理的			主観的

（同上書、二四〇ぺ）

①　自然的

文題を与えられて、意識場面に自然にあらわれた状態がみうけられるもの。したがって、目的的に構造づけられていない。家族の行動が、思いつくままに描写され、ら列的に叙述されている。印象を無秩序にかいていて事件中心の傾向である。自己中心期のもので、自己をとおして周囲をかき、発達段階に即していると認められるものなどをこの型にいれる。

②　論理的

文章の性格上、比較的現われにくい型であるが、同じく家族のことをとりあつかっても、説明的であり、観察的であり、記述の立場に客観的な色彩の強いもの。文章そのものが論理的構造をとっているもの。

③　主観的

文章表現が個性的な統一でつらぬかれているもの。個人の自我が中核にすわっていて、もののみかた、感じかた、考えかたに独自性があるとみられるもの。

（前掲「作文力の研究」、五二ぺ、『小学生の言語能力の発達』、三三九ぺにも引用あり。）

新潟県立教育研究所のばあいも国立国語研究所のばあいも、「主題把握の観点」によってとらえようとしたのは、児童が「〈わたしの家〉（引用者注、国研のばあいは、〈わたくしのうち〉）という主題を、どのような観点から、どのような構えでつかんでいるか」（前掲「作文力の研究」、五一ぺ）ということであった。

主題把握の観点の類型の学年的発達は、国立国語研究所のばあい、新潟県立教育研究所のばあい、それぞれ次の表3からうかがうことができる。

国研と新潟県の調査結果の相違点およびその（違いが生じた）原因については、次のように述べられている。

「われわれの結果では、新潟のに比べると、高学年になっても自然的な観点をとっているものが多く、また、主観的な観点に属するものも多くなっている。これは、新潟の結果が、中位群児童のみを対照としているのに比べ、われわれの場合は、学級全員の結果であるための違いであろう。」（『小学生の言語能力の発達』、三三九〜三四〇ぺ）

さらに、根本的な問題として、「児童の実際の作品にあたってみると、それぞれの観点が混在していたり、（中略）確然と三つに類型づけてしまえない場合も多く、したがって、ごく印象的、傾向的にみた結果であること」（同上書、三四〇ぺ）が指摘されている。三つの類型に分ける際に、調査者の主観によらざるを得ない場合が生じたという問題は、新潟研のばあいも同様であった。（「作文力の研究」、五二ぺによる。）また、「主題把握の観点」から作文スキルの発達をみることには、

①阪本一郎博士の観照の類型は、広義の表現（創作の全心理過程）全体に通じる原本的な類型であり、綴り方の現象類型とは一応区別して考えられなければならないものであること（前掲『読みと作文の心理』、二三三ぺ参照）

②阪本一郎博士の観照の類型は、児童の実際の作品から帰納され

表3　主題把握の観点と類型　（%）

	学年 / 類型	1	2	3	4	5	6
国語研	自然的	100	94.7	80.0	67.4	51.2	46.5
	論理的	0	5.3	20.0	23.3	24.4	23.3
	主観的	0	0	0	9.3	24.4	30.2
新潟研	自然的	95	90	75	50	40	30
	論理的	5	10	25	45	45	50
	主観的	0	0	0	5	15	20

（『小学生の言語能力の発達』、339ぺ。「作文力の研究」52ぺ。）

（注）新潟研のばあい、対象児童は、各学年の中位群（知能度・学習成績・国語科学力・作文評価段階などの総合的見地から選んだもの）を、男子10名、女子10名、計20名ずつ抽出したものである。（「作文力の研究」8ぺ、11ぺ参照）

たものではないこと（したがって、実際の作品にあてはめての検討がなされていないこと）
③文題「わたくしのうち」では、文題の性質上、論理的類型は比較的現れにくい型であること
などの根本的な問題があり、これらが解決されなければ、「主題把握の観点」は有効な視点とならないといえよう。

さて、右に述べたような問題を残してはいるが、主題把握の観点からみたばあい、児童の主題を把握する力の学年的発達過程は、次のようにまとめることができる。


「低学年では、自然的な観点をとるもの（文題が意識場面に自然に現われた状態のままのもの、目的的に構造づけられず自己中心的に思いつくままに、羅列的に叙述されている）が多く、中学年後期ごろから、次第に論理的観点（説明的、観察的であり、記述の立場に客観的な色彩が強く、論理的構造をとる）となり、高学年では、主観的な観点（文章表現が個性的な統一で貫かれているもの、ものの見方・考え方・感じ方に独自性が認められる）をとるものが出てきて、作文が次第に個性的なものになる」（芦沢節氏稿「作文能力の学年的発達とその指導」、六五ペ）

しかし、同時に、「高学年になっても、自然的な観点に終始するものもあり、個人差がある。」（『小学生の言語能力の発達』、二三〇ペ）ということも事実である。このことは、先に取り上げた取材力の発達のところで、高学年に至ってもなお自己中心的な内容の取材しかできない児童がいたことからもうなずける。

次に、調査対象児童を、上位群・中位群・下位群に分けて（言語能力全般からみて評価したもの、『小学生の言語能力の発達』、二三一ペ参照）考察してわかった、注目すべき成果として、次の四点が示されている。
①上位群では五、六年になれば、相当個性味のある、主観的な観照ができるのに対し、下位群や中位群のあるものには、六年になっても依然として、自然的な観照類型を脱し切れないものが相当ある。（発達の遅い児童群）

②作文能力がそれほど高くない児童の中には、ある時期にかなり個性的になり得ながら、次の学年では再び自然的観点に戻るなど、観照の態度が必ずしもこの三つの類型発達を示さないものがいる。（発達の逆行現象）

③上位群では、一年の作文で自然的観点に入れているが、論理的あるいは主観的観点の片りんがうかがえたものは、比較的早くそれぞれの観照類型への定着をみせている。（発達可能性の洞察）

④継続的にみたばあい、上位群では、観照類型を発達的に示しながらしかも自己の個性的な型をうちだしているものがある。（個性的な観照の類型）

（同上書、三四〇ぺによる。）

これら四点は、いずれも発達の個人差の問題と深くかかわっており、重要な指摘である。このうち、②は、発達の逆行現象であるが、どのような指導が行われた結果であるかをあわせて考えなくてはならない。③は、発達可能性をみぬくことにつながる。（これは、飯田恒作氏のばあいにも同様の指摘があった。）特に、②、③は、実際の指導上、課題となる事例である。④は、（断言はできないが）阪本一郎博士の観照類型のうち、性格的類型に相当するものであろう。ここでは、個人個人の文体が問題となってくる。

次に、主題把握の観点の三つの類型の具体例としては、それぞれ、以下に示すような作文が引用されている。（同上書、三四〇～三四二ぺ参照）

自然的類型

①観照的態度・叙述力の面で典型的な作文

きょうはうちのおとうさんがよるおみやげおかってきました。それからおみやげおあけるとかるたとどうぶつあわせとすごろくがはいっていました。そしてかるたをしてからどうぶつあわせおしてからすごろくおしてねました。あさになるとまたやりたくなりました。だけどもがっこうにいかないとだめだからがっこうにいきました。がっこうにいったらおべんきょうおしてかえりました。そしてうちにいくとおねえさんがまっていました。（原文のまま。以下同じ）

（一年　T女）

②自然的類型に分類してあるが、部分的には主観的観点のひらめきがある作文

きのう私が学校から帰って来て見ると、おばあちゃんがいなかから帰って来ていました。いなかのおばちゃんも来ているわよっとおかあさんがいいました。私はどこにいるのとおかあさんにいうと、おばあちゃんがいまパーマやさんにいっているからもうすこしたったらおむかえに行きましょうといっておそうじをはじめました。私しも早くいきたいので、早くしてねっといって私しもてつだいました。おばあちゃんは、おりこうにまっていたのっと私しのかおを見ました。私しはうんといってまたおそうじをはじめました。（後略。以下で、祖母とパーマ屋に叔母を迎えに行き、叔母のパーマがけの情景、作者のそれをながめている気持などが具体的に描写されている。）

（四年　H女）

論理的類型

③論理的観点に立って、説明的に記述する作文（特にすぐれた例）

私の家は酒屋です。かぞくは、七人で、小ぞうさんが四人います。家の人は、おとうさんに、おかあさんに、おねえさん、おにいさん、小さい方のおねえさん、私に、おばあさんです。きょうだいの中でおにいさん一り男なので、おばあさんは、おにいさんを一ばんかわいがっています。私は、一ばんすえっ子なので、おとうさんとおかあさんにかわいがられています。小さい方のおねえさんは毎日女学校に行っています。ときどきお友だちから、平ぼんとか、みょうじょうをかりてきていっしょうけんめいよんでいます。このスターいいわね。なんて、私にいいます。おにいさんは大学に行っています。そして　食事の時など、おとうさんとおかあさんと、お店の話をしていると、ここをこうやればいいとか、あそこをどうとかと、なまいきな口をききます。（後略）

（四年　M女）

論理的類型

④論理的な観点に立って、説明的に記述する作文

ぼくのうちには、かだんがあります。

かだんといっても、じゃりの所をほりかえして作ったものです。うえてある木は、びわ、あお木、すぎです。びわは、まだぼくが、一年生の時にたねを、うえたのです。せの高さは、はっきりわかりませんが、およそ五十センチメートルくらいです。

あお木は、ぼくが、野口きねんかんにいって野口ひでよのしょうぞうを見てかえると中、いのこずちのはらの中に立っていたのを持ってかえったのです。すぎはクリスマスに買ったのです。ぼくは、時々けいおうびょういんの、土手からのびろや名前も知らない草をとって来て、うえたり、なつは、なつみかんのたねをうえます。（後略）　（四年　O男）

主観的類型

⑤文章表現が個性的に統一されて、個性的な見方や表現が読みとれる作文

私の家の家族は、七人です。住所は、○○区○○町○○番地のおんぼろアパートに住んでいます。このアパートのある一室に私たちS家の家族が住んでいます。私の家の父と母はよくけんかをしますが、私たちがおもしろいことをいってすぐ仲なおりをさせてしまいます。私の家は、祖父も、私の父も、父の弟たちも、みんな「不動産業」をやっています。父の店は遠いので、お金など入った時などとても心配です。しかもふつうの家のように、まっすぐ帰って来てくれればいいのだけれども、父はお酒がすきでどんなに、私たちがこまっていても、お酒がのみたいなあと思うと、すぐより道をして来てしまいます。（中略。ある夜、父、母のいさかいの会話を耳にし、作者は泣いている母を思って泣いてしまう。）

あくる朝、私は、そんなことあったか、なんていうふうな母を見ておかしくなりました。きのうのかわいそうな夜とかわって、また新しく今日、一日の生活が始まりました。きのうのことは、わすれて、また新しく生活をしていきたいと思います。

（六年　S女）

これらのうち、②自然的類型に分類してあるが、部分的には主観的観点のひらめきがある作文　は、おそらく高学年では、主観的類型に高まっていく事例であろう。

③、④の作文の属する論理的類型は、上位群、中位群に多いとされている。（同上書、三四一ぺ）

六年生の段階の特徴としては、「父母の性格や生活態度をみつめ、それを批判したり、または感謝するなど、単なる家族の説明・紹介の域を脱した、主観的態度が見られる。」（同上書、三四二ぺ）ことが指摘されている。⑤の作文では、引用部分に、「感謝する」ところはみられないが、他の特徴はすべて備えている。

これら五編の作文は、いずれも作者を異にしており、同一の児童がどのような発達過程をたどったかは明らかではない。しかし、これらはいずれもそれぞれの類型の代表的な作文であり、主題把握の観点（主題把握力）が学年的に発達していくあらましをうかがうことはできる。

なお、主題把握の観点は、児童作文の叙述（記述）類型を帰納する際に、重要な視点の一つとなろう。

〈3　主題統一力〉

ここでは、「文題や書こうとする主題に即してまとまった文章を展開し、主題を統一できる力」（前掲「作文能力の学年的発達とその指導」、六四ペ）が学年的にどう発達していくかをみていくことになる。

主題を統一させる力は、「主題により記述内容を統一させる記述力」（『小学生の言語能力の発達』、三四六ぺ）という表現がみられるように、記述力と関連の深い作文スキルである。

課題作文「わたくしのうち」の内容を大きく分けると、その文題が指示している範囲として、

①家族について（自分も含めて、家族全員、あるいは特定のだれか）

②家の物的環境（家の位置・広さ・間取りなど）

③家の歴史
④家での飼育・栽培物（家畜・花・植木など）（同上書、三四二ぺ）

の四種類がある。さらに、児童の作文の主題を推定して、右の四つの範囲と照応させてみると、主題の統一度という観点から、次の五つのレベルに分けて考えることができる。

1. 主題から逸脱しているもの（文題の範囲から外れているもの。）
2. 主題に混迷と分裂があるもの（主題意識によって書かれている部分もあるが、それは弱くて、構想力とならない。叙述が進められるうちに、主題以外の部分、事象が混入したり、主題はずれをきたしたりして分裂状態になるもの。）
3. 主題のかたより（主題に関したことが書いてはあるが、一部分だけにかたよっているもの。）
4. ふつう（1～3のような点がなく、文脈も通り、文意・主題がわかるように書かれているもの。）
5. 高い（4の明確で、さらに程度の高いもの。）

（同上書、三四二～三四三ぺ）

1は、取材内容を分類したばあいの、「家とは無関係に自分のしたことが書いてある」にほぼ相当すると思われる。また、文題の範囲の分け方の①、②および、主題の統一度の五つのレベルの分け方は、新潟県立教育研究所が分類したものをそのまま用いている。

主題の統一度の五つのレベルは、先の、主題把握の観点と同様に、分類上確然としない点も多い。新潟県立教育研究所の研究で、「欠陥のある文については、かなり客観的に分類できるが、比較的良好と思われる文の統一度については、よい尺度がない。したがって、主観的判断がそうとう加わったことを認めなければならない。」（「作文力の研究」、六四ぺ）と指摘されている問題は、国立国語研究所のばあいも同様の問題として残っている。

さて、主題の統一度の五つのレベルごとに、学年的な分布の状況をみると、次の表4、表5のようである。

表5の、主題の統一度の不良なものの割合の変化に着目すれば、児童の主題統一力は、低学年段階、中学年段階、高学年段階というように伸びていくことがうかがえる。しかし、その発達はゆるやかで、高学年に至っても、約四割の児童が不良であり、良好と判断されるものは、わずかに一割程度である。先に、作文テスト（本章第一節）のところでも触れたように、主題に即して文章を展開させる力は、高学年になってもなかなか習得されない力である。

次に、表4を、上・中・下位群に分けてみると、次のようなことがわかっている。

1　下位群児童に、逸脱や混迷・分裂現象が多くみられることから、主題を統一する力は、児童の知能や思考力と関連があると思われる。

2　しかし、主題の統一の不良なものは低学年では上位群にも、中位群では学年が進んでも時に現れることがあり、知能的条件のほかに構想のたて方・文章技法などの要因も考えられる。（同上書、三四三ぺによる。）

表5では、主題の統一度が不良なものが減少していく過程を、さらに詳しく考察している。この表からわかること

表4　主題の統一度　（%）

統一度＼学年	1	2	3	4	5	6
不良（逸脱、混迷・分裂かたより）	87.5	81.6	67.5	65.1	41.5	39.6
ふつう	12.5	18.4	22.5	23.3	46.3	48.8
良好（高い）	0	0	10.0	11.6	12.2	11.6

（同上書、343ぺ）

表5　主題の統一度不良の分析　（%）

統一度＼学年	1	2	3	4	5	6
逸脱	43.8	21.1	12.5	11.6	4.9	2.3
混迷・分裂	28.1	36.8	30.0	34.9	24.4	14.0
かたより	15.6	21.1	25.0	18.6	12.2	23.3

（同上書、343ぺ）

として、次の三点が指摘されている。

①逸脱現象は、一年では半数近くもある。

②混迷や分裂現象は、五、六年では減っているが二～四年では一年よりも多くなっている。これは、二～四年のころは、外界への興味が増し、経験も豊かになり、その経験を想起したものは何でもすべて書こうとして記述量も増大するが、まだ構成力が未熟なために統一できないからである。

③主題のかたよりは、前二者に比べると少ないが、低学年後期から（二年）中学年にかけて多くなっている。これは、家での飼育物や花などを対象として記述した作文が加わったことによる。しかし、これらの作文は、主題的にかたよりはあるが、筆者の小動物に対する愛情、観察の細かさ、表現の具体性という点ではすぐれており、もし「うちの○○」という文題ならば、主題の統一度は高いとみなすべきものを含んでいる。このことは、「わたくしのうち」という文題に対しては、これを全体的に把握できないとしても、自分と親しいものに対する観察や感情を表現する文章表現力がつき始めてきたことを物語っており、三、四年が一つの伸長期・発達期であることを示している。[23]

つまり、中学年の主題の統一度が不良な作文は、全体の六割以上を占めているとはいえ、低学年の主題の統一度の不良な作文とは、質的に変化してきているのである。ここでは、作文の質の面も考察の観点に取り入れることによって、主題の統一度の学年的発達の様相がリアルにとらえられている。

次に、主題の統一度の不良なものについては、それぞれ、次のような例が示されている。

逸脱の例

①主題から逸脱して、自分の行動だけを記述している作文

わたくしわきょうからおべんきょうがなくなりましたそうしてふゆやすみになったらおうちでたくさんおべんきょうをします。それでをともだちがきましたらおべんきょうがありますからあとでにしましたおうちにはきれいなおはながさいています。そしたらまたおともだちがきたからこんどはあそびました。そしてわたくしわあそびました。おにんぎょうごっこおしまし（た）ないものがありましたらおかあさんにさがしてもらいました。そしたらありました。それでゆうがたになりましたからさよ　ならおしました。おともだちもさよならおしてかえりました。そしたらまっくろになりました。

（一年　S女）

混迷・分裂の例

②混迷型の作文

（前略）十二月一日は、おとうさんの遠足くです。ぼくも行きたいけれど一ばん止まって行（く）るのでだめでした。ぼくの家には、子犬がいます。その犬の名前は「ちび」ですが、ほんとうの名前はSです。ぼくの家では、かていきょうしを作かています。その人の名前は、S先生といいます。（略）ぼくは、おかあさんよりおとうさんのほうがすきです。おとうさんの遠足は、いとうとゆうところで、よこすかせんでいって、しゅうてんのところです。

（四年　N男）

③分裂型の作文

ぼくは、あさはやくおきて、元気におきて、げんかんおはいて、とりのえさおきってやります。とりは、はいごばっかしよって、なっぱわぜんぜんたべません。ひよこはなっぱもすきです。ぼくのきょうだいは一人です。ぼくは、ひよこがだいすきです。まい日ひよこをだいています。おこめやむぎおやります。とりははばたきおしていろいろなところおとびます。ぼくのおにいさんは六年です。おにいさんは、かいってきてからすぐべんきょうおし（ま）す。べんきょうおしてからそろばんえいきます。かいりは、こはいところがあるので、みんなといきます。ぼくは、そろばんにはいきません。ぼくのうちのひよこはだいすきですよ。おわりです。

（二年　S男）

かたよりの例

④「ねこ」のことに限定して記述している作文

わたくしのうちにはねこがさんびきいます。いちばん大きなねこがちろといいます。にばんめのねこはちこといいます
いちばん小さいねこはちびといいます　わたくしは三びきのねこをかわいがっていましたちろはめすなのでねこの子をたくさんうむのでうむたんびにすててしまうのでわたしはかわいそうになりましたそれでも一ぴきだけのこしておいてくれました。（後略）

（三年　S女）

（同上書、三四四〜三四六ぺ参照）

作文①では、主題に関係しているのは、〰〰線部だけである。

混迷・分裂については、両者を一応区別して、それぞれの代表例があげられているが、両者の違いについては言及がない。ともに、「中位群児童であるが、このように飛躍と羅列の多い破綻のある文章になっている。低い段階の児童では、混迷の度合いがもっとはげしい。」（同上書、三四五ぺ）と指摘されている。

作文④の作者S女は、一年の例（作文①）にも出ている児童である。S女の作文は、先にみた中学年の実態をよく反映をしている。この作文④については、次のように説明されている。

「このあと、子ねこを観察した描写など、S女にしては、一・二年の作文と比べて、長足の進歩がみられる。作文力の伸長とあわせて、主題をさらにしぼって『子ねこ』に限定したので、いっそう書きやすかったのでもあろう。このほか、家族の中でも特定の人だけを対象にして案外よく書けているものがある。主題の統一度という立場では、家や家族関係などを全体的立場で認識しないという偏向性が認められるが、文章の構成力・表現力という点からは発達現象が認められる一群の作品に比較的これが多かった。」

（同上書、三四五〜三四六ぺ、傍線は引用者。）

作文④は、その作文自体は、一つの主題（子ねこ）で一貫しており、その点では統一度が高い。

以上、主題の統一度の学年的発達では、

①主題統一力は、低・中・高学年とゆるやかではあるが、発達していくこと

②高学年になっても、主題の統一度の高い作文は全体の一割程度にすぎず、主題統一力はなかなか習得されない作文スキルであること

③中学年の作文には、主題のかたよりのあるものが多いが、作文自体はよくまとまっており記述力のすぐれたものであること

の三点をとりあげてきた。特に、②の、この力が習得されにくい作文スキルであることは、作文指導上留意事項となる。主題を統一する力をさらに分析して、どのような力をつければ主題の統一度の高い文章が書けるのかを明らかにしなくてはならない。この点は、国研の報告では不十分である。

また、文題「わたくしのうち」が、書くべきことはあっても、客観的にその主題をとらえることが容易でない文題であることも認められる。たとえば、飯田恒作氏の研究のばあい、文題「おとうさん」による作文は、高学年になると表現の整った作文が多くなり、国研のばあいよりも主題の統一度が高くなっている。速断はできぬが、単一の人物（おとうさん）を取り上げて書くばあいに比べ、「わたくしのうち」は、取り上げることのできる対象が広範囲に及んでいるだけに、それらをうまく統一しまとめていくことはむつかしいのであろう。中学年で、身近な動物のことを書いた作文が増え、文章もよく整っているという実態も、この仮説を支持するものと思われる。文題の性質をも考慮して、主題を統一する力の内部構造を明らかにしていくことは、これからの課題である。

なお、国研と新潟県のばあいとでは、全体的に、国研の方が成績が悪くなっているが、この原因は、先の主題把握の観点と同様、調査対象児童の水準の相違に起因すると考えられている。（同上書、三四四ぺによる。）

〈4　構想力〉

文章にまとまりがなく、しかも主題が明確でないということは、「児童作文にみられる特徴の一つ」(同上書、三四六ぺ)とされる。児童の作文にまとまりがないのは、「主題意識の欠如、主題把握力の不備、主題により記述内容を統一させる記述力の不足によるものであるが、主題への統一力にあわせて、児童の文章構成力、いわゆる構想力の不備による」(同上書、三四六ぺ)と分析されている。これまでみてきた、取材力、主題把握力、主題統一力と、ここで取り上げる構想力とは相互に関連しあう力であることがわかる。中でも、構想力(構成力)と主題統一力とは、かかわりが深いと思われる。

構想力(構成力)は、「主題の統一度とも関連するが、しかも、さらに技術的な力として現われ」(同上書、三四六ぺ)るとされ、次のような三つの類型に分けられている。

1. 興味中心的構成
2. 羅列的構成
3. 組織的構成　(同上書、三四六ぺによる。)

この三つの類型の、学年的分布状況は、下の表6のようである。

構成の三類型のうち、「低学年の下位群に多い」(同上書、三四七ぺ)のが、羅列的構成である。これは、「思い出すものを、前後の関係、脈絡、統一も考えずに書き並べ」(同上書、三四七ぺ)たもので、四年生を除いた学年に、数の割合であるが継続的に現れている。この類型に属するのは、ほとんどが下位群児童であると推察される。[24]

表6　構想力(構成の三類型の学年的発達)　(%)

学年	1	2	3	4	5	6
興味中心的	78.1	75.7	72.5	67.5	56.1	39.5
羅列的	12.5	5.4	2.5	0	2.4	2.4
組織的	9.4	18.9	25.0	32.5	41.5	58.1

(同上書、346ぺ)

高学年になってから、構想を考えずに書いた例として、次の作文が引用されている。

（前略。姉や父のことを述べる）三番目のお姉さんはとてもきれいずきなのでよくおふろに行きなさいといいます。このあいだ六年生だけ注射をしました。はじめ男子がとてもいたいとうそをついたので、こわかったけどやってみたらちっともいたくありませんでした。うちの人はみんなおもちがだい好きなのでお正月おもちをたくさんたのみます。（後略。）

（六年　U女）

（同上書、三四七ぺ）

U女については、「記述速度が早く、記述量も多い。六年のこの作文では、文字数七〇二字、文数二六で、比較的量も多い方でありながら、早く書いて作文の提出順位は第一位であった。構想だてをせずに、思いつくまま書き流していくと、六年でもこういう羅列的な展開になるのである。」（同上書、三四七ぺ）と解説がある。記述速度とそれに伴う記述量とは、構想をたてる際の態度とかかわっていることがわかる。構想力・構成力と記述速度・記述量との関連の問題は、計量面からみた発達を検討する際に詳しく取り上げることにしたい。

次に、興味中心的構成とは、「執筆中の筆者の興味や関心事が中心に書かれ、主題に対する構成をあいまいにしている」（同上書、三四七ぺ）ものである。この類型に属する具体事例としては、主題の統一度の項で引用した二つの作文（②四年N男、③二年S男）が示されている。これらはともに、主題の統一度が不良で、混迷・分裂と判断されるものである。ここでは、この二つの作文について、次のような分析がなされており、同じ興味中心的構成に属するとはいえ、二つの作文には構想力の違いがあることがわかる。

「前掲の主題の統一度の項の混迷・分裂の例文（引用者注、③二年S男、分裂の例）のように、朝、とりのえさをやることから書き始められており、家で飼っている鳥のことが主たる叙述になっているかと思うと、兄のことも書いているというふうに、執筆中の筆者の興味や関心事が中心に書かれ、主題に対する構成をあいまいにしている例で、児童作文には、予想外にこの種の型の文が多い。この興味中心型がさらにくずれると、例文（引用者注、②四年N男、混迷の例）のようになる。／筆者は、父や母の紹介を皮きりに、遠足のことに及び、次に子犬のこと、家庭教師のことに移り、父母への感想を述べたかと思うと、最後にまた、父の遠足について書き足して文を結んでいる。こうした展開のしかたは、文を書くにあたって、あらかじめ構想だてずに興味中心に書くからであって、上の二例は、中位群以下の児童作文によく見られる型である。」

（同上書、三四七ぺ、傍線は引用者。）

この記述によれば、四年N男の作文の方が、二年S男の作文より、構想力という点では、より低い段階[25]にあるものということになる。四年N男の作文が、「さらに徹底した形になると、前後の関連のない、羅列的な展開をと」（同上書、三四七ぺ）り、先に引用した六年U女の作文のようになる。

以上のことから、構想力の最も低いものが羅列的構成で、次に興味中心的構成、さらに組織的構成という、構想力の段階[26]があることがわかる。

また、羅列的構成と興味中心構成の間には、その中間形態が認められ、「興味中心的なものに、この傾向（引用者注、羅列的傾向）の混入しているものもあ」（同上書、三四七ぺ）って、特に興味中心的と羅列的の判別はむつかしい点が多いと予想される。

さて、以上のことをふまえて、構想力の学年的発達については、次のように要約されている。

「低学年では、興味中心に書くものが圧倒的に多く、それに思いつくままを羅列するものが加わる。組織的に書けるようになるのは、中学年後期からで、六年では、半数以上のものが組織的になるが、一方では六年になっても興味中心の域を脱し切れないものもいて、構想力の低さを示している。」（同上書、二三〇ぺ）

組織的な構成が学年的に増加していることをみれば、児童の構想力が全体としては発達していっていることはわかる。しかし、組織的構成が、六年になっても全体の約六割にとどまっていることからすれば、構想力は、主題の統一度と並んで、児童の作文スキルの中でも習得されにくい力であるといえる。[27]主題の統一度の弱さが構想力の低さに反映しているであろう。この点からも両者の力の相関性は高いと思われる。

主題の統一度の項でも触れたように、児童の作文スキルの中でも習得の遅いスキルは、作文指導上、その力をいかして養成するかに留意しなくてはならない。指導効果を高めるためにも、構想をたてることの力を総合的にとらえておく必要がある。ここで述べられた構成の三類型に従って、これらをさらに分類し、それぞれの類型が、どのような構想をたてる態度や技能および対象認識と結びついているのかを明らかにしていくことは、今後の課題の一つである。

〈5　段落づけの力〉

段落づけの力は、先にみた文章構成力の中に含めて考えることもできる作文スキルである。したがって、段落づけの力の学年的発達は、構想力の学年的発達と近似した発達傾向を示している。

作文「わたくしのうち」の六年間の段落の状況を調べた結果は、次の表7のようである。

表7から帰納される、段落づけの力の学年的発達は、次の七点にわたってまとめられている。

①意味段落としての改行ができる児童は少数で、六年生になっても五〇％に満たない。これによって、段落づけの力も、主題統一力、構想力と並んで、習得されにくい作文スキルの一つであることがわかる。

②全般的な現象としては、低学年・中学年期の全然段落がつけていないものを除いて、改行意識はあるが、内容に即した意味段落をつけるまでには発展せず、気分的に改行する程度に終わっているものが多い。

段落づけの力の中には、段落意識を含めて考えることができる。この段落意識は、改行意識という形でついてくると考えられている。(同上書、三四八ぺによる。)

この改行意識を段落づけの力にまで高めることが重要となる。

③改行状態を学年発達的にみると、一年生の方が二、三年生に比べて形式的に段落をつけている率が高い。これは、一年生の作文は、記述内容が単純で、一、二の段落で叙述が終了してしまう(一つの行動やことがらを自己中心に書きあげ一まとまりの文章とする)からである。したがって、一年生では、文章内の段落数は極めて少ない。

④二、三年で段落づけが不振なのは、記述意欲が旺盛で書く内容が豊富になり、段落をつけることを無視して書き進めるからであろう。記述意欲と記述量の増加に、文章の構成力や文章技法が伴わないことが、この時期の段落不振の原因のようである。

一年生の時に段落づけができたのに、二年生になってできなくなっている事例

表7　段落(改行)の使用状況(「私のうち」1～6年)　(%)

学年	1	2	3	4	5	6
段落としてつけているもの	21.9	15.8	15	22.7	39.5	46.7
気分的に改行しているもの(でたらめ改行も含む)	19.8	15.2	25.0	49.4	45.9	48.9
全然改行せずに書くもの(べた書き)	58.3	69	60.0	27.9	14.6	4.4

(同上書、348ぺ)

として、次の作文が引用されている。

同一児童の一年と二年の作文（段落）例　（K女）

〈一年〉　きのうは、おふろばにゆづをいれました。おふろのなかでゆづのなかのたねをとりながらいもうとあそびましたよかったでした。
きのうは、おばあちゃんに、ぜ（げ）たおか（っ）ていただきました。わたくしは、とてもうれしかったですよ。
わたくしは、がっこうからかい（っ）てからおべんきょうを（し）てからあそびにい（っ）てきてからおばあちゃんがきていました。

〈二年〉　わたくしの家ではおばあさんがめがわるいのでわたくしとおなじびょういんからかいってくるとすぐうちのあかんぼうのかつやとあそんでくれますわたくしが学校からかい（え）ってくるとかつやがおねえちゃんおかえりなさいとゆうのでわたくしはただいまとゆうとかつやがおねえちゃんあそんでよとゆうのでしくだいがあるからおばあさんとすこしあそんでいてねとゆうとかつやがやだあとゆうのでしかたがないのですこしあそんであげるとすぐしくだいをしているうちにおばあさんがあそんでいてくれます。

（同上書、三五四ぺ）

一年の作文は、意味段落としての段落づけができていると判断される。K女の二年生の時の作文については、「一年の時よりは詳しく記述しており、その記述内容に追われたためか、段落は無視されている。想起するまま、筆のおもむくままに書こうとする態度が全般に見られ」（同上書、三四九ぺ）ると分析されている。

⑤改行意識は中学年ごろからついてくるようである。これは、三年で気分的に改行しているものが増え始めてくることからわかる。気分的に改行するものの中には、ほとんど一センテンスごとに改行するものや、でたらめに改行するものがあり、段落に関する指導が徹底せず、形式的にしか理解されていない。

この指摘によって、段落づけの力をつけるためには、段落に関する認識をつけることが根本になければならないことが痛感される。(蒲池文雄教授の指摘、本稿第二章第二節参照。)

⑥段落づけの力は、文章構成力とも関係があり、早くから特別の指導を系統的に施さない限り、高学年のころからついてくるのが自然のようである。

⑦児童作文の中には、比較的多くの文の集合体を段落としているものと、形式的に二、三文ずつを一段落としているものとあって、中には段落としての正否よりもむしろ筆者の構想のたて方、記述の進め方などによる一つのスタイルとして扱えるものもある。

構想のたて方は、文題・文種によっても異なるところが大きい。この指摘は、同一文題・文種のばあいにも、構想および叙述(記述)に個人的な型があることを示唆している。一人一人の構想の型をとらえていくことは、今後の課題である。

(以上、①〜⑦は、同上書、三四八〜三四九をまとめて示した。)

以上、表7をもとに、七点について検討を加えてきた。これによって、段落づけの力も主題統一力、構想力と並んで、児童が十分に習得していない作文スキルであることがわかった。段落づけの力が身についていない原因としては、「この調査(引用者注、同一文題による調査)が、一定の時間内に作文を書かせて、引き上げてしまうために、推考や清書の段階を省略すること」(同上書、三四八ぺ)もその一つであるが、もっと根本的には、文題「わたくしのうち」に内在する問題と段落に関する指導が徹底していないことの二つが大きいと思われる。文題に関する問題点としては、「段落相互の緊張関係をこのように(引用者注、各段落がそれぞれに強調性と統一性をもちながら、他の段落に対しては、前提となり、説明や記述を加え、比喩をあげ、換言し、理由、原因をあげ結論するというような相関性を示して)論理的に展開させることは、議論文や説明文などではともかく、随筆的に身辺を扱った作品などでは成人の場合でも、とかくあいまいになりがちとなり、気分的な段落となりやすい。」（同上書、三四八ぺ）と述べられている。この点は、先に構想力の項で、構想のたてにくい文題であることが指摘されていたこと（本節、注10参照）からもうなずける。それだけに、文題の性質をふまえて系統的な指導が加えられる必要があるのである。また、他の文題[28]、文種（記録文・説明文など）で調査したばあいに、児童の構想力、段落づけの力の実態がどのレベルであるのかを確かめ、構想力、段落づけの力を伸ばす方法を考えるべきであろう。

次に、それぞれの学年での平均段落数＝平均改行数（正しい意味での段落数というより、形式的な改行数も含めてある）をはじめ、段落数に関係する諸項目を調査した結果、次の表8のようである。（表9は、新潟県のもの）

国研（表8）と新潟研（表9）の調査結果には、次のような共通点と相違点が認められる。

①各学年における平均段落数は、ともに、低学

表8　段落数（国立国語研究所　実験学級全員）　（％）

学年	1	2	3	4	5	6
段落数平均	1.4	2.1	2.5	4.5	7.8	7.3
総字数平均	178.6	318.7	484.7	567.7	615.6	517.0
文数平均	7.2	12.9	18.4	19.9	24.4	19.8
推定段落平均字数	127.6	151.8	193.9	126.2	78.9	70.8
推定段落平均文数	5.1	6.1	7.4	4.4	3.1	2.7

（同上書、350ぺ）

表9　段落数（新潟県立教育研究所　中位群）　（％）

学年	1	2	3	4	5	6
段落数平均	1.5	2.5	6	4	4	3.5
総字数平均	397	443	535	593	720	764
文数平均	18	16	16	17	20	17
推定段落平均字数	260	180	89	148	180	210
推定段落平均文数	12	6	3	4	5	5

（同上書、350ぺおよび「作文力の研究」、65ぺ）

年で少なく、中学年で増加する。

②国研では、三年でも平均段落数は二・五で二年同様に少ないが、新潟研では、平均段落数は六で、六年間を通じて最高である。

この原因については、「われわれ（引用者注、国研）の三年の二・五という数は、三年ではまだ改行意識に乏しく、全然改行しない、ずらずら書きのものが六〇％もいたから、したがって段落数も少ないという結果をきたし」（同上書、三五一ぺ）たと説明されている。

③国研では、五、六年の平均段落数が七を越えているのに、新潟研の方は、五年が四、六年が三・五と少なくなっている。

この原因については「（引用者注、国研の結果で）五、六年が多くなっているのは、正しく段落づけができるものの増加とともに、段落意識の誤った形、あるいは変形としての改行意識がさかんになり、下位群では必要以上に改行をする傾向があるために平均段落数がふえる、したがって推定の段落平均文数も少なくなっている。」（同上書、三五一ぺ）と説明されている。

（以上、①～③は、同上書、三五〇～三五一ぺによってまとめた。）

②、③ともに、「新潟県研《ママ》究所が中位群層を対象としてみたのに対し、われわれ（引用者注、国研）は学級全員を対象とし、形式的改行数も含めた」（同上書、三五一ぺ）ことが根本の原因である。国研のばあいも、中位群児童に限れば同じ傾向を示すのかどうかが明らかにされる必要がある。

さて、以上のことをふまえて、段落数からみた段落づけの力の学年的発達傾向は、次のようにまとめられている。

「段落数による学年的発達の傾向は、段落意識の欠如のために、低学年ではきわめて少なく、中学年では、改行意識とともにある数までのび、高学年では構成力の発達に伴い、段落数としてはやや引きしまってくるというのが、一般[29]であるようである。」（同上書、三五一ぺ）

次に、段落に伴う改行一字下げについてみると、下の表10のようである。この表10をみて気づくことは、「六年は再び五年以前の状況に戻っている。」（同上書、三五一ぺ）ことである。「学習時は習得したかに見えた能力が、後退する現象」（芦沢節氏稿「作文能力の学年的発達とその指導」、六六ぺ）とみなすことができる。これは、改行の指導が徹底していないこと[30]を物語っている。段落に伴う改行は、形式的に指導しただけでは学力として定着しないということは、自明の理であろう。単に形式的な指導を繰り返すのではなく、段落に関する認識を根本から養成していかねばならない。

さて、段落づけの力については、児童作文を通しての考察だけでなく、意図的に段落意識および能力をみるテストが、五年生の三学期に実施されている。（なお、二学級の四年生にも同様のテストを実施）この段落に関する作文テストは、べた書きにされた文章を読んで段落に区切るテストである。（同上書、四二二ぺに問題文[31]あり。）このテストの結果は、次の表11のようである。

この表11から（四年と五年とは被験者が異なるが）、「文章の構成上、段落として区切るべき箇所を切ることができる力は、四年と五年との間で、やはり相当の開きがあること」（同上書、三五二ぺ）がわかる。このテストで測定される力は、実作の際段落をつけることのできる力と同一ではないが、段落づけの基礎となる力が、学年的に伸びて

表10　一字下げの使用状況（段落）　（%）

学年	1	2	3	4	5	6
段落改行1字下げ	0	0	2.5	2.3	46.3	11.6
第一文のみ1字下げ	0	2.6	30.0	51.2	53.7	67.4
全然下げない	100	97.4	67.5	46.5	0	20.9

（同上書、351ぺ）

いることはうかがえる。

段落に関する作文テストは、二学級の六年生にも実施されている。その際のテストは、次の三つのねらいに基づいて行われた。

①段落意識にもとづいて、段落づけが六年生で、どのくらい正しくできるか。

②段落をつけるという作業は、文章の性質によって左右されると思われる。㋑生活文と㋺説明的文章（読者の感想記録文）との二つのまとまった文章を、段落づけをしない、べた書きの形で与え、それに段落をつけさせて、文章形態と段落との関係をみる。（資料…問題文は、同上書、四二二～四二四ぺ）

③読書の感想記録文を実際に書かせて、実作での段落づけと、段落づけテストとの関係をみる。

（同上書、三五二ぺ）

このテストの結果は、図3および表12のようであった。

図3からは、「生活文と説明の記録文とでは、後者の方が発送も文章形態も論理的に進められるから、段落づけも、容易、かつ正しくできること」（同上書、三五三ぺ）がわかる。しかし、これは、「たこあげ」の作文を段落に分けること自体むつかしい点が多く、問題が残る。ただし、「わたくしのうち」の段落づけの状況が悪かったことは、これによってうなずける。仮説的に、説明文を書かせた方が、段落づけがよくできたであろうことは、十分考えられる。

表12をみると、テスト結果と実作の結果とが一致しているのは、約三五％程度であり（これにテスト中で実作は良のもの二〇・四％を加えても、五五・七％）、あとの四

表11　段落テストにおける段落をつける力（実験・協力学校）

段　落　箇　所	1		2		3	
学　　　年	4 年	5 年	4 年	5 年	4 年	5 年
実　験　学　校	67.3	85.4	75.0	79.2	76.9	89.6
協　力　H　校	70.4	87.9	68.5	100.0	72.2	93.9
協　力　M　校	56.1	96.0	68.4	100.0	70.2	100.0

（同上書、352ぺ）

五％近くのものは、実作とテストとの間に必ずしも相応の力がみられず、ゆれがある。（同上書、三五四ぺによる。）これをさらに、上・中・下位群に分けてみたばあいには、「上位群と下位群[32]には、両者の間に一貫した力として現われているが、中位群ではその時によって、力の現われ方が異なる。」（同上書、三五四ぺ）という状態である。芦沢節氏は、「このことは、まだ、段落づけの力が安定した力となってはいないことを示している、《ママ》同時に、小学生の段階での段落づけの力の実態をも示していると思われる。そして、このことは、また、小学生の文章構成力の未熟な点とも関連があるのである。」（同上書、三五四ぺ）

と分析されているが、テスト問題の妥当性も考慮すべきであろう。上・下位群では対応しているとはいえ、半分近くが対応していないことを考えれば、テストで測定する力が段落づけの力と近似した点はあっても、本質的に異なる力となっている

表12　段落テストのねらい③について

段落テスト	実作の段落づけ	人数	％
良	良	9	16.7
良	中	0	0
良	不可	2	3.7
中	良	11	20.4
中	中	1	1.9
中	不可	14	25.9
不可	良	6	11.1
不可	中	2	3.7
不可	不可	9	16.7

（同上書、353ぺ）

㋑ 生活文（たこあげあそび）の段落

場面 ──→ 場面 ──→ 場面展開 ──→ 場面展開 ──→ 場面転換 ──→ 終末場面

（時・場所）31.5％　（人物登場）50.0　（会話）33.3　（遊び・情景）14.8　（遊び中のできごと）40.9　（できごとの解決）37.0

㋺ 感想記録文（読書について）

冒頭 ──→ 説明1 ──→ 説明2 ──→ 説明3 ──→ 前段までのまとめ ──→ 感想意見しめくくり

57.4％　（紹介と詳述）88.9　（紹介と詳述）87.0　（紹介と詳述）90.7　46.3　55.6

図3　段落テストのねらい②について　（同上書、353ぺ）

とみなくてはなるまい。

以上、段落づけの力について検討を加えてきた。ここで痛感されるのは、国研のばあい、指導と発達とを相関的にとらえていないことである。特に、高学年になっても習得されない作文スキルのばあい、一つの実態としての意義はあるが、指導を加えたばあいに発達するのか、あるいは、そのばあいにも習得されにくいのかが不明なままとなる。指導の結果発達しつつある文章表現力をとらえていくのでなければ、調査の結果を作文指導に役立てていくことはできない。

〈6 記述力〉

記述力は、児童の作文スキルを発達的にとらえる際の有力な指標となり、同一の児童の作文を継続してみると、中学年を境として記述力が著しく伸長してくる。(同上書、三五五ぺによる。)

児童の記述力の学年的発達については、次の七つの観点から、考察が加えられている。

①描写力
②観察力
③具体性――客観的・具体的記述
④会話の使用
⑤省筆――必要なことを選んで書く
⑥説明的態度
⑦批判力・思想性

これらはいずれも児童の記述力の顕著な発達的徴候であり、しかもこれらは相互に連関して発達していく。(前掲「作文能力の学年的発達とその指導」、六七ぺによる。）

以下、右の七つの観点ごとに、中学年の実態を中心に検討を加えていきたい。

①描写力

描写力の学年的発達の概要は、次のようにまとめられている。

「一年の作文は、観念的、一般的に記述されて、描写的な要素がきわめて少ない、あるいは、皆無であるのに対し、三・四年になると、描写的場面が急に目立ってくる。中学年の作文力の発達は、記述意欲がまし、記述量の増加、文章の複雑化、内容の充実などの発達的徴候を示すが、描写力も、これらの徴候と関連をもちながら発達を見せている。」

（同上書、三五五ぺ）

中学年[33]において、記述力の一要素としての描写力が、他の発達的徴候と関連して発達するという指摘は注目すべきである。

右にみた描写力の学年的発達については、すでに阪本一郎博士が昭和十年に同様の指摘をされている。

「一年の作文は、描写場面の現実性がないのを特色としている。図画の発達における初期と同様に、「写生」がないのである。図画ではこれを観念画とよんでいるが、作文にもこれと同じ形態があらわれるのである。かれらの作文に言表された意味形態は、ある特殊の現実場面を指示するものではなくて、たいていの場面にあてはまるところの一般的なものである。かれらは頭の中にすでにできているところの全体表象を描出する。したがって場面の飛躍はごく稀であり、主として時空的関係をたどるところの平板的な単調な文章になる。

三年では「写生」が芽ばえる。現実の姿が観察されるようになる。全体的な姿の直観というようなことは、かえって一年であらわれるけれども、三年では、あれもこれもと、なるべく多くの特性を並べれば全体の姿が描出されるものと心得ているかのように、分節から分節へと飛躍し、同格関係のセンテンスを並べたてる。あるいは注意の持続が弱いからでもあろうか。とにかくこの時期は子どもの作文の特色をもっともよく発揮するものである。

五年では、個々の場面の描写が精細になる。しかも単なる客観的な特性の列挙にとどまらないで主観的な解釈や判断が加えられ、逆説や分化の関係を用いて、現実の事態の効果的な描写を試み、描写が立体的になってくる。」

（前掲「作文の構造」、『読みと作文の心理』、二七一〜二七二ぺ。）

これは、阪本一郎博士が、飯田恒作氏の資料を用いて、センテンスの関連様式〈外延的関係〈同格・時空・選択〉、内延的関係〈順説・逆説・分化〉〉を調査し、その結果から推察されたものである。阪本一郎博士も、一応はこのようにいえると限定して述べていられる。

阪本一郎博士の調査の問題点としては、児童の絵画に関するこれまでの研究からの類推があり、結論に飛躍のあることが、武政太郎氏によって指摘[34]されている。

阪本一郎博士の結論の導き方に一部問題はあるが、飯田恒作氏と国研の調査結果に、描写力の発達上共通点が認められる。

②観察力

描写力と観察力とは、「対象に対する観察の目がひらけてくることが描写力の発達をうながす」（同上書、三五五ページによる。）という関係にある。観察力の発達の具体事例としては、次のS女の作文が引用されている。

観察力の発達の具体例

①きのうはおともだちおよんであそぼうとしたけれどどこのおともだちおよんでもいませんのでわたくしはじぶんひとりでせるろいどのおにんぎょうであそびました。
それでわたくしわつまらないのでそれであそびました。
（一年　S女）

②ときどきうちのねこお赤んぼにしてあそびます。そのねこのなまえはちろといいます。ねるときもいっしょです。よるになるとわたくしのおにんぎょうはめおあいたりつぶったりします。わたくしわそのおにんぎょうがだいすきです。
といつもおにんぎょうであそびます（後略）
（二年　S女）

③　わたくしのうちにはねこがさんびきいますいちばん大きなねこがちろといいますにばんめのねこはちこといいます
いちばん小さいねこはちびといいます　わたくしは三びきのねこをかわいがっていました　ちろはめすなのでねこの子をたくさんうむのでうむたんびにすててしまうのでわたくしはかわいそうになりましたそれでも一ぴきだけのこしておいてくれました　まいあさわたくしがごはんおたべていると三びきいっしょにきてにゃあおんとなくのでごはんをあげるとよろこんでたべますなかでもいちばんかわいいのはちびです　わたくしがごはんをたべているとすぐてをだしてひっかくのです　わたくしはいたいというとちびわちいさくなります　わたくしはいつもちこかちろかちびのうち一ぴきわだいてねます。（後略）
（三年　S女）

（同上書、三五五〜三五六ページ）

低学年（一、二年）は、「対象に対する観察力はまだ乏しく、観念的な、非常に大ざっぱな表現」（同上書、三五五ペ）の段階であるが、それでもすでに二年では、「人形についても、単に『セルロイドの人形』でなくて『めを開いたりつぶったりする人形』というように、その性状を観察」（同上書、三五六ペ）する傾向がみえてきている。またS女は二年では、ねこの描写をすることができなかったのに、三年では特に後半節のような、「細かい観察眼によってうらづけられた具体的な客観的な描写」（同上書、三五六ペ）ができるまでに発達していく。S女は、「作文力は中位で、特別作文がじょうずな方ではない」（同上書、三五六ペ）児童であるが、「三年あたりから観察力が急に開けてくることがわかる。」（同上書、三五六ペ）このような観察力の発達現象は、「S女のみでなく、共通にみられる」（同上書、三五六ペ）現象であると述べられている。観察力・描写力の発達は、記述力の発達の中核をなす現象と考えられる。

蒲池美鶴さんのばあいも、動物の観察を主とした文章群において、観察力・描写力の発達を考察してきたが（第二章第三節後半部参照）、中学年になってから著しい発達を認めることができた。美鶴さんのばあい、特に文章表現力のすぐれた児童であるため一般化しにくい面もあるが、中学年期には共通した発達傾向を示している。美鶴さんのばあいも、やはり、児童の学年的発達を示していることに変わりはない。

③具体性——客観的・具体的記述

「おおざっぱな記述から、こまかい具体的な記述」（同上書、三五六ペ）への発達は、観察力の発達に伴う現象とみなされている。客観的・具体的に記述する力の発達は、次のようにまとめられている。

「一・二年のころは、自己中心的なもののみ方・考え方で記述が進められ、記述も主観的である。たとえば、家人や家で飼育する動物に対して、『私のうちは犬がいます。』『ねこがいます』『鳥をかっています』『いちばん早く起きるのはおかあさんです』『おとうさんは、私のほしがるものをかってくれます。だからすきです』といった調子の文が平板に羅列され、飼われている動物の生態や性状、父母や弟妹の性格や動作などを客観的に具体的に書くことは困難であった。特にすぐれた少数のものが、そうした記述態度がとれるだけであった。しかし、三年から四年にかけて、対象を客観的に観察する目が、総体的にはたらき始め、しかも、それを記述しようとする態度や能力がついてくる。（同上書、三五六～三五七ぺ、傍線は引用者。）

この記述の具体化は、次に述べる会話の使用とあわせて、飯田恒作氏のばあいも同様な傾向を認めることができる。

客観的・具体的に記述する力の発達は、四年生になると、下位群・中位群児童にも顕著な現象となっている。中位群では、「従来、記述量も学級平均以下のことが多く、平凡で消極的な作文を書いていた」（同上書、三五七ぺ）H女が、四年になると次のような作文を書いて、著しい進境を示すようになる。

①（前略――祖母と2人でパーマをかけているおばをたずねるため、用事がすむまで掃除を手伝う）
おばあちゃんはもうすんだよっと私しのかおを見てわらいました。私しは、げんかんからとび出して、早く早くとおばあちゃんをよびました。
おばあちゃんもやっと外に出て来たので私はさきになってどんどん歩きました。（中略、パーマ屋の景）
そうすると、まだおばちゃんはパーマをかけながら本をよんで私しがはいっていくとこなくてもよかったのにといってこっちをむきました。私しのかおを見ると、寿代ちゃんたいへんだったでしょうといったので私しはおばちゃんのそばにだんだんよっていきました。おばちゃんはあつそうに、本をよんでいました。おばあちゃんはじゃあおば（あ）ちゃんはちょっとかいものにいってきますからね、寿代おばちゃんがすんだらいっしょにかえれるでしょうといいました。

私しはいいわといっておばあちゃんの方をちらりと見ました。おばあちゃんがでていったので私しは本をよみはじめました。（中略、家に帰って）おかあさんもおばあちゃんもおばちゃんの方を見てなかなかきれいにできたわねっというとおばちゃんはにっこりわらってずいぶんさっぱりしたわといってあたまをさわりました。私したちはだまってみていました。（四年H女〈一五〇九字、学級平均五六九・一字〉〈cf. 従来の作文記述量一年一二〇／一八三・四字、二年三七二／三二三・七字、三年三八四／四八七・八字〉（同上書、三五七ぺ）

②私の家はおねえさんと順子と母さんと父さんとみんなではくちょうを見にゆきました。小池のそばにくると六せんちくらいの大きなこいがいて、三十円のふおかってこいにやるとこいはよろこんで口をあいたりしめたりそのうちふがなくなってこんどは白木やでかいものをして家（へ）かえた時間は4時5分すぎでいそいで夕食のしたくおして食べてからお場（湯）にはいって順こは7時ごろねてしまいました。（四年　U女）（同上書、三五七ぺ）

この作文①は、「遊びに来て、パーマネントをかけに行ったおばを祖母と迎えにいった情景が、祖母の様子、おばの言動・筆者の気持・態度などと・細かい観察によって、幼なさが残る筆致ながら、いきいきと具体的に、客観的に描写され（中略）、表記や文法上の不備な点を除けば、筆者のはずんだ気持、整髪のできるまでのおばさんの態度、それを迎えたみんなのようすなど、その場の情景や雰囲気が目にうつるような作文となっている。」（同上書、三五七ぺ、傍線は引用者。）

また、下位群児童では、右のように、（作文③）「くわしく表現しようとして、具体的に数字をもってあらわす」（同上書、三五七ぺ）作文が現れてくる。U女のこの作文は、「3年までの作文にくらべると、具体的にくわしく書こうとしている点で、目立っている。」（同上書、三五八ぺ）ものである。具体的に数字をもってあらわすことは、中学年からよくみかける現象とされている。（同上書、三五七ぺによる。）

④会話の使用

会話の使用は、「表現に具体性、客観性が加わる大きな条件」（同上書、三五八ぺ）の一つであり、「ことに生活的な文章には、会話によって、情景・場面に具体性が加わり、文章がいきいきとしてくる場合が多い。」（同上書、三五八ぺ）とされている。

児童作文「わたくしのうち」における会話使用を数量的にみると、下の表13のようになる。この表13だけでは、一作品中にどれだけの量の会話が使用されているのかはつかめないが、中学年で使用率が最も高くなっていることは認められる。

芦沢節氏は、この表をもとに、会話使用の学年的発達を、「一・二年では、会話があまり出ないが、三年くらいになると、相当入ってくる。たとえば、（中略）会話が点じられたことによって、学校から家に帰った時の少女の気持やようすが、あざやかに印象される。しかし、まだ、話し手と、会話と地の文とのつながりが、ぎこちないところもある。（中略）『会話』の部分を、文脈中にたくみに入れて、叙述を具体化する直接話法がたくみになるのは、やはり高学年（同上書、三五八～三五九ぺ、傍線は引用者。）になってからである、とまとめていられる。特に傍線部の指摘は重要である。飯田恒作氏のばあいも、同様の指摘があった。（本稿第一章第三節参照）

さて、右に述べた三年生と五年生（高学年）の、会話を用いた作文の具体例としては、次の二つの作文が引用されている。

表13　会話の使用率　（%）

学　　　年	1	2	3	4	5	6
文中、会話のある作品をかいたもの	38.9	57.1	61.4	77.8	70.5	56.8

（同上書、358ぺ）

①（前略）私が学校から帰って来ると家のお店にお客さんがいます。私が「ただいまー」と、いって家の中に入って行くと　お客さんが、「何年生。」と聞くから　私が「三年」と答えると　お客さんが二年生ぐらいかと思った、きっとお母さんにあまえるんでしょと聞くから　私は、はづかしくなってしまいました。それからおへやの中に入っていくとお母さんがきょう学校でしけんあったと聞くから　あったわよ、と、答えると全部（部）できたと聞きます。少しできなかったと、答えると　お母さんは　もっとよくべんきょうしなきゃだめよといいます。（後略）　（三年　M女）

②（前略。父と子どもたちの関係―筆者もふくめて）また、お兄さんは、大学で商売（商業）のことを学んでいるので、お店のことをよく知っているらしく、お父さんに「こうした方がよい」とか、言うので、お父さんは「お店を手伝だわないで、口ばかりで言わないで、自分でやれ」というのですが、お兄さんは「お店を少しでもよくするために、こんなに頭をひねっているのに」と、言いながら、お店のせっけい図をかいています。（後略）　（五年　M女）

（同上書、三五八～三五九ぺ）

③（前略）そのうち　おかあさんが　かえって　きました　そしたら　弟が　おりてきました　おかあさんおみやげかってきたっといいました

おかあさんが　かってきましたよっと　いいました　そのうち　おにいさんや　おとうさんがかえってきました　弟がちょこれいとかってきたっといいました

おにいさんが　かってきたよっといいました。おにいさんが　ごはんたべたら　あけるっ　といいました　おにいさんが　おなかが　すいたっといいました　こどもたちは　ごちそうさまをいって　おにいさん　ちょこれいとちょうだいっといいました　おにいさんが　ちょこれいと（お）を　だして、あげました　おにいさんは　もうごはんたべるのが　おわりました（後略）

（四年　M・T女）

（同上書、三五九ぺ）

このM女の作文（①、②）を通して、「学年が進むにつれて、効果的な会話の挿入、使用法がしだいに体得されていく」（同上書、三五九ぺ）過程を観察することができる。M女のばあい、会話部分の写し方がしだいに話しことばに近接してきたことが、叙述（記述）を具体化した要因となっている。会話の表し方そのものは、三年、五年ともに、「主語＋会話＋述語」のパターンであり、会話表現の多様性、地の文と会話部分との有機的な連関を生むには至っていない。国研のばあい、会話の表し方のレベルを詳しくおさえる点は不十分である。（他の作文スキルについてもあてはまる傾向である。）

次に、会話の使用に関して、注目すべき二つめの指摘は、「（引用者注、学年が進むにつれて、会話の使用法が巧みになるが、一方で）くわしく書くという態度が、どこをとりあげてくわしく書くか、わからないで、なにもかも書いてしまうのと同様に、些末な会話を反復して用いる例も、下位グループにはある。」（同上書、三五九ぺ）という事実である。その具体例としては、先に引用した作文③が示されている。

この作文③では、「たしかに会話を使用することによって、幼い弟と兄の応対などがはっきりするが、その場の会話を洗いざらいにあげることによって、かえって効果が減ずるという逆作用」（同上書、三五九ぺ）も働いている。会話の使用は、次に述べる省筆の技法が伴わなければ、叙述（記述）を具体化する記述力とはならないのである。

会話による記述の具体化の発達をあとづけていく際には、「中学年以降の会話の使用の量的増加を単純に発達的現象」（同上書、三五九ぺ）とみなさず、省筆などの他の記述力とも関連させ、会話と地の文とのつながりをどう工夫しているかということも考慮しつつ、実例に基づいてその学年的発達をおさえていくことが大切であろう。

三つめに、特に下位群児童（劣等児童）の作文をみるばあい、次のような見方に立つことは極めて重要なことであると思われる。

「下位児童では、描写力となって結唱するにはいたらないが、会話の応待《ママ》や家人の様子について、時に煩鎖なほど叙述しているのも、不要な部分を省筆できない、技法上の未熟を示しているが、観察の眼と、それを具体的にこまかく、くわしく描こうとする態度としては、それだけ成長発達しているものと見られる。」(同上書、三五八ペ)

「しかしこの過剰な会話表現も、書こうとする意欲の発達、その場をみつめる観察力の発達の一現象としては考えられる。」(同上書、三五九ペ)

下位群児童のばあい、観察力の発達に、省筆や会話を用いて具体化する実際的な力が伴わないために、描写力として結晶するに至らないわけである。このような見方をすることによって、書き悩んでいる児童に、有効な指導を加えていくことができる。

国研のばあい、三つめにみた指摘によって、①観察力、②記述を具体化する力、③描写力の三者を、立体的、構造的にとらえていこうとする姿勢が認められる。これらは相互に重なりあう点も多いが、今後整理していくべき方向を示唆している。今、仮説的に、次のような図式化を考えてみることができよう。

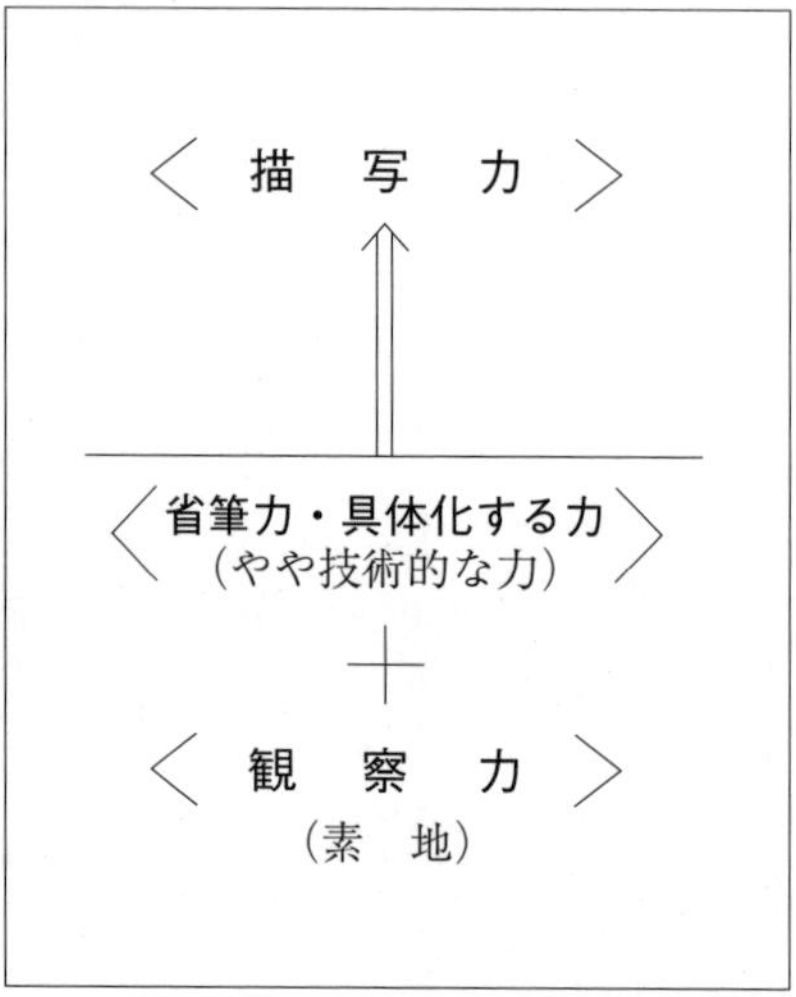

図４　記述力の構造

⑤省筆――必要なことを選んで書く

省筆とは、「あったこと、したこと、みたことのすべてをだらだらと平板に羅列的に表現せずに、場面、情景、前後関係などから必要なことだけを、とりあげて書く。叙述上、必要なことと、必要でないことを選択して書く。」（同上書、三六〇ぺ）技法をいう。記述力の中でも、最も表現技法（技術）的な性格の濃い作文スキルの一つと思われる。

この省筆の技法は、上位群の、読書量の豊富な児童では、早くも四年ごろに習得している例が認められる。（同上書、三六〇ぺによる。）たとえば、次の二つの作文などは、その代表例である。これら（①・②）はともに、「全体の構想の上ではともかく、部分的には、破綻なく成人なみの表現法を身につけ」（同上書、三六〇ぺ）ている。省筆の技法を習得することによって、児童の表現は著しく成人の表現に接近してくる。

省筆力のある作文

①（前略）いつもときょうはちがう天気だ。こわれていないへいのうらにはこうこくがはってある。午後日あたりのいいおざしきで本を読むと秋の風がそよそよとふいてくる。（四年　O男）

②（前略）雨の日曜日の午後などは、とてもたいくつだ。おにいさんたちが本を読んでいる。用があって声をかけると返事をしない。しばらくして「なに。」という。その時にはもう用事がすんでいる。（後略）（四年　A男）

（同上書、三六〇ぺ）

児童の作文を観察すると、一般に、中学年を境にして、「日常ごく身近に使われている使用度の多い生活語いのほかに、読書や学習によって得られた特殊な語い、いわゆる読みもの語いの要素」（同上書、三五九～三六〇ぺ）が拡充し、それと並行して、「表現のスタイル、描写法などの上でも、子どもらしい幼いスタイルや描法から、成人的な、典型的なスタイルや表現技法」（同上書、三六〇ぺ）が体得されていく。したがって、右に引用した二人の児童（4年O男、A男）のように、読書力のある児童のばあい、省筆の技法も早く身につき、叙述のスタイルも整ってくる。しかし、中学年全体としては、「まだ成人の文章を模倣した背のび表現、前後にふさわしくない語いや、文のスタイルが、ところどころに顔を出して、一編としてはむらのある表現となっており、むしろ、くわしく具体的に書こうとする結果、かえって必要でないことまでくわしく書く。必要なものと、そうでないものとの区別がつかない、省筆の要領がつかめない」（同上書、三六〇ぺ）作文も相当にある水準である。「省筆の技術や、場にあったところを盛りあげる書き方などが次第に体得されて」（同上書、三六〇ぺ）くるのは、やはり高学年になってからである。しかし、「下位群の中には、六年終了までもそれを習得せずに、子どもじみた表現を残存させているものもあ」（同上書、三六〇ぺ）って、個人差が大きい。

ここでは、省筆の技法と関連して、成人的な表現（叙述）のスタイルや、描写法のことが取り上げられていた。表現のスタイルが確立されていく過程は、児童がそれぞれの文体を確立させていく過程でもある。このことは、蒲池美鶴さんのばあいに指摘したように（本稿第二章第三節後半）、児童の記述力（叙述力）の学年的発達に関する研究の主要課題の一つである。国研のばあい、具体事例に基づいての考察ではないが、省筆の技法と表現（叙述）のスタイルとの関連が指摘されていることは、特筆に価しよう。

⑥説明的態度

説明とは、「書こうとすることがらについて、深くわきまえ、それを説きあかすこと」（同上書、三六一ぺ）をいう。したがって、児童が説明的態度に立って記述を進めるためには、「とりあげる対象についての相当の知識や理解」（同上書、三六一ぺ）を前提として、「単なる記述より、一段と高い態度や能力」（同上書、三六一ぺ）が要求されることになる。

説明的態度による記述力の学年的発達の概要は、次のS男の作文（①、②、③）を通してつかむことができる。

説明的態度による記述力の発達事例

①きょうは、うちにかえってから山えたけおとりにいきました。それからきくおちゃんとあそびました。よるになってからあきこちゃんとあそびました。よるになってからおとうさんがかえってきました。よるになってごはんおたべてからおふろにいきました。

（一年　S男）

②ぼくは、あさはやくおきて、元気におきて、げんかんおはいて、とりのえさおきってやります。とりは、はいごばっかしよって、なっぱわぜんぜんたべません。ひよこはなっぱもすきです。ぼくのきょうだいは、一りです。ぼくはひよこがだいすきです。まい日ひよこをだいています。おこめや麦おやります。とりははばたきをして、いろいろなところおとびます。ぼくのおにいさんは六年です。（後略。以下しばらく兄について記述）

（二年　S男）

③　ぼくは今日あさはやくおきて、時計をみるといつもおきるのは、六時です。

ぼくはいつもはとのえさをやり、おにいさんは、にわとりのえさおやります。にわとりは全部で四わ、います。にわとりは、いつもたまごおうんでいます。（中略。にわとりの卵を家じゅうで順番にたべること）とりのえさおやるのがすむとぼくと兄は、にわをはきます。弟は、げんかんをはきます。（後略）

（五年　S男）

（注、②は主題の統一度の項でとりあげた、分裂型に相当）

（同上書、三六一～三六二ぺ）

S男の一年の作文（①）では、「一見、下校から、夜の入浴をするまでのことが説明されているようだが、これは説明ではなく、半日の行動を記憶にすがって羅列したにすぎない。」（同上書、三六一ぺ）二年の作文（②）になると、「観察を伴なった、具体的な描写が加わって、説明的態度の傾向が認められる。しかし、これとても、一つのことを相手によくわかるように説明して書く態度にはなっていない。」（同上書、三六一ぺ）　したがって、「一つの説明的記述が終わらないうちに、他の文脈がいりまじるというような現象」（同上書、三六一ぺ）も生じてくる。S男の五年の作文（③）になると、「題材は二年のとほとんどかわらないが、（中略）朝起きて、家中でする分担の仕事について説明するという形になっており、稚拙ではあるが、文章全体としてみた時は説明的なまとまりをもってきている。」（同上書、三六一～三六二ぺ）

S男は、中位群に属する児童である。中、上位群では、説明的態度は学年を追ってさらにしっかりしたものとなり、「家や家族の人たちに対する理解や愛情の上に立って、第三者に、その家や家族について紹介・説明しようとする態度で貫かれてくるもの」（同上書、三六二ぺ、六年M女、六年W女の作文）や、「父のおいたちの様をうつしながら、父母を説明しているもの」（同上書、三六三ぺ、六年S女〈中位群〉の作文）など、「説明的態度によって貫かれているもの」（同上書、三六三ぺ）が多くなり、これが、「高学年の作文を読みごたえのあるものにしていく一つの要素」（同上書、三六三ぺ）にもなっている。

説明的態度は、取材力の項でも、その発達要因（あるいは、発達徴候）の一つとしてとりあげたものである。総じて、右の例からみるかぎり、低学年では、他の記述力（描写力、観察力、具体的に記述する力など）が乏しかったように、説明的態度で書く力も乏しい。しかし、二年ごろからその徴候は現れはじめ（取材力の項でも同様）、高学年に至って作文全体を貫く態度となり、高学年の作文を読みごたえのあるものとしていることがわかる。高学年で説明的態度が顕著になるということは、飯田恒作氏のばあいも同様の発達傾向が指摘されていた。蒲池美鶴さんのばあいには、四年生の「もぐらの観察」ですでに説明的態度で貫かれた作文に達しているが、六年生の「ミイコの話」でさらにその態度が強化されており、高学年児童の作文を読みごたえのあるものにする要因として、対読者意識としての説明的態度に立った記述力の伸長が大きな役割を果たしていることを認めることができる。また、このことは、「高学年になって、記録や報告などの目的に応じた作文を書くことができる素地」（芦沢節氏稿「作文能力の学年的発達とその指導」、六八ぺ）がついてきたことをも意味している。

⑦批判力・思想性

高学年になって児童作文に現れる、顕著な徴候の一つに、「家人や自身に対して批判的にものを見るようになる力」（同上書、三六三ぺ）がある。この原因については、「観察の目とも関連があるが、さらに、考える力、思考力の発達に伴う批判力・思想性が加わるからである。」（同上書、三六三ぺ、傍線は引用者。）と述べられている。

四年生から五年生にかけて、考える力、思考力の発達に伴う批判力を伸ばした事例としては、次のN男の作文があげられる。（作文①）

考える力、批判力の発達が認められる作文

①（前略）おかあさんやおとうさんの一ばんきらいなときは、おこるときです。おとうさんは、おこるときは、始めにうんとおこっておいて、復（後）はなんともいいません。おかあさんは、おとうさんとちがって、一っかいおこってもずっとおこっているので、おかあさんより、おとうさんの方が好きです。（後略）

（五年　N男）

（同上書、三六三ぺ）

N男は、「中位の下に属する児童であって、四年の時までは、『ぼくは、おかあさんよりおとうさんのほうがすきです。』とだけ書かれていて、なぜそうなのかはなにも書いていない。」（同上書、三六三ぺ）段階にいたが、五年になると、この作文（①）にみられるように、「おかあさんより、おとうさんの方が好き」な理由を述べ、父や母を、「批判の目をもってとらえ」（同上書、三六三ぺ）ることができるまでに成長してきたことがわかる。また、中学年から高学年にかけて、児童の批判力が発達してくるのは、N男のみの傾向ではなく全般的な傾向であることは、次の指摘によってうかがえる。

「ただ単純に、ほしいものを買ってくれるから父が好きとか、母がすきとかいった、父母への親愛感も、低・中学年までのもので、高学年、早い児童では、中学年の後期ごろになれば、もっと、本質的な思考と結びついてくる。／家人の趣味や性格について語ったり、批判したり、また、自分の性情を客観的にみて反省を加えたりしている面が多い。／なお、父母に対して批判するだけでなく、客観的にみて、りっぱな父母に対しては、心から尊敬や愛情を寄せている面もあり、総じてものを考える力が深くなってきたことも見逃せない。」（同上書、三六四ぺ、傍線は引用者。）

高学年において児童の考える力が発達し、それに伴い批判力・思想性が加わるということは、飯田恒作氏のばあいにも同様の指摘があった。なお、感想文（「尊敬する人」、「給食について」）を書かせたばあいにも、四年から五年にかけて急に批判力がついてきたことが報告されている。

以上、記述力の学年的発達については、七つの観点から検討を加えてきた。

記述力の七つの発達的徴候のうち、中学年でその徴候が目だってくる（学年全体の傾向となる）ものとしては、描写力、観察力、客観的・具体的記述力、会話を使用する力の四つがあった。これらの力は、高学年になるとさらに質的に深められていく。一方、省筆力、説明的態度による記述力、批判力の三つは、上位群の発達の早い児童では中学年に現れるが、一般には高学年で顕著になる力であった。こうしてみると、記述力の中でも、比較的早く習得されるものと習得が高学年にもちこされるものとがあることがわかる。（もっとも、これは指導のいかんにかかわるので、単純に、前者が習得しやすいとはいえぬが。）総じて、中学年は、記述力がめざましく伸長する時期であるといえる。

国研の調査によって、六年間のうちで中学年が発達の著しい伸長期であり、高学年はその傾向が質的に深められる時期であることが認められた（主として、記述力）。飯田恒作氏の調査とほぼ同一の発達傾向を帰納することができたのである。さらに、「これら記述力の発達的徴候は、絵を与えて一まとまりの作品を書く作文テスト（引用者注、検証のためのテスト、同上書、四二四〜四二八ぺ参照）を一〜六年生に一斉に行なった場合にも同様な傾向を認めることができた。」（芦沢節氏稿「作文能力の学年的発達とその指導」、六八ぺ）と報告されており、この面からも結果に客観性を認めることができる。

児童の記述力（叙述力）の学年的発達をとらえていくことは、児童の文章表現力の学年的発達をあとづけていく仕事の中でも、最もむつかしいところである。国研のばあいにも、この記述力に限っては、統計的考察がなされていないことからも、客観的にとらえることのむつかしさがわかる。しかし、国研のばあい、七つの観点を用意して、記述力の発達を総合的にとらえ得ている点は評価される。作文スキルの発達の中でも、記述力の発達は、特に国研が力を入れて取りくんだところであると思われる。ここでは、具体事例に即して克明にあとづけるところまでには至っていないが、記述力の学年的発達をあとづけていくための視点は、ほぼ尽くされている。

〈7　語彙力〉

児童の作文に、その使用語彙が拡充していくことは、記述力の学年的発達と密接にかかわっている。これは、「表現力、いわゆる叙述力は、四年ごろから急激に高まっていくが、語いの使用状況も、それに比例しており、学年の進むにつれて発達がみられ、また、家庭での読書生活の反映が著しい。」（同上書、三六六ぺ）という指摘からもうかがえる。むしろ使用語彙の拡充を、記述力の発達徴候の一つに含めて考えていく方が、文章表現力の学年的発達を検討する際には有益であろう。しかし、国研のばあい、記述力とは別の項目になっていることからもわかるように、使用語彙は、専らその量的発達の側面からのみ検討が加えられ、表現の簡潔さ、的確さという観点から記述力の一要素として語彙力の発達を質的に検討していくという視点は欠けている。このことは、先にみた記述力の発達の項で、叙述のスタイルや描写法の問題が指摘されながら、それが具体的に深まっていかない一因をなしている。したがって、以下に検討するのは、記述力の一要素としての語彙力の発達ではなく、主として語彙力の量的発達の検討となる。

作文「わたくしのうち」における、六年間の語彙の使用状況は、次頁の表14のようである。

この表14をみると、一年生では、約九割の児童が「低い・乏しい」段階であり、他の約一割が「ふつう」となっている。「高い・ゆたか」はない。一年生の語彙力は、具体的にみると、「一つの作品の使用語いは異なり語数が二〇～三〇語（助詞・助動詞を除く）が多く、それも、おとうさん、おかあさん、わたくし、いもうと、ごはん、いぬ、ねこ、いきました、あそびました、かえって、それからなど、就学前の幼児でも使える語のくり返しが多く、中には、異なり語数二二語中、固有名詞一四というような例もあって、量、質ともに乏しく低い。」（同上書、三六五ぺ）段階である。低学年は、語の使用範囲が狭いため、「乏しい既有の語で間に合わせるか、幼ない造語作用で舌たらずな表現をする」（同上書、三六七ぺ）ものが多い。たとえば、次のような例があって、「一般通用語が自由に使えない状態」（同上書、三六八ぺ）にあることを物語っている。

○きょうのよる・きょうのあさ（けさ・こんやが出ない。　一年女）
○おべんきょうがなくなりました。（授業が終ったこと。　一年女）
○おさかなを、かみにうつしたの（魚拓——魚の拓本のこと。　一年男）

表14　語いの使用状況

	1年			2年			3年		
	男	女	計	男	女	計	男	女	計
低い・乏しい	91.6	90.0	90.6	75.0	81.8	78.9	68.8	70.8	70.0
ふ　つ　う	8.3	10.0	9.4	25.0	18.2	21.1	25.0	29.2	27.5
高い・ゆたか							6.3	0	2.5

	4年			5年			6年		
	男	女	計	男	女	計	男	女	計
低い・乏しい	58.8	57.7	58.1	31.3	48.0	41.5	26.3	29.2	27.9
ふ　つ　う	23.5	38.5	32.6	43.8	36.0	39.0	47.4	41.7	44.2
高い・ゆたか	17.6	7.7	11.6	25.0	16.0	19.5	26.3	33.3	30.2

(注) この表を作成する際の方針・基準は以下のように整理できる。

①「高い・ゆたか」「ふつう」「低い・乏しい」の３段階評価は、一定した語彙尺度に徴した結果ではなく、判定者が同一児童の６年間の全作品を通して異なり語数と延べ語数、大体の語の難易などから判断を下したものである。なるべく客観性をもたせるようにしてあるが、一々の作品に厳密な比率を出したものではない。　(主観的判断の介入)

②６年間の全体の発達状況を明らかにするために、学年ごとの相対評価ではなく、１～６年までを同一の基準で絶対評価している。したがってたとえば１年としての相対評価は「ふつう」とされたもので、この表では「低い・乏しい」にはいっているものもある。　(絶対評価)

③「高い・ゆたか」は、日常の生活語のほかに、読書語彙、専門語彙、慣用句などを使いこなしているものにあてた。

「ふつう」は、「低く・乏しく」もないが、「高く・ゆたか」でもない使用状況を示した。

(同上書、365～366ぺによる。)

○うみとつないでいるかわ、だいじんのいるとこ（大臣官邸　二年男）
○〇年（小学校入学以前の意　二年女）
（同上書、三六七ぺ）

「語の使用範囲が狭く、舌たらずな表現をする」（同上書、三六七ぺ）児童は、中学年から高学年にかけてもみられ（主として下位群児童、同上書、三三二ぺ参照）、特に専門的な用語は、高学年になっても使えないものがみられる。

○くやしいかお・うれしくなったかお（共に……そうな顔の意に使っている。　三年女）
○おとうさんのにばんめの人で、すぎさかさんといって……（きょうだいなのか、部下なのか、友人なのか不明。　三年男）
○それにかわって（反対にの意で使う。　四年女）
○よるになってあさになる。（四年女）
○大学で商売のことを学ぶ（商科の意。　五年女）
○医学博士の面状をとった（学位の意。　六年女）
（同上書、三六七〜三六八ぺ）

また、次の例は四年生のものであるが、語の使用範囲が狭いため同じ語を何度も繰り返して用いることになる。

○いつもきしゃがとおるといつもぐらぐらゆれます。でもいつもにかいのまどからきしゃがみえます。それからいつもおとうさんがいくときとかえるときがみえます。（四年男）
（同上書、三六八ぺ）

次に、語を正しく表記できない、また文法にかなった用法で使えない例としては、次の三つのばあいが報告されている。（語の誤用例は、低学年および下位群児童に多くみられる。同上書、三三二ペ参照。）

①訛音や幼児音が一年生の初めごろに残っており、「い」と「し」（「しとつ」・「ひんぶん」）「い」と「え」（「おねいさん」・「かいる〈帰〉」）の混同などは上の学年にもみられる。（同上書、三六八ペによる。）

②新しく覚えた語を正しく使用できないままに誤って使用するもの（同上書、三六八ペ参照）

③語を重複して使うもの（同上書、三六九ペ参照）

さて、表14によれば、使用語彙が「ふつう・高い」状況と、「低い・乏しい」状況との比率が逆になるのは、高学年からである。以下、中学年から高学年にかけて語い力が発達していくさまを、六つの観点からまとめておく。

①学年とともに漢語の使用が目立つようになり、中学年からは、接頭語や接尾語的な用法も習得していく。専門語、特殊な語もだんだん使えるようになる。（同上書、三六九ペ参照）

②学年が進むと、和語についても、日常生活語に読みもの語い的な色彩が加えられていく。また、具体的には、副詞が数多く使われるようになり、時間的推移、条件などを表す語も分化させて多様に使えるようになっていく。（同上書、三六九～三七〇ペ参照）

③語の複合的な使用によって、動作・状態、性質などをさらに具体的に詳しく表現するようになる。（和語・漢語ともに）（同上書、三七〇ペ参照）

④慣用句の使用が目立ってくる。（同上書、三七〇ペ参照）

⑤家の様子・家人の趣味・性質・飼育物・遊びなどについて、観察が深くなり、叙述描写が具体的になり、説明が詳細になってくるために、おのずから外国語・外来語の出方が分化していき、豊富にもなる。（ただし、①～④にくらべると、ものの名・ことがら等が多く、生活との関係で、出方がまちまちであり、学年的発達との必然性は薄い）

⑥「わたくしのうち」という作文に必出する語彙（例「家族」）が、一般通用語として表せるようになる。（同上書、三七一ぺ参照）

（同上書、三六六～三六七ぺ参照）

以上、語彙力の学年的発達については、「作文の総語い数を調べ、その頻度によった結果ではなく、全体の作品を読んだ際の印象的な実例から拾ったもの」（同上書、三七一ぺ）に基づいて考察が加えられていた。もっとも、総語彙数を調べ、品詞別の使用頻度を帰納することだけでは、記述力としての語彙力をとらえたことにはならない。はじめに指摘したように、記述のスタイルの習得と関連させて、簡潔さ、的確さ、個性的表現という視点から記述力としての語彙力の発達をとらえていくことが、今後の課題となる。さらに、語彙力は、読書生活などの反映が大きく、個人差の顕著な作文スキルであるから、個別的な検討が必要である。

〈8　文体に関する力〉

ここで文体とは、敬体（です・ます体）と常体（だ・である体）の別、および両者の混用体をさしていう。児童の文体の学年的発達については、

①敬体から常体へ移行する時期はいつか
②過渡的現象としての混用体はいつまで続くか

の二点が主要な問題となる。

課題作文について、六年間の作文の文末形式を整理すると、次の表15のようになる。

この表15から、次のようなことがわかる。

①一、二年は、ほとんど敬体で占められている。（ただし、作文「先生」のみ、一年の三学期に混用体が目立つ。）

表15　課題作文における文体一覧表

（1～6年）（%）

文体	学年	1年			2年			3年			4年			5年			6年			（遠足文）5年	（遠足文）6年
	学期／男女	1	2	3	1	2	3	1	2	3	1	2	3	1	2	3	1	2	3	2	2
敬体	男	69.2	92.9	93.3	100	100	94.1	89.5	100	66.6	90.0	70.6	70.0	66.7	94.4	80.0	50.0	66.7	30.0	57.1	27.3
	女	61.9	100	81.3	100	100	100	100	92.6	82.1	92.6	96.4	84.6	96.3	96.2	96.0	88.0	91.7	68.0	77.8	65.4
	計	64.7	97.2	86.5	100	100	97.7	95.7	95.6	76.1	91.5	86.7	78.3	83.3	95.4	88.9	70.2	80.0	51.1	68.7	47.9
常体	男	0	0	0	0	0	0	0	0	16.7	10.0	11.8	10.0	23.8	5.6	15.0	15.5	19.0	35.0	33.3	22.7
	女	4.8	0	0	0	0	0	0	7.4	7.1	0	0	3.8	0	0	0.0	4.0	0	12.0	3.7	3.8
	計	2.9	0	0	0	0	0	0	4.4	10.9	4.3	4.4	6.5	10.4	2.3	6.7	23.4	8.9	22.2	16.7	12.5
混用（体）	男	0	7.1	6.7	0	0	5.9	10.5	0	16.7	0	17.6	20.0	9.5	0	5.0	4.5	14.3	35.0	9.5	50.0
	女	0	0	18.2	0	0	0	0	0	10.7	7.4	3.6	11.5	3.7	3.8	4.0	8.0	8.3	20.0	18.5	30.8
	計	0	2.8	13.5	0	0	2.3	4.3	0	13.0	4.3	8.9	15.2	6.2	2.3	4.4	6.4	11.1	26.7	14.6	39.6
体をなさない（注）	男	30.8	0	0																	
	女	33.3	0	0																	
	計	32.3	0	0																	

（注）1年1学期は、名前の列挙にとどまって体をなさないものもいた。
1学期（友だち）　2学期（わたくしのうち）　3学期（先生）と　それぞれ文題がちがう。

（同上書、372ぺ）

②混用体は、三年ごろから現れ（作文「わたくしのうち」では、四年から）、中学年を中心に、敬体から常体へ移る際の移行期現象として、作文能力の相当ある児童にも見出された。混用体は高学年になっても残存している。（作文「先生」では、六年生に、二六・七％に達している。）

③常体は、傾向的には、四、五年ごろから使用され始めるが、量的には少ない。六年になっても、「わたくしのうち」では、一割にも満たないし、他の文題では約四分の一にすぎない。

（同上書、三七三ぺによる。）

表15をみると、文題によって文体の現れ方に相違があり、文体の学年的発達を明確にとらえにくい。文題「わたくしのうち」に限ってみると、六年間を通して、常体で書いているものは、どの学年も一割を越えたことがない。混用体も、四年と六年で一割程度に達しているが、極めて少数である。総じて、六年間八割余りの児童が敬体で通したことになる。しかし、個別にみたばあいには（これは「わたくしのうち」に限定して述べられていないが）、「非常に作文力にすぐれ、日記その他で数多く書く児童には、この移行期（引用者注、敬体から常体への移行期）が目立たずに常体化したという事例も見受けられた。」（同上書、三七三〜三七四ぺ）ことが報告されており、指導のしかたによっては、もっと多くの児童が常体で書いたのではないかと思われる。さらに、作文力のすぐれた児童が常体へスムースに移行したということ（人数は示されていないが）から、常体で書くことと文章表現力の発達とに、何らかの連関があることが考えられる。蒲池美鶴さんのばあいには、父親蒲池文雄教授によって常体で書くことが意図的に指導され、そのことによって美鶴さんの文章表現力が発達していったことが指摘されていた。（本稿第二章第三節参照、ただしこのばあいは日記が中心であった。）国研のばあいにも、意図的に常体で書くことが指導されていたら、児童の作文スキルの学年的発達に、大きく影響したと推察される。このように、指導と発達の関係が明確におさえられていないことが、国研のばあい、追跡調査を実施しながらその成果を全面的には実際の作文指導計画へ導入できない

弱みとなっている。

一方、目的に応じた作文調査（四年～六年）では、児童作文の文末形式は、次の表16のような結果となり、課題作文に現れた文体の使用状況とは必ずしも同じでないことが確認されている。

表16からは、次のようなことが確かめられる。

①四年の記録文では、会議の記録であるから、常体の方が望ましいが、敬体で書いたものが多く（平均七二・一％）、また、混用体が相当（約二〇％）残っている。

②六年の一学期の会議の報告文になると、四年とは反対に、常体の方が多くなっている。（平均七〇・二％）

③手紙文では、五年二学期になると、ほとんど全員が敬体を用いることができるようになり、四年二学期よりも進歩している。

④五年の一学期に実施した推考力テストで、問題文の文脈にふさわしい文体を選ばせた場

表16　課題作文外の諸種の作文における文体一覧表　（4～6年）（%）

文体	学年	4		5				6				
	学期	2	3	1	1	2	3	1	1	2	2	3
	文種／男女	手紙文	記録文（会議）	絵をみて物語を作る	推考力テスト（文体）	手紙文	文章展開（文体）	報告文（会議）	記録文（学級日記）	感想文（尊敬する人）	感想文（給食）	感想文（卒業に際して）
敬体	男	88.2	68.7	82.3		94.7	35.0	22.7	35	36.4	22.7	28.6
	女	96.4	74.1	96.2		100	53.8	28.0	65.4	84.1	66.7	69.2
	平均	93.3	72.1	90.9		97.8	45.6	25.5	52.2	61.7	45.6	51.1
常体	男	0	12.5	0	25.0	0	55.0	72.7	40.0	40.9	77.3	57.1
	女	0	7.4	0	20.0	0	46.2	68.0	15.4	4.0	25.0	19.2
	平均	0	9.3	0	22.4	0	50.0	70.2	26.1	21.3	50.0	36.2
混用（体）	男	11.8	18.8	17.6		5.3	10.0	4.5	25	22.7	0	14.3
	女	3.6	18.5	3.7		0	0	4.0	19.2	12.0	8.3	11.5
	平均	6.7	18.6	9.1		2.2	4.3	4.3	21.7	17.0	4.3	12.8

（同上書、374ぺ）

合は、二〇％台の正答率で、弁別力の低さを示したが、五年の三学期末の文章展開力テスト（常体で書き始められた生活文の前半を与え、前半の条件のもとに後半を書きつぎ、展開させて、一つのまとまった生活文を完成させるテスト）では、一躍五〇％のものが常体で書けている。なお、これは、個人別にも確認された。

⑤しかし、五年三学期の課題作文「先生」では、常体使用率六・七％という数字で、完成テストと相当の開きがある。

（同上書、三七四～三七五ぺによる。）

以上のことから、次の三点が結論として導かれている。

①全般的に、五年後期ごろから、敬体と常体の違いを意識し、弁別し（文体弁別力）、目的に応じてふさわしい文体を書き分ける能力（文種に応じて文体を選択する力）が備わってくる。

②文体弁別力、文体選択力は、四年よりは五年、五年よりは六年というように、漸層的に高まっていく。

③常体で書く力を備えているのに、課題作文では常体のものが少ないのは、個人の習慣・好み・書く文の内容・記述態度、[35]文章記述の型、性格等の相違によって選ばれる文体も違ってくるためと考えられる。

（同上書、三七四～三七五ぺによる。③のみ、三三一ぺも参照。）

次に、課題作文の文体上にみられる男女差としては、「女児の方が、敬体を使う率が多く、常体使用の時期も男児に比べると一般的に遅い」（同上書、三七六ぺ）ことが指摘され、その原因については、「断定的できびしした感じを与える常体に比べ、敬体はやや弱くなるが、やさしくていねいな感じで、相手方への敬意表現もこめられている。いわば、女性的であるところが、女児の好みに合うから」（同上書、三七六ぺ）と分析されている。また、課題作文の文体の学年的推移を個人別にみたばあいには、次の五つの型が認められている。

①三、四年の早いころから常体で書く型

②一時常体で書いて、また敬体に戻る型

③敬体文で終止する型
④混用体を経て常体で終わる型
⑤文題によって、敬体と常体とを任意に使っている型
（同上書三七六ぺ）

さらに、両文体を一応書き分けられる能力がついたあと（六年）の、書き手の文章記述の型やパーソナリティと、選ばれる文体との関連については、傾向的にではあるが、叙述型・感情型（女子に多い）は敬体をとりやすく、構想型・総括説明型（男子に多い）は常体をとりやすいことが指摘されている。（同上書、三七六ぺによる。）これは先に述べた男女差とも関係してくる。

以上、文体に関する力については、

1. 課題作文にみられる実態
2. 課題作文以外の諸種の作文にみられる実態
3. 文体上にみられる男女差の問題
4. 文体と文章記述の型・性格との関連の問題

について検討してきた。確かに、課題作文「わたくしのうち」を書く際にどの文体を選ぶかは、個人差や記述内容の違いによるところが大きいことは認められる。加えて、文題の性格上（生活文であり、随想風にまとめやすいもの）、敬体の方が書きやすいということもあろう。しかし、はじめに指摘したように、個人差の問題を越えて、文体と文章表現力の発達との相関関係が明らかにされなくてはならない。常体を用いて書かせることが、児童の文章表現力の発達にどのように影響を及ぼすかを究明していくことは、今後の研究課題の一つである。

〈9　推考力〉

同一文題による調査では、記述時間が制限されていたこともあり、児童が実際に作文を書く際の観察によれば、「自発的積極的な推考作業はあまり行なわれていない」(同上書、三七六ぺ)状態であった。

その観察によると、低学年では、「書くことに夢中であったり、書き上げた喜び、満足感で推考しようとするゆとりはない」(同上書、三七七ぺ)という実態であり、中学年以降でも、「上・中位群の注意深い児童が読みなおして、時に文字の誤記を訂正する程度」(同上書、三七六ぺ)で、少数である。

推考力テスト(児童の書いた作文「犬の子」を示し、作文を仕上げるという条件で、文章中選択肢のついた、問題のある表現について、前後の文脈から最もふさわしい表現を選ばせたもので、(1)判断の表現、(2)状態の表現、(3)文体、(4)会話の受け答えの表現、(5)感覚の表現、などについてみている。問題文は、同上書、三七八ぺ参照。)によれば、五年生で、「常体・敬体の正しい使い分けを除いては、大体四〇〜五〇%近くは、よりふさわしい表現の方を選んで」(同上書、三七七ぺ)おり、「推考能力の基盤になる適否、良不良の判断・感覚や選択をする力はある程度までつくようになったが、まだ十分な知識や感覚としてまではみがかれていない。(中略)それに併せて、推考して書き上げるという態度や技能にもまだ乏しい」(同上書、三七八ぺ)段階にあることが確認されている。

推考力については、この調査だけから、その学年的発達を帰納することには無理がある。記述後に、あらためて時間を設け、もう一度推考させるなどの調査を通して、その学年的発達を明らかにする必要がある。

Ⅱ　計量面からみた発達

〈10　文字量〉

文字量(記述量)の学年的発達については、これまでにもいくつかの研究成果が報告されてきた。ここでは、それらの中から、長野師範学校男子附属国民学校、新潟県立教育研究所、国立国語研究所の三つの調査結果がとりあげられ、比較検討されている。それぞれの研究において、文字量の学年的発達は、次の表17、18、19のようである。

従来、児童の記述量の学年的発達は、長野師範附属の研究に基づいて、「一年前期の入門期から、一年伸長期、三年の飛躍期を経て、四年後期から五年ごろに停滞期があり、それを経て、新展開期があるとされて、この停滞現象はむしろ構想力の発達に起因している（引用者注、四年生までは記述力が構想力よりすぐれているが、五年生ごろからそれが逆になり、構想力の発達が記述力を抑制する）とみられていた。」（同上書、三八〇～三八一ぺ）つまり、高学年になると、「経験や事件を平板に羅列することから構想を立てて書くために、文がひきしまってくる」（同上書、三八一ぺ）というのである。

しかし、この停滞現象は、長野師範附属のばあいは五年で、国研のばあいは六年で、新潟研のばあいは中一[36]で生じており（つまり記述量のピークは、それぞれ、四、五、六年となる。）、停滞期に学年的なずれが認められる。この原因については、「早急に結論めいたことをいうのはさけたいが」（同上書、三八一ぺ）としつつ、「長野師範とわれわれおよび新潟の研究とでは、自由作文と課題作文の差[37]があること、後二者の間には、被調査者が同一児童と異なった児童という差[38]があること、新潟では、記述前の説明が内容にもふれ相当にくわしいこと[39]、および地域差[40]などが左右しているのではないかと考えられる。」（同上書、三八一ぺ）と分析している。さらに、長野師範附属のばあいと他の二つの研究とでは、附属の児童と一般校の児童という違いもあり、附属の方が比較的能力のバランス[41]がとれていたこと（対象児童の能力水準の相違）も原因の一つに数えられている。

このように、三つの調査は、六点（①文題の性質、②自由題か課題か、③追跡調査か一斉調査か、④調査対象児童の水準、⑤記述前の指導内容、⑥地域の特殊性）にわたってその条件を異にしており、文字量の発達一つを取り上げても、標準的なものを帰納することがいかに困難であるかを物語っている。調査上の条件をいかに均一に整えるかは、この種の調査研究上の基本問題の一つである。

表17　文字量（総字数平均）　　　　　　　　　　　　　　　　　　（国語研究所）（字）

題名＼学年	1	2	3	4	5	6	実施時期
わたくしのうち	178.6	318.7	484.7	567.7	675.6	517.0	2学期末
友だち	54.3	336.2	477.9	550.0	668.7	587.2	1学期末
先生	215.7	310.4	372.4	497.2	455.4	342.3	3学期末
（春の遠足）				859.0	816.0	1026.0	遠足の自由作文 1学期

（注）文字量の数字に、今までの中間報告書の数字と多少の異同があるが、6年間通してみる立場から転出・転入の児童を省いて、なるべく人員を同じにするように整理したためである。（なお、句読点は数から省いた）（以下同じ）

（同上書、379ぺ）

表18　文字量（総字数平均）　　　　　　　　　　　　　　　（新潟県教育研究所）（字）

学年	小1年	2	3	4	5	6	中1年	2	3
私のうち 全員平均	363 (60)	460 (83)	569 (82)	599 (68)	771 (70)	813 (62)	617 (64)	640 (59)	600 (58)
（2学期実施）中位群平均	397 (20)	443 (20)	535 (20)	593 (20)	720 (20)	764 (20)	591 (20)	642 (20)	641 (20)

（　）内は人数

（「作文力の研究」、13ぺ　および同上書、380ぺ）

〈※記述時間1～6年…30分間〉

表19

学年	初一	二	三	四	五	六	高一	二
平均記述量	300	384	462	557	546	765	572	691

（『綴り方指導の実践』〈昭21．4．10〉）（未見）

《この表は、輿水実氏編『国語指導法事典』〈昭37．9明治図書刊〉、692ぺによった。》

もっとも、文字量の多少は、厳密には、文章表現力の発達を示す価値的な指標とはいえない。「文字をかく力、ことばをつづる力、文を組みたてる力、文章としてまとめる力というような作文の基礎的な能力の潜在性をはかる一つの手がかり」（同上書、三七九ペ）ととらえておくべきであろう。文章表現力の発達をとらえていく指標として、文字量がある程度の有効性をもつのは、特に、「一定の記述量によって書こうとすることが書き表わせるか否かが問題」（同上書、三七九ペ）となる低・中学年の段階である。著しい伸長をみせ、記述量の一つのピークがおとずれるのが、一般に中学年とすれば、そこに至るまでに、自在に一定の分量をもって書き表す力が求められるのは当然であろう。

さて、右にみたような相違点があるわけであるが、国研の「わたくしのうち」について、前学年との字数差をもとめ（表20）、詳しくみていくと、次のようなことがわかる。

「『わたくしのうち』についていえば、二・三年の飛躍的な伸長発達に続き、四・五年はむしろ停滞的な現象があるかにみられるが、これは、二・三年での平板な事件的羅列的な叙述による増量から、文章が構成的になり、客観的なみ方まとめ方をするようになるための増量との開きが少ないからで、数量的な現象では、従来の四年停滞期を示すようであるが、具体的作品の上からは、むしろ発達期であることが実証され、内容的発達、質的な発達を示す数ともとれる。／われわれの調査では、六年の減量が、むしろ量的にも、また一部では質的にも停滞現象を示しており、これは、前述のように地域の特殊性（引用者注、注40参照）とも関係があるようである。」（同上書、三八二ペ）

しかし、六年生で記述量が減少した要因については、「構想力や記述上の省筆とあいまって、批判の目、思考力

表20　文字量　前学年との字数差（当該学年ひく前学年）　（字）

題名＼学年	小1年	2	3	4	5	6
（私のうち）	（178.6）	140.3	164.2	81.2	93	-143.6
（友 だ ち）	（54.3）	292.9	124.1	69.6	115.5	-74.4
（先　　生）	（215.7）	83.2	55.6	124.7	-47.6	-105.6

（注）「友だち」２年の文字数差が多いのは、１年の作文に名前の列挙したものがあったことによる。　（同上書、382ぺ）

表21　個人別１～６年の文字量　（字）

		1年	2	3	4	5	6
1	K　男	210	395	504	438	995	549
2	O　男	217	297	304	491	450	441
3	H　女	277	344	580	694	600	557
4	M　女	161	160	458	489	651	595
5	A　女	262	欠	534	792	811	512
6	W　女	277	427	515	550	644	877
7	S　女	—	306	574	430	701	562
8	S　男	135	191	620	593	311	332
9	Y　男	181	484	268	264	1319	390
10	A　男	166	312	556	585	745	425
11	T　男	303	321	217	欠	1727	1128
12	U　女	—	239	371	596	1057	702
13	H　女	120	372	384	1509	873	303
14	M　女	139	266	996	1103	495	欠
15	S　女	156	355	644	309	531	354
16	S　男	89	395	547	329	1438	293
17	N　男	127	338	欠	368	418	394
18	S　男	99	226	528	380	349	346
19	S　女	281	336	871	1486	1010	478
20	H　女	180	391	493	767	441	412
21	T　女	191	278	357	1858	507	674

（同上書、383ぺ）

の発達に伴い、とりあげた対象について、経験や事件をおって、ずらずらと書くことが制禦され、しかも、思考力とそれに伴う記述力が、十分に発達しきっていない段階をあらわしていると解釈することもできる。」（同上書、三六四ぺ）とあり、他の作文スキルの発達とかかわっていることがわかる。一部に質的な停滞があるとはいえ（おそらく下位群児童と推察される。あるいは、〈注40〉を考慮すれば個人的な学習態度による。）、全体としては、質的に発達しているとみなすこともできよう。発達とみるか、停滞とみるか、極めて微妙なところである。

また、国研のばあいも（記述量のピークが他の調査と異なるが）、記述量の一つのピークが、四年から五年にかけておとずれている点は、従来の調査と共通している。

すなわち、調査の方法（自由題か課題か）、被調査者の能力、地域その他の関係によって、記述量のピークの時期にずれが出るのであり、いずれにしても、中学年までは増量が認められ、あとはその時の条件で出入りのあることがわかる。（芦沢節氏稿「作文能力の学年的発達とその指導」、六九ぺによる。）

次に、国研の調査では、「同一児童を継続的に調査したために、個人的に文字量の発達の様相をさぐること」（同上書、三八二ぺ）が可能となった。右の表21は、作文能力の上位群（1～7）、中位群（8～15）、下位群（16～21）の児童の、作文「わたくしのうち」における文字量一覧である。

表21からみた、個人別の傾向については、次のようにまとめられている。

①上位群の中でも、四年で文字量の停滞を示すもの（1・7）、五年で停滞を示すもの（2・3）、六年で停滞するもの（4・5）、六年まで上昇を続けるもの（6）とある。（記述量の増減は、同学年や前後学年の他の課題作文と比べると一層顕著である。）

②中・下位群には、高学年になってから、他の三、四年の増量にみられる平板羅列による増量をしているもの（12・16）、内容を伴った増量をしているもの（13）とある。

③傾向的には、上位群は、一～六年まで、比較的安定した自分のペースで書き、作文力も上位にあって、質的な発達をとげている。一方、中・下位群では（つねにできの悪い、しかも短い作文をお義理のように書くという形を除いては）、作文を書くばあいの気分や意欲などの他の条件に左右されやすいので、量的なむらが生じやすい。（同上書、三八三ぺによる。）

上位群と中・下位群というグループ別にみたばあい、傾向的には、記述量の増加は文章表現力の発達の指標となりうるが、個人別にみると、上位群でも個人差が大きく、中・下位群では、増量即発達といいきれない面も認められる。したがって、文字量の増加は、個人としてより、むしろ集合体――学級とか学年単位としてみたばあいに、より多く発達と結びつけることができるようである。（同上書、三八三～三八四ぺによる。）

次に、文字量の男女差については、下の男女別文字量表（表22）から、その概要をつかむことができる。

男女差[42]は、「低学年のころからその傾向が認められたが、中・高学年になると、その差はいっそう大きくなる。」（同上書、三八四ぺ）この原因については、「女子に叙述型が多く、男子の方に、比較的、思惟型や、統括型が多いのによると思われる。ことに、男子は、高学年になると、説明的な文章を書くのに対して、女子は、ことがら、事件を追って描写的な文章を

表22　男女別文字量　（字）

学年		1年	2	3	4	5	6
1学期	男	59.6	354.6	402.1	459.2	560.5	555.3
	女	64.8	356.4	529.7	616.3	746.1	620.0
2学期	男	178.6	325.4	394.7	411.9	668.2	464.3
	女	186.4	322.4	550.0	664.5	657.8	563.7
3学期	男	237.5	327.3	384.9	436.7	368.3	298.6
	女	225.5	293.3	359.1	516.6	508.8	374.5

（同上書、384ぺ）

書くことが多い（会話の使用も多い）ことも一因であろう。」（同上書、三八四～三八五ぺ）と分析されている。

なお、文字の使用状況をみると、漢字、かたかなの使用も学年ごとに少しずつ増えてきている。（同上書、三三三ぺによる。）

以上みてきたように、文字量からみた文章表現力の学年的発達については、従来、比較的に耕されてきたところだけに、国研の分析も詳細を極め、その有効性と限界を的確に指摘している。飯田恒作氏の研究に比べると、特に記述量の発達に関する研究は、飛躍的に向上進歩しているといえよう。

〈11　文数〉

児童の文章表現力の学年的発達の一尺度として、文章中の文数の増減を取り上げる際には、文の数だけでなく、一文中の文字数[43]もあわせみることが必要となる。さらに、文と文との関係相互のまとまりや関係構造の様相（連文レベル）、パラグラフ間の展開（段落レベル）をも観察して、文章展開の様相（文章レベル）と関係づけて考察していけば、発達尺度としての有効性が大きくなるであろう。（以上、この項は、同上書、三八五～三八六ぺ、「作文力の研究」、三四～三五ぺを参照してまとめた。）

さて、課題作文における平均文数・一文中の平均文字数の学年的推移の実態は、次の表23・24にまとめられている。（なお、参考として、新潟研のものを表25として付す。）

表23・表24によると、国研のばあいも、新潟研のばあいも、五年生の文数が最高となっている。しかし、文数の学年的推移の様相には相違点がある。国研では、五年まで逐年増加し、六年では減少している。新潟研（全員のばあい）では、四年までは増減がなく、五年でやや増加し、あとは中学までほぼ等しい。国研のばあい、「わたくしのうち」についてみれば、記述量・文数ともに、五年で六年間のピークがおとずれている。（加えて、記述量・文数

表23　課題作文における平均文数　（国語研究所）（文）

	1	2	3	4	5	6
平均文数（私のうち）２学期	7.2	12.9	18.4	19.9	24.4	19.8
〃　（友だち）１学期	3.0	12.6	17.5	20.3	24.1	22.1
〃　（先　生）３学期	9.5	12.0	11.9	16.8	17.3	12.5
遠足の作文	—	—	—	—	28.0	53.1

（同上書、385ぺ）

表24　１文中の平均文字数（「わたくしのうち」）

学年	1	2	3	4	5	6
１文中の文字数	24.8	24.8	26.5	28.6	27.7	26.1

（同上書、386ぺ）

表25　文についての集計

	学　年	小１	2	3	4	5	6	中１	2	3
平均文数	全　員　(A)	16	16	16	16	20	19	19	20	18
	中位群　(B)	18	16	16	17	20	17	17	22	19
一文字数	全　員　A	22	28	35	38	37	42	31	31	33
	中位群　B	22	26	34	35	35	43	35	31	33
最長文字数平均		57	61	80	73	76	79	77	72	68
最長文１位字数		278	199	232	174	171	194	271	141	178
〃　２位字数		170	161	179	146	149	161	220	117	147
長文中の最少字数		24	21	20	25	21	39	40	41	35

（新潟研、「作文力の研究」、34ぺ）

ともに、学年間の増減〈前学年との字数差・文数差〉という点でみれば、中学年〈三年から四年にかけて〉で一つのピークがあることが認められる。）さらに、「文と文との関係相互のまとまりや、関係構造の様相からいって、五年の作文で、ある水準まで達した」（同上書、三八五ぺ）ことも（具体例を示してではないが）報告されており、表23の文数は、ある程度の学年的標準を示していると考えられる。（以上この項同上書、三八五～三八六ぺによる。）

次に、一文中の平均文字数の学年的推移はどうか。表24・表25によると、国研では、学年によってそれほどの増減は認められない。一方、新潟研（全員のばあい）では、一～六年まで逐次増加し、中学生になると、ほぼ一定して中学年程度に減じている。その原因については、国研では、①上の学年に行くほど漢字の使用率が高くなったこと、②全体に、接続詞を使って文を短く書くものが比較的多かった（時には接続詞の乱用もあった）こと、しかも、この傾向は中・高学年でふえていったこと（同上書、三三二ぺによる。）、③低学年で接続助詞が乱用してあるものがあったこと（同上書、四〇四ぺ）、の三点が考えられ、新潟研では、①低学年ではほとんど単文ばかりであるが、小学四年以上では複文の形式がかなり目につくようになり、重文も現れてきたこと（単文は一般に短いが、複文や重文になると長さも増していく傾向にある）、②中学生になると接続詞や接続助詞の乱用が少なくなり、文が緊縮して字数が一定になること、③漢字の使用率が学年を追って高くなること、の三点が考えられている。（新潟研の①～③は、「作文力の研究」、一七ぺ、三五ぺによる。）ともに原因としては、漢字使用率の増加（これは統計がある）、接続詞・接続助詞の乱用（これは統計なし）をあげている。また、国研では、文数から学年的発達をみる際に文構造の複雑化をあわせみることの重要性を指摘しながら、単文・重文・複文の使用状況についての言及がない。新潟県のばあいも、統計に基づいた報告にはなっていない。ともに印象判断のレベルにとどまっている。今後、学年的発達の一尺度として文数を取り上げる際には、文構造の発達を詳細にみていくことが課題となる。

次に、文数と男女差の問題についてみておきたい。作文「わたくしのうち」における、男女別平均文数は、次の

表26のようである。

この結果は、「女児の方がやや文数が多いという程度」(同上書、三八六ぺ)であった。文字量のばあいと同一の傾向にあるが、有意差にはなっていないようである。

次に、文数にどのような個人差が認められるかについては、次の学年別個人文数表(表27)にまとめられている。この表27から、次のことがわかる。

①1~5は作文力の上位群のもので、学年相応の文表現、展開力でまとめている。一文中の字数に多少の増減変化を伴いながら、文数も大体学年並に伸びており、文数の起伏もあまりはげしくない。

②6・7は、最初は、「ので」「たら」で続く長文を書いていたが、時には興のおもむくまま、思いつくままを、文脈相互の関連や展開も考えずにだらだら書いている。(特に7)

③9・10は、反対に最初から、「それから」「そいで」などの接続詞を乱用(むしろ発語的に使用)するこまぎれ文を書き、それが漸次修正されている例である。

(同上書、三八六~三八七ぺによる。)

表26　男女別平均文数　(文)

		1年	2	3	4	5	6		5	6
私のうち平均文数	男	6.2	12.3	15.9	15.8	25.7	19.8	遠足	20.2	58.3
	女	7.8	13.3	20.1	22.4	23.5	19.9		34.0	49.1

〈(注) 他の二文題では、5年も女児の方が多い〉　(同上書、386ぺ)

表27　学年別個人文数表(10例)　(文)

児童＼学年	1年	2	3	4	5	6	児童＼学年	1年	2	3	4	5	6
1 H 女	8	19	25	27	30	18	6 S 男	1	6	14	4	18	19
2 M 女	5	6	16	14	15	16	7 T 男	3	2	9	欠	76	60
3 W 女	10	欠	14	26	22	18	8 T・S男	5	16	20	13	55	15
4 O 男	8	14	16	25	15	20	9 K・S女	15	14	43	52	45	20
5 A 男	—	13	11	17	15	12	10 C・S女	17	6	9	27	15	16

(同上書、387ぺ)

右の三点から、「学年水準の文数（何文あればよいという決定は今の段階ではできないとしても）にてらして、あまり文数が多すぎたり、少なすぎたりすることは、そこに何等かの問題や欠陥があること」（同上書、三八七ぺ）はうかがえる。文数を発達尺度とするためには、先に述べたように、文構造の発達や文章展開とのかかわりなども考察して、学年水準の文数を実証的に帰納していくことが重要となる。

また、個人差の問題と関連して、「一つの作品中に含まれる総文数とその各文中に含まれる文字数との関連をみると、発達上の型・特徴・問題点などがとらえられる。」（同上書、三八七ぺ）ことが指摘されている。さらに、男女一名ずつの文数・文字数による作文曲線が示され（同上書、三八八～三八九ぺ参照）、作文の内容面をみていく方向も示されている。これらは注目すべき指摘であるが、仮説の段階にとどまっている。

〈12　記述速度〉

児童の文章表現力の学年的発達をとらえていく一つの試みとして、記述速度の測定が実施されたのは、次のような理由による。

「児童が課題作文を書いている教室を低学年のころから見ていると、作文を書くタイプに早型・遅型があり、記述の態度にも差があることが見受けられた。そこで、四年生の時から、一定の時間ごとに区切って、書いている過程――速度や五分間ごとの大字数を調べてみた。」（同上書、三九〇ぺ）

この結果は、四年生（甲学級）と同時に実施した乙学級の三年生のものも含めて、次の表28にまとめられている。さらに、書く速度をグラフ化してみると、図5のようになる。

表28、図5によって、次のようなことが確かめられた。

①三、四年では、書き出しに文字数が多く、（三年では、二〇分で大半を書いてしまう）時間がたつにつれて少なく

表28　５分間ごとの文字量（平均字数）　　　　　　（４～６年）

学年＼時間	５分	10	15	20	25	30	35	40	書ききれなかった人数
３（友だち）	90	109	103	41	26	23			
４の１（友だち）	92.7	95.1	96.5	83.2	86.4	87.4			18
５の２（私のうち）	76.6	91.2	90.9	95.4	92.6	98.5	119.1	119.1	14
６の１（友だち）	75.3	92.7	93.2	100.6	89.9	103.0	105.4	99.4	15

注　４年生も３年生と同じように、一応30分までの速度をみた

（同上書、390ぺ）

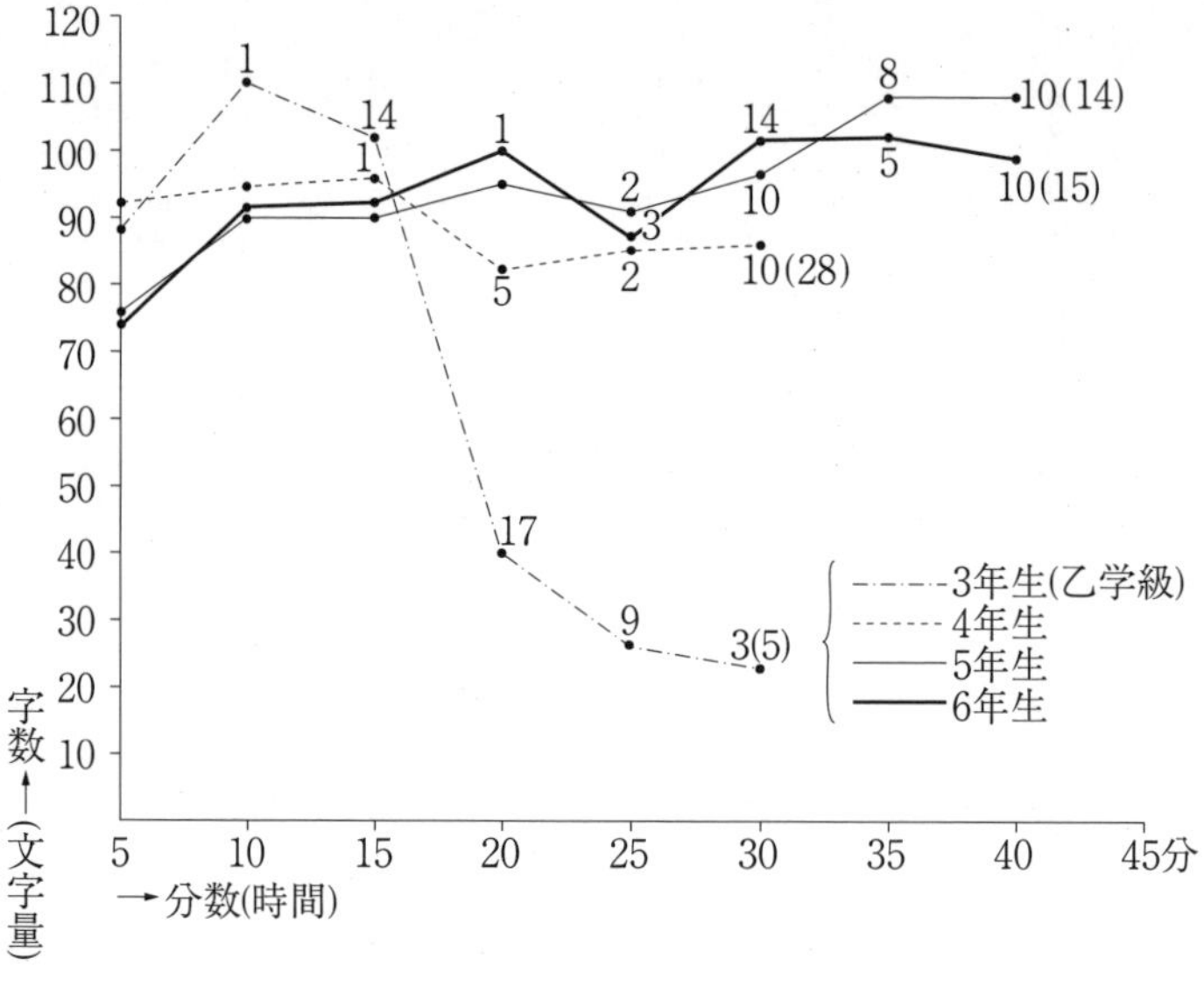

図５　作文を書く速さ　　　　　　（同上書、390ぺ）

なっているのに対し、五、六年では、逆に尻上りに多くなっている。
②このことは、文を書くにあたり、三、四年では、全体の構想を考えずにいきなり書き始める書き方が多いのに対し、学年が上がると、一応構想をたてる、考えながら書くという態度や技能が備わってくることをあらわしている。（記述速度と構想力）
③三、四年の、初め上昇したあと急激に下降する型は、書くことにようやく興味関心が生じ、意欲もあって、題が与えられるとすぐ書き始める。しかし、経験や事件の一まとまりが書かれて終わってしまうと、もう次に何も書くことがなくなるという下降型の現象をおこす。中には、さらにまた別のことをつけ足して書いたりするので、文章展開の上で、文脈が前後したり、前後に関係のない文脈が混入したりするばあいが出てくる。これらの傾向は、低学年ではさらに強くなると予想され、低学年の作文に主題の統一度の上で混迷や分裂の多かった一因はここ（記述速度および記述の態度）にもあると考えられる。（記述速度と主題の統一度）

（同上書、三九〇～三九一ぺによる。）

②の指摘によって、「高学年になると、構想だてて書くために文章がひきしまる、質的向上による増量制限という現象も加わってくる。」（芦沢節氏稿「作文能力の学年的発達とその指導」、六九ぺ）という、記述量と構想力の関連についての仮説が、記述速度の面からも立証されたことになる。

さらに、③の指摘は、児童の記述過程を分析することによって、児童作文に、主題の統一度の弱い作文、ひいては構想力の弱い作文の多くなる原因の一端が明らかにされており、注目させられる。高学年は構想力が伸びてくる時期であるとはいえ、児童作文は全体的には構想力が弱い（したがって主題の統一度も低い）という問題点をもっていた。児童の記述過程を克明に分析し、その過程にどのような力が働き、またどのような記述上の問題点[44]が生じるのかを明らかにすることによって、児童の文章表現力を伸長させる生きた手がかりがつかめてくる。国研のばあい、記述速度の測定は、最初からの計画に組まれていなかったため、不十分な点があるが、さらに克明な測定を行うことによって、さらに深く記述過程上の問題点を考察できる観点である。

なお、新潟研の調査[45]でも、記述速度の測定が行われ、国研のばあいとほぼ同じ結果が帰納されている。記述速度が文章表現力の発達をとらえる際の尺度として有効であることが、ここからもわかる。

次に、男女別にみたばあいには、「概して女子の方が、最初の五分あたりの記述量も多い。」（同上書、三九一ぺ）ことが指摘され（同上書、三九二ぺ表4－38参照）、これは、「女子に比較的に多い長文型・叙述型と何等かの関連がある」（同上書、三九一ぺ）とされている。

また、個人別にみた書く速さの型（記述量と関連のあるものとないものとある。）としては、次の五つが示されている。

①比較的時間をかけても、なかなかまとまって書けない型
②かなりの長文を、比較的短時間で書いてしまう型
③相当の時間をかけて、量的、質的にもまとまった文を書く型
④相当の時間をかけて、比較的短くまとまった文を書く型
⑤時間も量も不定の型（同上書、三九二ぺ）

さらに、これらの型と、作品のできばえとをてらしあわせてみると、傾向的にではあるが、次のような対応関係が明らかにされている。

①作文があまり好きでもなく、成績も低いものに多くみられる型
②叙述型（中でも興味にまかせて平板に羅列するタイプに多く、女子にみられる）
③作文能力の高いものに多い型

④構想型・統括型（男子に多い）
⑤作文はそれほど嫌いではないが、できばえにむらのある型
（作文の際のコンディションや気分に左右されるタイプ）（同上書、三九二〜三九三ぺ）

以上、Ⅱ　計量面からみた発達　では、文字量、文数、記述速度の三つを取り上げて、検討を加えてきた。中でも、記述速度は、文章表現力の発達をとらえる際に有効度の高い尺度であることがわかった。これら三つを総合的にとらえ、児童作文の表現面の考慮をもあわせ行っていけば、計量面からの観点も、児童の文章表現力の発達を洞察しうる有力な尺度の一つとなるであろう。さらに、計量面からみた発達では、個人差や発達上の類型の問題についても言及されており、児童の個別的な文章表現力の発達をとらえていく際にも、有力な手がかりとなる。

Ⅲ　形式面からみた発達

〈13　文法力〉

文法力・表記力については、文法・表記上の問題点（誤用を中心とする）を含む用例を分析・検討することによって、その学年的発達の様相をとらえていくという方法がとらえている。こういう方法がとられたのは、「作文における形式面の能力は、指導の影響するところが多い。したがって、発達状況や問題点の所在を知って、それに対処することが指導の《こつ》となる」（芦沢節氏稿「作文能力の学年的発達とその指導」、六九ぺ）と考えられたからであった。国研のばあい、作文指導に役立つようにというねらいに基づいて調査が進められている点は長所であるが、反面、児童の文章表現力の一要素としての文法・表記力が、学年的にどのような発達過程をたどるかについては、総合的にとらえられていない点も認められる。たとえば、文法力については、児童作文における単文・重文・複文の

使用状況をみることによって文構造がどのように発達していくかをとらえることが重要な観点の一つであることは認識されながら、国研の調査では明らかにされていない。

さて、児童作文「わたくしのうち」にみられる文法上の発達と問題点は、次の七つの観点から検討が加えられている。

1. 主語・述語・連用修飾語・目的語の脱落現象
2. 主述の照応
3. 主語・述語・連用修飾語・目的語の反復現象
4. 連用修飾語の誤用や連用修飾語・目的語の位置の不適当な用法
5. 接続詞・接続助詞の用法
6. 助詞の誤用
7. 時制関係の誤り

以下、それぞれの観点ごとに、文法上の発達と問題点をとらえていくことにする。

1. 脱落現象

作文「わたくしのうち」にみられる、主語・述語などの脱落現象を、誤りのある作文の全体に占める割合で示すと、下の表29のようになる。表29からは、次のようなことが確かめられる。

①主語の脱落は、低学年からみられ[46]、記述量や記述速度が増加し、文章が複雑になってくる中学年に傾向的には多くみられる。脱落現象は、記述が進み、記述のやまにあたるようなところや、複雑な文章で一気に表現しようとするところで起こり

表29 主・述その他の脱落（1～6年）（%）

	1年	2	3	4	5	6
主　語	40.6	31.6	40.0	32.6	26.8	9.3
述　語	12.5	13.7	10.0	7.0	9.8	7.0
連用修飾語	15.6	10.5	10.0	11.6	7.3	4.7
目的語	31.3	26.3	22.5	16.3	17.1	23.3

（同上書、394ぺ）

やすい。高学年になると、かなり減少するが、下位群ではまだ持ち越される。

②述語の脱落は、低学年に多く、中学年でも文章が複雑になると、中位群まれに上位群の児童にさえみられる。述語の脱落は主語の脱落とほぼ同じ発達状況を示している。

③目的語・連用修飾語の脱落は、低学年や下位群児童に多い。この段階では、まだ、読み手のことを考え、目的語や修飾語を使って読み手によく通じるように書くことができないからであろう。観察力がつき、描写力も備わるようになり、自己の表現意欲や表現意図を相手に伝えようとして文章を書く中学年以降になると、連用修飾語や目的語の脱落よりも、むしろ誤用や反復現象が現れる。（同上書、三九五～三九七ぺ、三三三ぺによる。）

2．主述の照応の乱れ

主述の照応の乱れには、主部に対応する述部が脱落したり、内容が飛躍したり、あるいは主語の位置が不適当（その他、助動詞、動詞などの誤用）などのために起こる。（同上書、三九七ぺ）各学年で、主述の照応しない文を書く児童の割合は、下の表30のようである。

主述の照応の乱れには、①表現意識の転換・ずれ（初めある表現意図をもって書き出し、記述の進行中に、連想や他の強い関心などに引きずられて、別のことがらに転換する現象）によるものと、②文法的な知識や感覚の不足や誤用によるもの　とがある。（同上書、三九七～三九八ぺによる。）

①のような例は、低学年から中学年前期ごろまでの下位群児童に多くみられる。

②は、さらに細かくみると、

1．助詞や接続助詞、動詞の受身などの知識の不足・誤用によるもの

表30　主述関係の照応しない文をかく　（%）

	1年	2	3	4	5	6
主述関係のゆがみ（不整）	31.3	47.4	45.0	44.2	30.2	20.9

（同上書、397ぺ）

2. 連用修飾語の誤用や脱落によるもの

3. 文における主述の照応、呼応の知識や感覚の未発達によるもの

4. 二つ以上のことを一挙に述べようとする場合、それぞれの主述関係を整理しないで書くために生ずるもの（表現意識のずれもあるが、より多く、文法的な能力が未発達によるもの）

（同上書、三九八ぺによる。）

の四つに分類できる。

主述の照応の乱れは、低学年から中学年にかけて多くみられ、下位群児童では、高学年になっても残存する。

3・反復現象

児童作文では、文意識が明確でなく統一的な記述力に欠けるために、前に記したことを忘れて繰り返し述べる、主語・述語・目的語・修飾語の反復現象がみられ、その特徴の一つとなっている。（同上書、三三四ぺ、三九九ぺによる。）これらの反復現象の出現状況は、下の表31のようである。反復現象は、一年からみられるが、文が単純なので比較的少なく、むしろ、文が複雑になり記述量・記述速度が伸びる二年以降（特に中学年）が多くなる。下位群児童では、高学年にまで持ち越され、すっきりした文表現がとれないケースもある。（同上書、三九九～四〇〇ぺによる。）[47]

中学年で反復現象の生じる要因には、前に記したことを忘れて繰り返すという文意識の弱さ、記述力の不統一などのマイナス面と、自己の表現意図を読み手に伝えようとする、説明的態度の発達によるというプラス面とがあり、記述力が伸びてくる反面、

表31　主・述その他の反復（1～6年）　（学級内での誤り人数％）

	1年	2	3	4	5	6
主語	9.4	23.7	12.5	14.0	12.2	2.3
述語	9.4	16.3	15.0	11.6	17.1	7.0
連用修飾語	0	5.3	20.0	11.6	17.1	11.6
目的語	3.1	13.2	5.0	7.0	17.1	2.3

（同上書、399ぺ）

構文力がまだそれに伴わない（同上書、四〇〇ぺによる）段階にあることをよく示している。中学年児童の文章表現力の実態として、記述力に比べ構文力が弱いということは、わが国の作文教育の問題点を反映しているとみることもできる。

4・誤用と位置の不適当

連用修飾語の誤用や連用修飾語・目的語の位置の不適当な用法の発達状況は、下の表32のようである。

連用修飾語の誤用は、たとえば次の例のように、副詞の正しい用法を認識せずに、誤って用いているものをさす。

○ぼくはおうちでねていてすこしをきました。（二年M男）（同上書、四〇〇ぺ）

連用修飾語や目的語の位置の不適当は、たとえば、次の例のように、副詞のかかる位置があいまいになっているものをいう。

○時どきわたしが、かみそりで手を切るとお母さんがとても心配をしてくれるのであまりお母さんに手を切ってもいいません。（五年K女）（同上書、四〇〇ぺ）

これの現象は、段落現象や反復現象に比べると数が少ない。（同上書、四〇〇ぺによる。）中・下位群では高学年になっても現れるが、上位群では中学年のころからみら

表32　誤用・位置の不適当な用法　（誤用の人数％）

	1年	2	3	4	5	6
誤　　用（連用修飾語）	3.1	2.6	5.0	7.0	4.9	0
位置の不適（連用修飾語）	3.1	10.5	12.5	7.0	7.3	9.3
〃　（目　的　語）	0	0	2.5	0	0	0
〃　（主　　語）	0	0	5.0	0	4.9	0

（同上書、400ぺ）

れなくなる。（同上書、四〇〇ぺによる。）

これまでみてきた反復現象および連用修飾語・目的語の位置の不適は、記述力が出てくるが構文力がまだそれに伴わない、語彙力もまだ乏しい段階である（したがって同じことばを反復したり、語順に注意しないで修飾語を使う）ために起こる現象である。したがって、中学年にはこうした現象が多くみられることになる。（同上書、四〇〇ぺ）

5．接続関係

接続詞や接続助詞を適切に、また正しく使えないために、文法上・修辞上難のある文を書くことも、低い段階での児童作文の特徴の一つであり、問題点である。（同上書、三三四ぺ、四〇一ぺによる。）

作文「わたくしのうち」における接続詞の使用状況は、下の表33のようである。

接続詞に関する文法上の問題点は、

①接続詞が使えないため、かわりに接続助詞（から・と・けれど・て・ので等）を多用・乱用したり、会話の受け答えを必要以上に続けたりするもの

②接続詞を多用・乱用するもの

③接続詞を誤用するもの　（同上書、四〇一～四〇三ぺによる。）

表33　接続詞の使用状況（１～６年）　（%）

		1年	2年	3年	4年	5年	6年
接続詞	発語的用法	28.1	15.8	17.5	14.0	7.3	7.0
	展開的用法	18.0	36.8	47.5	39.5	34.1	41.9
	累加的用法	34.4	42.1	35.0	37.2	24.4	37.2
	反対的用法（逆接）	9.4	13.2	12.5	34.9	41.5	48.8
	選択的用法	0	0	0	0	9.8	2.3
	語の連結的用法	21.9	15.8	12.5	7.0	9.8	25.6
	乱用	18.8	23.7	12.5	11.6	7.3	4.7
	誤用	15.7	2.6	10.6	2.3	14.7	2.3
	接続詞を使わない	28.1	26.3	15.0	11.6	19.5	11.6

（同上書、401ぺ）

の三つに分けてとらえることができる。

①は、一連の行動・事件を一気に叙述しようとするあまりに文意のねじれた長文となる。接続詞を適切に使って、文を句切り、文意を明確にすることができない低学年や下位群児童に多くみられる。中には、中学年で、観察の目は出てきていてもそれを叙述する際に記述力が伴わず、一連の行動を一まとめに記述しようとしてしまう例も認められる。こうした現象は、下位群児童では中学年および高学年前期あたりまでもちこされる。（同上書、四〇二ぺ）

②は、①とは対照的に、接続詞の多用・乱用によるこまぎれ文である。具体例としては、接続詞の「それから」を幼児の話しことば「ええとね。それからね。」に類する発語的な用法（表33参照、一年二八・一％）で多用した作文（一年Y女、同上書、四〇二ぺ参照。）などがあげられる。この接続詞「それから」は、一年の作文では使用率が高い。接続詞の多用・乱用の傾向は、下位群児童のばあい中学年まで持ち越されるが、他の児童のばあいは中学年以後は少なくなる。（同上書、四〇二〜四〇三ぺによる。）[48]

③は、中位群児童で、誤って使用しながらしだいに正しい接続詞の用法を習得していく過程がみられた。（同上書、四〇三ぺによる。）

表33によると、累加的な用法（それから・そして・そうして・それに）、展開的な用法（それで・だから・そうしたら・そうすると）などは、比較的早く多く使用されるが、このうち「それで」「しかも」「だから」など原因・理由・条件などの意を表すものは、構文の上からも、複雑、高度になるためか、使用も学年が上になるにつれて多くなり、また、使用されても、文脈上、あるいは、前後の連接の関係上、誤用されやすい。なお、一般に、順接形式よりも逆接形式の方が習得度が遅い。（同上書、四〇三ぺによる。）

次に、接続助詞に関する文法上の問題点は、[49]

①接続助詞を多用・乱用するもの

②接続助詞が正しく使えないもの

の二つに分けてとらえられる。(同上書、四〇三〜四〇四ぺによる。)

①は、接続詞が使えないものでみたように、接続詞を使って文を適切に句切る、主述関係をはっきりさせて文を整理する、文表現に適切な助詞を使い分けること等によって、読みやすい達意の文にすることができず、ただ同種の助詞を重複して使い、いたずらに文を引きのばしている、構文感覚、叙述技法の低い段階にみられる現象である。(同上書、四〇四ぺによる。)なお、接続関係に問題のある文を書く児童には、

○接続助詞を使って長文にする傾向のもの

○接続詞を使ってこまぎれ文にする傾向のもの

の二種類がある。中学年以後は、語法・文法的な発達と、接続詞・接続助詞の使用の経験を重ねることによって、接続詞を使って、長い文、複雑な文を適切に句切ったり、接続助詞を適切に使い、複雑な構造の文を書いたりすることのできる技法[50]を徐々に習得していく。(同上書、四〇三〜四〇四ぺによる。)

しかし、この両種の接続の語を表現意図に即して使い分けることは容易ではない。(同上書、四〇四ぺによる。)指導上の留意点としては、もっと意識的に両者の相違点を弁別させることによって、さらに学年的発達を促進させるようにすることが必要となろう。

②では、特に、原因や結果を表す文脈で接続助詞を正しく使うことに問題が認められる。(主として、「たら」と「ので」の混用、「たら」と「……て」の混用、例は、同上書、四〇四ぺ。)つまり、接続詞を使って長文を書くばあいでも、厳密には、接続助詞の正しい用法に基づいて使えないものが少なくないという実情である。しかし、それらを除く他の接続助詞(けれど・けど・ので・のに・ても・と・がなど多様な助詞)が比較的正しく使われ、学年とともにその種類も多くなっている。(同上書、四〇五ぺによる。)

ここでは、児童作文の叙述のスタイルを考察していく際に、接続詞・接続助詞の用法（両者の正しい使い分けを含む）に着目することが有効であることがわかった。特に低学年児童の文章表現力（中でも叙述力）を診断する際には有力な尺度となるし、この用法の分析を通して叙述力（記述力）の発達をとらえていくことも可能であろう。

6・助詞の誤用

作文「わたくしのうち」における、助詞の誤用状況は、下の表34のようである。

表34をみると、格助詞の誤用が最も多く、副助詞の誤用は少ない。副助詞については、「格助詞での誤用の多かった下位群児童でも、副助詞を使う場合には、比較的早くから、正しく使えている。」（同上書、四〇七ペ）という実態であった。ただし、一年生の文法テストで、副助詞の正しい使用力をみたばあいには、低い成績[51]であった。このギャップについては、「低い段階では紛らわしい形が示されるとどちらが正しいか迷うが（引用者注、意識的に弁別するレベル）、自分が書く場合には、日常の話しことばで、日本人なら、すでにこの時までみがかれてきた語感として正しく使えるのであろう。」（同上書、四〇七ペ）と分析され、格助詞と副助詞の誤用例の相違については、「格助詞などでは、助詞によって、それ以外の文の関係が変ってくる、《ママ》文の照応関係などのことの方が、知識としてはもちろん、語感、

表34　助詞の誤用　（%）

	1年	2年	3年	4年	5年	6年
（助詞の脱落）	12.5	15.8	5.0	7.0	7.3	2.3
格助詞の誤用	28.1	21.1	37.5	32.6	12.2	9.3
係助詞の誤用	9.4	15.8	15.0	16.3	9.8	7.0
副助詞の誤用	0	7.9	0	4.7	4.9	2.3
接続助詞の誤用	9.4	15.8	10.0	14.0	2.4	2.3
（接続助詞の乱用）	15.6	21.1	15.0	7.0	14.6	2.3
（接続助詞の不出）	9.4	15.8	5.0	4.7	2.4	0

（同上書、405ペ）

文章感覚としてもまだ十分に育っていないのであろうか」（同上書、四〇七ペ）と述べて、今後の研究の方向を示唆している。

次に、格助詞の中で特に目立つ誤用例は、①格助詞「が」と係助詞「は」の混用現象である。このほかにも、②格助詞「を」と「に」の混用、③「で」「では」「には」にあたる部分に「は」を用いて舌たらずな表現をとること、④並列の助詞「と」の最後をぬかして格助詞「で」にして使うこと、が目立っている。（ただし④は誤用とまでいえまい。）これらの誤用は、文が複雑になるために、低学年より中学年で多くなるが、高学年になると（一部の下・中位群児童を除いて）減少していく。（同上書、四〇六ペによる。）

また、係助詞では、「が」と「は」の誤用以外は、比較的正しく使えている。この誤用も、中学年がピークであとは正しくなっていく。（同上書、四〇七ペによる。）

7・時制関係

時制関係の誤り（時の観念の混乱）は、遠足文などのように、時の経過に従って、行動や事件を叙述するばあいには表面化しないが、課題作文「わたくしのうち」では、過去を回想したり、未来を想定したりする箇所が現れ、書く立場での時点と、回想事や予想事の時点とが混同されがちになる。（同上書、四〇八ペによる。）

作文「わたくしのうち」における、時制関係の誤りの出現状況は、下の表35のようである。この表35からもわかるように、時制関係の誤りは全般的にはそれほど多くない。時制関係の誤りを具体的にみると、過去の回想・過去の事実・ありえない過去の仮定・未来への期待などと、現在とが混同されているものがほとんどを占める。（同上書、四〇八ペによる。）

表35　時制関係の誤り

1 年	2	3	4	5	6
9.4%	15.8	6.5	7.0	2.4	9.3

（同上書、408ペ）

（注）２年が最高で、学年によって出入があるのは、記述の際の、回想や想定を含む内容との関連の有無にもよるからであろう。（６年の数字はそれを示している。）

また、時制の表現と関連して、低学年では、次のような作文がみられる。①三日間にわたる私の一日のことが書かれているが、おととい・きのう・きょうとは書き分けないで、一日の経過を「ごはんをたべてねる」ということで表現する作文（一年A女、同上書、四〇九ぺ参照）②時の経過に即して仕事の経過を述べようとするが、何日めというような総括表現ができず、作者自身が寝たり起きたりすることによって、日々の経過を示す作文（二年S女、同上書、四〇九ぺ参照）

これらは、「時間の経過や継続を、就床・起床という素朴な行動表現によって表わす」（同上書、四〇九ぺ）幼い用法の作文であり、「時制の約束以前の問題」（同上書、四〇九ぺ）を示している。こうした表現は低学年（特に一年生）だけでなく、下位群児童では学年が進んでもみられる。（同上書、四〇九ぺによる。）これらの児童は、時の観念を、自己の行動と密着させることによってとらえようとしており、さらに進んで時の観念を抽象化してとらえることができない段階にいると思われる。時制関係の誤りは、もともと、「子どもの時間観念の未発達によることが多い」（同上書、四〇八ぺ）と考えられるが、時制関係の誤りには、他の項目と違って、「2・3の例外を除いては、同一児童が続けて誤る（S男二・四年、A女一・四・六年）、または、誤る傾向があるというところに特徴があ」（同上書、四〇九ぺ）り、特に能力の低い児童に現れる問題点といえよう。

以上、文法上の発達と問題点については、誤用例を中心に、七つの観点から検討を加えてきた。児童作文にみられる文法上の問題点としては、特に、主述関係のあいまい・不明・煩雑（同上書、三九四ぺによる。）の多いことが観察された。これは、主語や述語の脱落および反復現象、主述関係のゆがみ（同上書、三九四ぺによる。）等によるところが多く、文法上の問題点が集約的に現れた現象である。わが国のばあい、かな文字表記という利点があり、低学年から文、文章を書くことが可能となるが、主述関係の明確な文を書く力を育てていくことには、なお問題が残されている。文章表現力の基礎として、文法的に正しい文を書く力を培っていくことが、今後必要になると考えられる。その際、主述関係の明確さという点は、指導上の重点項目となろう。

次に、文法上の問題点を学年別にみたばあいには、中学年段階の指導をどうするかが問題となる。文法上の問題点は多く低学年に集中しているが、中には、中学年に傾向的に多く出現しているものが観察された。これらは、○主語・述語の脱落現象、○主語・述語・目的語・修飾語の反復現象、○修飾語の誤用と修飾語・目的語の位置の不適当、○助詞の誤用などである。こうした現象が、低学年より中学年に傾向的に多く現れるのは、中学年という時期が、文章表現力の発達上、記述意欲の増進、記述量・記述速度の増加、文章の複雑化（加えて文構造の複雑化）、内容の充実などの発達的徴候を示し、描写力、観察力などの記述力も著しく伸びてくるが、一方で、構文力はまだ弱く、記述力も統一的な記述を進めていけるだけの力は備わっていない段階であるためである。この点、文法上の誤りが多いことは、むしろ質的な発達をとげつつある中学年期の発達的徴候の一つともみなされる。しかし、作文指導の実態を考慮すれば、わが国において、低学年から構文力をつけるための指導を一つ一つ積み上げていないことの反映とも考えられ、構文力と記述力（統一的記述力には高まっていないレベル…部分的記述力〈例・描写力〉）の発達上のアンバランスの是正が図られる必要がある。

さらに、中学年の文構造の発達の面から、文法的な誤りの生じる原因を実証的につきとめるとともに、文法用の誤用現象相互の原因も掘り下げていく必要がある。

国研の文法力の発達に関する調査結果は、わが国の作文教育の現状と欠陥を反映していると思われる面もあって、これらを発達上のゆがみととらえ、今後、指導の成果として達成されつつある発達という観点から文章表現力の発達に関する調査を実施して、その是正が図られなくてはなるまい。

〈14　表記力〉

ここでいう表記力の中には、文字力を含めて考えることにしたい。文章表現力の一要素としての文字力は、主に書字が問題となる。書字力は、細かくみれば、①ひらがな書字力、②かたかな書字力、③漢字書字力、の三つとなる。これら文字力（書字力）は、主として、一字ずつの表記力である。

一方、表記力としては、①漢字とかなを正しく使い分ける力、②かたかな書きにすべき語を、正しくかたかな表記する力（ひらがなとかたかなを使い分ける力およびかたかな語表記力）、③文脈にふさわしい漢字を書く力、④正しいかなづかいで書く力、⑤正しい送りがなで書く力、⑥くぎり符号を適切に使う力　などが問題となる。表記力とは、（その文字一字ずつの文字力に比べると）語として、あるいは文としての機能体として文字を表記する力である。（同上書、一四七ぺ参照）したがって、表記力の発達は、文法力の発達とも密接にかかわりをもつ（用言の活用と送りがなの法則、同上書、一五〇ぺ参照）ことになる。

さて、『小学生の言語能力の発達』では、次の六つの観点から表記力の発達がとらえられている。

1　文字表記の誤り
2　漢字の誤記
3　かたかなの使用
4　かなづかい
5　送りがな
6　くぎり符号

以下、これらの観点ごとに検討していく。

1　文字表記の誤り

まず、文字力の発達（記述の都合上、表記力も含まれる）についてみると、文字力テストの結果（同上書、第三編のI「文字の習得」、四四～一四六ペ参照）に比べ、「作文での使用状況では、より消極的であり、文字表記の誤りが目立つ。」（同上書、三三五ペ）という状態であった。また、「文題が『わたくしのうち』に一定しているので、語いの使用範囲も限られる傾向があり、使用漢字も同一あるいは類似の意味系列に属する漢字の使用数が多くなっている。たとえば、うちの人→家の人→家ぞく→家族といった事例で、語いの拡充とともに漢字の使用も学年ごとに増大している。」（同上書、四一一ペ）ことも明らかにされている。このように、文字力テストに比べると、文字力（書字力）の発達が遅れているとはいえ、「記述量の発達に付随して、それぞれの文字の使用状況も学年ごとに発達している。」（同上書、四一〇ペ）ことも事実である。（同上書、四一〇～四一一ペ、表4－44～4－46参照。）

次の表36、37は、作文「わたくしのうち」における、漢字・かたかな・ひらがなの誤用・不正使用率を示している。この表から、次のような、文字力の学年的発達の概要が帰納されている。

①ひらがなの誤記は、学習期および記述量の増加する低・中学年に最も多く、高学年になると減少する。

②低学年では、ひらがなの文字を誤ることが多いが、中学年では、かなづかい、促・拗・長音の誤りが多く、高学年では、その残存とあわて書きが多い。

③漢字は、字形を誤る（自己流の字を書く）、漢字の表意性を無視して、同音（訓）異字を借用する、音・訓の一部をあて字風に使用する、類似字形や意味の近似する文字を使用するなどで、低学年から高学年まで誤りがあるが、誤用率が低いのは、漢字を誤りやすい児童は漢字を書かないことにもよろう。

④かたかなの誤記は、かたかな学習が進み積極的にかたかなを書こうとするが、まだ習得しきれない三年ごろに最も多い。文字としての誤り、ひらがながまじる、および、促音・拗音・長音を表記する際の誤りが目立つ。

（同上書、三三五ペ、傍線は引用者。）

ここでは、文字力・表記力の発達が総合的な観点からまとめられている。なお傍線部は、文字力の発達にかかわる指摘である。

2　漢字の誤記

漢字の誤記としては、先に取り上げたように、

①正しく字形がとれない、自己流の文字を書くこと
②漢字の表意性を無視した同音（訓）異字の使用
③漢字の音訓の一部分を漢字として用いたり、ひらがなに代用させたりすること
④字形の類似した漢字の使用
⑤意味の近似（反対概念も含む）した漢字の使用
⑥熟語などの場合、全部ひらがなで書かず、習得できた漢字、記述の際に想起できた漢字だけをまぜがきにすること
⑦現行表記ではかな書きがたてまえの語を漢字で書くこと

（同上書、四一三〜四一四ぺによる。）

などの問題がある。

①は、漢字の誤記のうち最も多い現象で、「点画が不足したり、多すぎたり、位置が変だったりで、漢字学習

表36　各種文字の誤記字数（平均）　（字）

学年	1年	2年	3年	4年	5年	6年
ひらがな	10.3	14.3	15.7	12.9	11.8	3.9
漢字	0.1	0.8	2.0	3.4	2.9	3.0
かたかな	0	0	0.3	0.1	0	0.3

注　誤字・脱字・付加字、かなづかい、拗・長音、表記など、その文字に即した誤り、不正使用はすべてとりあげた。

表37　各使用文字の誤り率　（%）

学年	1年	2年	3年	4年	5年	6年
ひらがな	5.8	4.6	3.4	2.5	1.9	0.9
漢字	12.5	9.9	2.8	8.1	4.8	4.4
かたかな	0	0	8.3	1.9	0	2.7

表35はまちがいの字数の学級平均、表36は誤用率である。

（同上書、412ぺ）

が軌道に乗り始めた中学年から高学年前期にかけ、最も多かった。」（同上書、四一三ぺ）ことが報告されている。

②は、①の次に目立つもので、「漢字が学習され漢字に対する関心が強くなる中学年のころから始まり、高学年に進むといっそう盛んにみられる。中位群に多く、上位群でもたまにみうけられる。」（同上書、四一三ぺ）現象である。

③は、②と同様に、「漢字に対する認識の不足から来るもので、（中略）高学年になっても下位群児童に時々見受けられる。」（同上書、四一三ぺ）現象である。

④、⑤は、数としては少数である。（同上書、四一三～四一四ぺによる。）

⑥は、「学習した漢字・熟語を忘れて、覚えているものだけ漢字で書く場合（中位群に多い）と、特別に学習しない語などで、読書その他、自分の経験を通して覚えたものを漢字で書こうとする場合（上位群）に起る。」（同上書、四一四ぺ）もので、「発達過程上の現象」（同上書、三三五ぺ）と考えられている。

⑦は、「おとうさん・おかあさんなどを、お父さん・お母さんなどと書くことで、上・中位者はもちろん、漢字使用の少ない下位者でも、これらの語には漢字を使う例が多い。」（同上書、四一四ぺ）とされている。

これらは、①が漢字書字力、②、③、④、⑤が漢字表記力、⑥、⑦が漢字表記とかな表記との使い分けの力を問題としている。中でも⑦は、わが国の表記上の問題点[52]を反映しており、かな・漢字を正しく使い分ける力を身につけさせることのむつかしさを物語っている。表記力としては、かな・漢字表記の弁別・使い分けが、最も高度な能力として位置づけられよう。

一方、これらの漢字使用の消極面に対し、「高学年になると、映画・下旬・診療・麴・鎌倉・鳩など、その児童の生活上親しい別表外の当用漢字や表外字のあるものは漢字で書いており、ことに、映画などは、中位群の児童でも幾人かが書けていたこと」（同上書、四一四ぺ）も報告されている。（漢字表記力の個人差）

なお、概して、漢字の誤記は中位群児童に多いとされ、その理由としては、「上位群は、学年相応の日常的な文字は、かなり誤りなく書けるようになっており、一方、下位群は漢字使用が少なく、ごく日常的な漢字でも、かながきにしているからである。」（同上書、四一四ぺ）と分析されている。

3　かたかなの使用

かたかな表記に関する問題としては、
①かたかなの文字そのものの誤記
②かたかな語表記の誤り
③かたかな書きにすべき語をひらがな表記ですますもの
④かたかな表記力の個人差
などの問題点がある。

①については、「ペン（パン）、ホチル（ホテル）など中学年に多少あるが、次第に減ってくる。かたかな文字を誤るほどのものは、ひらがなで書いてしまうからであろう。（六年で多いのは下位群でのかたかな使用がふえ表記上の誤りが加わったためである。）」（同上書、四一六ぺ）と述べられている。

②は、長音・促音・拗音の表記（かたかな文字力テストでも問題となったもの）に誤りが目立つが、数の上では比較的少ない（用例としては三～六年）と指摘されている。（同上書、四一六ぺによる。）その理由については、「表記で問題のあるような児童は、作文では、テストのように強制されないから、多くひらがなですませるからである。」（同上書、四一六ぺ傍線は引用者。）と分析されている。

③は、②の引用の傍線部とかかわる問題である。作文「わたくしのうち」六年間のかたかな使用文字数は、総字数に対して徐々に伸びてはいるが（同上書、四一四ぺ参照）、これを他のひらがな・漢字の使用率と比べると、非常に

少ない。(同上書、四一五ぺ参照) これは、一年ではかたかな表記は皆無であり、二年以降でも依然としてひらがな書きのものがあり、下位群児童では六年になってもひらがな表記ですませるもの(数は少なくなる)もいるからである。しかし、使用率として多少の発達が見られるように、一、二年は足ぶみ状態であるが、三年以降は急にかたかな語表記が増えてくる。三年では、まだ両種混用の過程もあるが、同時に使い分けも可能になっていき、学年が進むにつれて、はっきり使い分けられるようになる。また、擬音語のかたかな表記も、学年が進むとできるようになってくる。(同上書、四一五ぺによる。) なお、かたかな語をかたかな表記する率は、次頁の表38にまとめられている。

④は、漢字表記力でも、その傾向のみられた現象である。かたかな表記力では、「上位のものは四年後期あたりで、かれらの使用語い範囲のかたかな語ならほとんど完全にマスターできるが、能力の低いものは、六年でもひらがながき、それも誤記する(おきしゅーる・オキシフル)など、個人差が著しい。」(同上書、四一五〜四一六ぺ)と報告されている。また、かたかな語の出る作文を書いた児童を個人別に六年間通して観察した結果が、先に引用した表38のようにまとめてあり、かたかな表記力発達上の個人差がとらえられる。漢字表記力およびかたかな表記力の習得には、読書量、生活環境などの違いによる使用語い範囲の広狭が大きく作用しており、特に習得の遅い児童については、この方面からの対策が必要となろう。

右にみてきたうち、①〜③は、①がかたかな書字力、②がかたかな表記力、③がかたかな表記とひらがな表記の弁別、使い分けの力を問題としていた。特に、③の力をつけさせることは容易ではない。④の個人差の問題も含めて、かたかな表記とひらがな表記の弁別力、使い分けの力をつけさせることが、かたかな表気力習得上の課題となろう。[53]

4 かなづかい

かなづかいの誤りは、次の表40のような出現状況である。この表40からわかるように、かなづかいに関する問題

表38　(%)

学　　　年	1年	2年	3年	4年	5年	6年
かたかな語の かたかな使用率	0	30.4	56.8	68.8	77.3	92.6

（同上書、411ぺ）

表39　個人別かたかな使用表（2～6年）

2年	3年	4年	5年	6年	
—	—	げえむ	くりすます	ぷうる せいぷでぱあと	（下位Ｓ男）
めへじほてる	—	—	がらす	ガラスばり	（中位Ｔ男）
—	—	とらんぷ ちょこれいと サザエさん	トランプ タイルや	メリー（犬の名） ドッヂボール	（中位Ｍ女）
レスリング	—	サボテン ソリッドモデル カトラス ラジオ	グッピー ゼブラ エンゼル クリスマスツリー サボテン	フリュート クラリネット アコーデオン ヴァイオリン	（上位Ａ男）
—	ラジオ ポッポちゃん モーターミシン	テレビ オリンピック	—	ハーモニカ ギター オルガン パタパタ	（上位Ｍ女）

（同上書、416～417ぺ）

点は、次の六点に整理できる。

①助詞の表記
②四つがな表記
③長音表記
④拗音表記
⑤促音表記
⑥長音・拗音・促音における小文字表記

（同上書、四一七～四一六ぺによる。）

①は、助詞の「は」と「わ」、「へ」と「え」、「を」と「お」の混同が問題となる。表記力テストのばあいと同様、「へ」が最も誤りが多い。これらは、低学年・中学年までは、時には中位群児童にも書き誤るものがある。なお、低学年や下位群児童では、助詞以外のばあいにも混同するものがある。（同上書、四一七ぺによる。）

②は、主に、じ・ずの使い分けの誤りで、「一年に意外に多かったのは、現代かなづかいで、じ・ずを使うべき語に、ぢ・づを使う場合で、これは、家庭の指導の影響と見られ、上位群に見受けられた。（例　ゆづゆ。）高学年では、逆に、同音の連呼や二語の連合によって、ぢ・づと書くべき場合に、じ・ずと書いている。」（同上書、四一七～四一八ぺ）と指摘がある。

表40　かなづかいの誤用率　（%）

学　　年	1年	2年	3年	4年	5年	6年
は・わ	15.9	15.4	6.4	7.6	3.7	2.9
へ・え	23.3	15.5	17.3	12.5	15.1	11.9
を・お	18.3	13.9	8.0	6.3	5.2	2.3
じ（ぢ）・ず・（づ）	21.7	6.0	7.8	6.2	5.6	4.8
長音	17.8	9.7	2.8	5.8	3.8	2.1
拗音	38.6	40.0	49.0	34.2	32.8	10.9
促音	39.6	39.6	37.2	11.5	8.9	2.9

注　長音・拗音・促音の場合は、小文字表記のできないものも誤りとして数えた。拗音の誤りが3年～5年でも相当あるのは、大字にかいたり、あわてて脱字したりするためであり、個人的にみると、拗音・促音の大字や脱字の多いものは、共通して誤る傾向がある。　（同上書、417ぺ）

③は、エ列とオ列の長音表記の誤り（例「おねいさん〈エ列〉、「きのお」「おうきい」〈オ列〉）と、語の長音化傾向による誤り（例「せめんとう」――セメント」）とがあり、低学年に混同が多いが、学年が進むにつれて正しくなり、また、漢字使用に伴って顕在化しなくなる。（同上書、四一八ぺによる。）漢字使用によって顕在化しなくなる点は、特に、指導上注意を要する。

④では、ウ列拗長音[54]の長音「う」が脱落し短音化して表記されやすい（例、べんきょう→べんきょ、さいしゅう→さいしゅ）が、反対に、拗音を長音化して書くばあい（例、いっしょうに〈一緒に〉、きんぎょう〈金魚〉）もある。（これは発音とも関係がある。）これらは、低・中学年に多くみられる。（同上書、三三六ぺによる。）なお、拗音の誤りが、三～五年でも相当あるのは、表40の注にもあるように、大字に書いたり、あわてて脱落したりするためである。（中学年で記述量が伸びる時期に形式面がおろそかになる傾向と関係がある。）（以上、この頃、四一八ぺによる。）

⑤は、つまる音「つ」の脱落が特に目立ち、下位群では、中学年でも持ち越されるが、高学年になると減少する。（同上書、四一八ぺによる。）

⑥は、低学年では守られず、中学年あたりでは急いで書いて守られぬばあいがある（正しい表記と誤り表記とが入りまじっている）が、脱落現象に比べると少ない。（同上書、四一八ぺによる。）中学年で形式面に注意がゆきとどかないことを示す現象の一つである。

その他として、「いいました・いうと（言）」を「ゆいました・ゆうと」と表記するものもかなり目立つことが指摘されている。（同音書、四一八ぺによる。）

かなづかいについては、正しい発音の習得とも深くかかわっており、その面からの指導も必要である。特に、漢字表記にかくれて顕在化しない誤りを洞察していくことが大切となる。

5　送りがな

送りがなの誤りは、使用漢字数が多くなる中学年後期ごろから目立ってくる。（同上書、四一八ぺ、四－五一表参照。）

送りがなの誤りの型としては、多い順に、
①無活用語におくるもの（例、「私たくし、私くし、私し」など）
②活用語尾が脱落するもの（例、「行ます、行て」・「死だ」など）
③活用語尾に余分におくるもの（例、「帰えって来る」など）
の三つがある。（同上書、四一九ぺによる。）
①は、中位群以下の児童に多く、四、五年になっても引き続き見られた。
②は、ことに、連用形で、促音化、撥音化するばあいに多いのが目立つ。
③は、①、②に比べると少ない。（以上、この頃は、同上書、四一九ぺによる。）
これらの現象は、「漢字の機能の知識や文法・語法的な知識の不足」（同上書、四一九ぺ）によるもので、表記能力テストの結果とも共通するものがある。（同上書、一五〇ぺの③参照。）また、こうした混乱の一因として、「教科書表記と他の読み物等の不統一からの影響」（同上書、四一九ぺ）が指摘されており、指導のむつかしさを示している。なお、これらの現象は、漢字使用率が低いために表面化していない点も考えられ、潜在的実態としてはさらに問題が多いものと予想される。文法・語法力の育成、漢字の機能の認識の徹底を通して、その発達が図られるべきであろう。

6　くぎり符号

くぎり符号（句点・読点・感嘆符・疑問符・会話や引用のかぎ・かっこ・つなぎ符号・並列の点など）のうち、特に問題となるのは、児童の常用する、句点・読点・会話のかぎの三種である。（同上書、四一九～四二〇ぺによる。）これらを中心に、符号の使用状況をみると、次の表41にようである。

この表41から、くぎり符号を使う力の学年的発達は、次のように帰納されている。

①それぞれ、傾向的には一応学年の進度に応じて使用率も上昇しているが、細部をみると、必ずしもそうではない。

②句点「。」の使用では、四・五年になると、一応正しく使う知識はそなわるようになる。ただ、三年と六年が、前学年よりも落ちているのは、「。」を使う意識《ママ》や使い方を知っていながら、叙述に気をとられて、正しく「。」を使わない、「。」の代わりに「、」点を打って代用してしまう傾向があり、記述量の増加、記述速度による、書く場合での形式面の無視・軽視によるものと見られる。

③読点「、」の使用は、順調に伸びており、ことに、高学年で急速に上昇している。この数字では、中学年までは読点の使用が非常に低いようであるが、児童の中には、わかち書きをもって、読点使用に代えているものが相当

表41　くぎり符号の使用状況　（%）

		1年	2年	3年	4年	5年	6年
句点。の使用	正しく使えたもの	35.1	51.2	45.7	64.4	68.9	57.8
	句点の意識はあり時々正しく使うもの	48.7	32.6	39.1	28.9	26.7	40.0
	使えないもの	16.2	16.3	15.2	6.7	4.4	4.4
読点、の使用	正しく使えたもの	2.7	11.6	13.0	17.8	64.4	64.4
	読点の意識はあり時々正しく使うもの	16.2	16.3	28.3	8.9	13.3	26.7
	使えないもの	81.1	48.8	58.7	73.3	22.2	8.9
会話の「　」の使用	会話のある文章をかいたもの	38.9	57.1	61.4	77.8	70.5	56.8
	そのうち会話の箇所に「　」を使用したもの	0	12.5	22.2	22.9	54.8	56.0
	「　。」の形で使えているもの	0	8.3	14.8	14.3	9.7	16.0

（同上書、420ぺ）

にあり、読点の意識はもっと高いはずである。わかち書きの代用は、使用教科書の影響からか、中学年までは、かなり上位群にも見られた。また、下位群児童の中には、わずらわしいほど読点を使用しているものも見られ、読点使用は、この段階ではかなり乱れている。

④文中の会話の「　」の使用は比較的順調に発達する。しかし、ことばの最後に句点「。」を使用することは案外にできていない。これは表記能力テストの結果とも共通している。一般のよみものなどでも、会話の最後の句点の「。」が省略されている形が多く、あるいはそうした影響も見のがせないであろう。なお、低学年では会話の箇所があっても、かぎを使用できないでいるが、それが使用できるようになるまでの間に、中・下位群のあるものは、受けのかぎや、おこしのかぎを使用しない（どちらか一方）、会話として引用する句に余分や不足があるという一時期もみられる。（同上書、四二〇～四二一ぺ）

また、①、②の句読法については、特に低学年段階で、文章表現力との関連[55]があることが明らかにされている。④の低学年の実態の指摘は極めて重重である。形式面の中でも、会話のかぎの指導は記述力の発達（会話による記述の具体化の力）とかかわる面が大きいことがわかる。（この点は、小川太郎著『生活綴方と教育』、一一五ぺよりも掘り下げてある。）

これらの分析を通して、くぎり符号を使う力の学年的発達は、次のようにまとめられている。

「総じて、句読法の知識は学年ごとについてくるが、三・四年のある時期に、符号の脱落、付加、不正使用が増えるという現象は、新潟県の調査結果にもみられ（引用者注『作文力の研究』、三一～三三ぺ参照）、この期の記述量の増加、内容面への意欲との関連がありそうに思われる。（中略）中学年以降の句読法の低下は、意識としてはすでにありながら、使用しない場合が多く、したがって、句読法の使用は曖昧でも、作品としては相当に書けている場合もある。一定の時間内に書きたいことをたくさん書こうとする結果、符号などを無視して叙述しようとする型の児童、あるいは前期によく使えていて、次には書けない、そうした時期のあることが傾向的に認められた。記述量の伸長期に符号使用の退化が見られるのは、そのためであろう。」

（同上書、四二一ぺ）

これによって、くぎり符号の使用力は、表記力の中でも、最も文章表現力の発達と密接にかかわっていることがわかる。また、国研の調査結果をみると、児童作文では、くぎり符号は三種類に限定して用いられており、多様性に乏しいことが認められる。さらに多くのくぎり符号を有効に使い、表現効果を高めていくことが考えられる必要がある。こうした指導によって、児童の文章表現力はさらに伸びていくにちがいない。(56)

以上、表記力の発達については、六つの観点から検討を加えてきた。文法力の発達と同様、中学年の実態が比較的詳しく報告されており、記述量、記述速度の増大によって形式面がおろそかになることがわかった点は、大きな収穫である。中学年段階では、表記面の誤りを逐一訂正することはかえって逆効果となることも考えられるが、くぎり符号（特に「　」）に関しては記述力の発達ともかかわりがあり、指導上の工夫が必要となる。

三

〈事例研究および発達要因の検討〉

第三節の二では、作文スキルごとに、その学年的発達経過をとらえてきた。作文スキルの学年的発達については、個人ごとの事例研究を経て学年的発達の検討に進むことが望ましいが、国研のばあい、言語能力全般にわたる調査という性格上、統計的な処理による考察が主体となって、個人別の事例研究が手薄になっていることは否めない。

国研の言語能力の発達に関する調査研究は、

①甲学級・乙学級児童のめいめいの事例的な発達研究
②実験学校・協力学校の成績の全国的概観による学年的標準と傾向の測定
③言語諸能力調査のための新しいテストの作成と調査法のくふう　（同上書、一九ぺ）

の三方面にまたがり、②および③に相当の力が注がれた。このことは、研究の反省（五点）の一つにあげられていることである。（同上書、一九ぺ参照。）反省点としてあげられている五項目は、いずれも、本来個別的な事例研究をめざしながら(57)都合により十分にそれができなかったということに集約される。先にみてきた作文スキルごとの学年的発達でも、個別的な検討がないために、傾向の指摘にとどまっているところ、考察結果の妥当性を確かめられないところ、個別的な研究があればさらに深まったと思われるところなどが随所にあり、追跡調査の基本として事例研究を出発点とすることの必要性を痛感させられた。

事例研究の必要性については、作文スキルの発達のまとめにあたられた芦沢節氏自ら、次のように反省していられる。

「児童の六年間の作文能力の発達については、『小学生の言語能力の発達』（国立国語研究所報告26）で、全体的に、比較的、詳しく、内容・計量（文字量・書く速度等）・形式（文法・表記）面にわたって考察を加えることができた。しかし、全体的な数量に隠れて、ひとりひとりの個性的な作文力の発達経過をみることはできない。」（芦沢節氏稿「作文能力の発達過程(2)――ひとりの児童の作品を中心として――」、国立国語研究所編集2『ことばの研

究』第2集〈昭・四〇・三・三一、秀英出版刊〉所収、傍線は引用者。）

もっとも、事例研究が不足しているとはいえ、国研のばあいも、次のように、いくつかの事例については、考察・検討が加えられてきた。（作文力を、部分的にでも、とりあげているもののみあげる。）

①低学年（一・二年）児童（六名）の言語能力の発達に関する事例研究〈男子三名・女子三名〉
（『低学年の読み書き能力』所収、三一一～三六三ぺ、村石昭三氏担当。）

②中学年（三・四年）児童（一名）の作文能力の発達に関する事例研究〈男子一名〉
（『中学年の読み書き能力』所収、一五四～一六七ぺ、芦沢節氏担当。）

③高学年（五・六年）児童（二名）の言語能力の発達に関する事例研究〈男子一名・女子一名〉
（『高学年の読み書き能力』所収、一六八～二〇三ぺ、村石昭三氏担当。）

④児童（四名）の言語能力の学年的発達（六年間）に関する事例研究〈男子二名・女子二名〉
（『小学生の言語能力の発達』所収、五四二～五八五ぺ、村石昭三氏担当。）〈うち一名は、①の中の児童〉

⑤一児童の作文能力の学年的発達（六年間）に関する事例研究〈男子一名〉
（国研論集1『ことばの研究』所収、三九七～四一〇ぺ・国研論集2『ことばの研究2』所収、二七三～二八七ぺ、芦沢節氏担当。）

（以上延べ事例数一四、異なり事例数一三）

これによれば、合計十三名の事例研究（うち、作文力に焦点をあてたものは、二名）がまとめられている。しかし、六年間を通したものは五名のみで、しかも作文力をとりあげたものとなると（六年間通したものの中で）一名にしかすぎない。

以下、作文力をとりあげているものを中心として、事例研究の成果を要約して示し、この方面に関する研究の水準、問題点を明らかにしていきたい。

①の研究では、事例研究をすすめていく時の、サンプル（事例）の選択基準および基本方針が明らかにされている点が注目される。

六事例を選んだ基準・方針は、次の四点である。

1．まず、低学年児童のふつうの言語能力の発達——学級でふつうの子どもの言語能力はどんなふうに伸びていくかをつかみたい。

2．次に、そのためには両極の事例——学級で特に優る子どもと、劣る子どもの事例について触れることが便宜的である。

3．特に、言語能力と知的・身体的・性格的・環境的・教育的な各要因との力学関係はまちまちであるから、なるべくそれらのからみあいが、見渡せることが望ましい。

4．男・女の両事例を含むことが望ましい。

（『低学年の読み書き能力』、三一七〜三一八ぺ）

さらに、「この基準に従って、選び出した六事例が言語能力の発達、および要因の特徴の上に全体として統一あるバライティを持つように」（同上書、三一八ぺ）考慮が払われ、その結果、六事例のとりあわせは次のようになった。（表42）

各事例は、次の三つの観点から考察されている。

I　言語発達条件

A．家庭環境（①両親家族関係、②養育歴、③家庭の文化環境など）

B. 知能
C. 身体
D. 性格
E. 教育（①学校生活、②家庭読書）

Ⅱ　言語能力の発達
1. テスト期別にみた各言語能力評点表とその分析
2. テスト期別にみた「総言語能力評点（平均）と順位」表とその分析
3. 〈テスト期別にみた正答文字数表とその分析〉……（No.1のみ）
4. 第一年次・第二年次言語能力評点（平均）表とその分析

Ⅲ　言語能力の診断
六事例のうち、No.4は、言語能力の中でも特に作文力のすぐれた児童であり、その要因については、次の五点が示されている。
1. 一般的な知的能力に優っている。
2. 読書興味、特に深い味わい読みの習慣がついている。
3. 着実的な性格行動を持つ。

表42

事例	氏　　名	環 境	知 能	身 体	性 格	教 育	言語能力
No. 1	上野京子	3～1	2～3	2～1	1	3	1
No. 2	安田道子	1	2～1	4	4	3	2
No. 3	井上和雄	3	4～2	3	2	1	3
No. 4	石川雪夫	1	4～5	3～4	4	5	4
No. 5	浅原　隆	5	5	5	5	3	4
No. 6	高木洋子	2	4	3	2	4	5

表の数字は五段階評点を示し、同じ項目で、調査期（年度）によって評点が違っていれば（a～b）の表記をしておいた。評点は1＝最劣、5＝最優を示す。（中略）
この人名は仮名である。またわれわれは、教育的な配慮から、事実の持っている意味をそこなわないかぎりで、年令や場所やその他のことを変えた。そして、個人個人の家庭生活の内部事情について必要以上のことは伏せた。従って、各事例は現実のものよりも、むしろ仮空のもの、あるいはどこかに実在する児童の事例というよりも、どこにも見いだされるそれぞれの類型のものと考えていただきたい。
（『低学年の読み書き能力』、319ぺ）

4. 家庭の貧困から来る生産的雰囲気の中にいる。
5. 家庭内で話すことになれている。

（このうち、4は、語い量の不足〈旅行や書物の多読ができない〉というマイナス面にも働いている。）

（同上書、三四八ペ）

①の研究では、言語能力全体の発達が中心となっているため、作文力のすぐれた児童として特に詳しく言及されているこの児童（№4）でも、このレベルの解説にとどまっている。発達要因としての教育的要因のうち、学校生活についても、ほんの素描にすぎず、作文指導の実態には及んでいない。全体に、作文力についての言及はほとんどみられない。しかし、作文スキルの総合的発達、作文スキル間の発達上の相関などを、今後の調査でとらえていく際に、一つの研究モデルとして参考にすることはできよう。なお、この児童（№4）は、④の研究でもとりあげられているので、さらにそこで詳しくふれたい。

②の研究で、この児童がとりあげられた理由は、「木村勇二の言語能力は、一年の時から学級の中で、総体的に劣っていた。最下位に近いところから出発して、中学年では、読解力・読書速度（音読・黙読）・文法力・話す力は、時によっては、学級平均のできを示すこともあるようになった。しかし作文能力・文字力がいつも劣っている。ことに作文能力では、低学年のころは最下位であり、中学年でも、あまり進歩が示されない。こうした木村勇二の言語能力の特徴の原因はどこにあるかを、調べてみたいからである。」（『中学年の読み書き能力』、一五四〜一五五ペ）と述べてある。

この児童については、

1. 作文能力の実態
2. 低学年のころの言語能力

3. 言語能力を規定する要因（①知能、②身体、③社会性、④友人関係、⑤教師関係、⑥家庭環境、⑦学習態度、⑧家庭での読書）

の三点から分析され、最後に、総合的診断がなされている。

次に、この児童の中学年における作文力の水準・問題点については、次の四点が示されている。

1. 主題意識は中学年の終りにはついてきたが、それを展開させる構想力や叙述力に乏しい。
2. それぞれの目的に添った文章の鑑賞力、判別力はあるが、自身で表現する能力は乏しい。これは、読解力は学級相応にあるときもあるが、作文能力の低いのと関連がありそうである。
3. 表現力の乏しさは、文法力の不足、語い力、とくに文字力などの基礎能力の不足に起因している。
4. 生活作文よりも、はっきりとした目的のもとに書く作文の方が、比較的よく書ける。このことは、問いかけに対して答えるという形での話す力（テスト結果）が学級相応にあることとなんらかの関連がありそうである。

（同上書、一五九ぺ）

また、言語能力を規定する要因のうち、学習態度については、教室での観察記録から九日分の記録が紹介されている（同上書、一六四〜一六五ぺ参照）が、最も肝腎な作文指導的要因については言及がない。

さて、以上のことをふまえ、この児童の作文力の諸特徴（右にあげた四点）は、次のような要因が関連しあって生じたのではないかと、推論されている。

1. 作文能力が不振であるのは、文字力・語い力・文法力などの基礎能力が低いためであり、構想力や叙述力以前のところですでに問題がある。
2. それらの基礎能力の不備は、家庭の貧困と不和、教育的関心の低さなどの、入学前後の家庭環境によるところが多い。ことにひらがな文字の習得期として最も大事な入門期を、母の家出という事件があって、精神的な不安定の中に過ごし、学習に身が入らなかったことは、致命的な結果となって文字力の低さに表れ、四年になってもひらがなが満足に書けない状態にある。

3. 文字力に付随して、語い力・文法力が低いことは、これらの原因の外に、学校の集団生活からはみだしている孤独な生活・パーソナリティにもよろう。それらを読書でまぎらそうとしたが、読書内容の乏しさ（漫画・娯楽雑誌のみ）のため、語い力・文法力の望ましい習得にいたらなかった。

4. よいもの・すぐれたもの・美しいものなどに対する判別力・鑑賞力はあっても、それを表現するのに、文字にたよらないで、線や面や色彩にたよろうとした（絵画表現）。同じく言語表現でも、話す力の方が高いのも文字を直接媒介しないためであろう。

5. 目的のはっきりした実用的な文（手紙文、記録文など）の方が書けるというのは、一つは、生活内容の貧しさ、単調さにも起因していると思われる。単調な生活のため、「わたくしのうち」では成績が悪くなるのであろう。

6. 入学時の家庭環境の欠陥、精神的不安定、家族の教育的無関心などの地盤で始まった学校生活が、極度に基礎能力の欠如をきたし、それが家庭環境からくるパーソナリティと相まって、今日の低い段階に至っているものと思われる。（同上書、一六六～一六七ぺによる。）

発達要因として、指導と発達の観点（指導の結果としての表現力）が欠けている点はおしまれるが、一児童の作文力の実態とその発達要因とに、すぐれた洞察がみられる。

③では、読み書き能力が中位で、読書速度が劣るという共通性をもつ男・女各一名ずつが選ばれ、その要因が、パーソナリティとの関連で考察されている。ともに、作文力よりも、むしろ読む力の発達に力点がある。しかし、その要因が、高学年における男子の言語発達および女子の言語発達を考える上での基本的な要因として位置づけら(58)

れている点は、作文力の研究にも示唆を与えるところがある。
④では、次の四つの事例がとりあげられている。
1. 言語能力のすぐれた子ども（K男……一時下降のきざしはあったが、ほぼ六年間上位にあったもの）
2. 上位から下がっていった子ども（S女……学年を追うにつれて下降したもの）
3. だんだん上昇していった子ども（Y女……学年を追うにつれて、言語能力がしだいに上昇したもの）
4. 比較的劣っていた子ども（T男……常に中の下にあって、変化のないもの）

これらはそれぞれ、1．上位安定型、2．学年（逐年）下降型、3．学年（逐年）上昇（向上）型、4．下位停滞（安定）型、と呼ぶことができよう。

ここでは、「小学校六年間の言語能力の発達について、学級内での各個人の相対的評価から、言語能力の全体的な向上、下降を問題にし、また、各言語能力の発達上のひずみを問題にしながら、その特徴がどのような要因に規定されているかを考え、その上で、そうした要因上の特徴が各言語能力にどのような姿をあらわしているかをあらためてふりかへる、という考察のしかた」（『小学生の言語能力の発達』、五四二ぺ）がとられている。

また、国研の「小学生の言語能力の発達に関する調査研究」で、発達の要因として検査されたものは、次の五項目であった。

1. 知能的要因……知能テストの類で、知能・記憶・推理力・描画力など。
2. 身体・運動能力的要因……就学前の発育歴、身体（伸長・体重等）の発達、健康度、運動能力など。
3. 社会・情緒的要因……性格、パーソナリティテストの類で、性格、社会性、自立性、神経質および異常行動傾向、対人関係、適応性など。
4. 学習的要因……生活態度、学習意欲、家庭での読書生活、聞く・話す生活、マス・メディアへの接近度など。

5. 環境的要因……家庭の教育程度、社会的経済状態、文化程度、教育的関心、家族関係など。

（同上書、一二三ぺ）

このうち、言語能力の発達を規定する要因の分け方で、従来の分け方と異なる点は、4の項目である。これは、「要因そのものの働きを学習者である児童中心の立場から注視し、言語能力を獲得していく児童の自発的な学習の価値を注視する立場をとった。」（同上書、一二三ぺ）ことによる。その反面、教育的要因（学校教育の効果、教師の指導効果）をおさえることが手薄になったことはおしまれる。[59] また、先にあげた発達の型（四類型）は、言語能力全般にかかわるものであるが、作文スキルの発達の型をとらえていく際のモデルにもなる。作文スキルに限定して、教育的要因を中心として、児童の作文スキルの発達が個別的にとらえられていたらと思わずにはいられない。

さて、四人の事例のうち、1. K男（上位安定型）は、①の研究でもとりあげた児童である。K男の言語能力の発達は、

1. 作文「ぼくの家」（六年二学期）の分析
2. 低学年のころの言語能力の実態
3. 言語能力（六年間）の診断
4. 眼球運動の分析（二～六年）
5. 発達要因（知的・身体的・社会情緒的・学習的・環境的要因）からの診断
6. 中学校進学その後の実態

の六点から、作文力がすぐれていた要因を中心に、言語能力全般についての発達の様相・要因を分析している。K児の六年間の作文力の発達は、次の表43にまとめられている。

K児は、低学年では、

(1)感想文よりも行動の叙述をすることがうまく、簡潔にまとめる。
(2)事件の時間、空間の推移を客観的に順序よく述べる。
(3)生活綴り方的表現をする。
(4)現実を見つめる力に優るが、子どもらしさにいくぶん欠ける。

（同上書、五四七ぺ）

という特徴があったが、中・高学年になると、(1)の特徴については、いく分の修正を要してきた。つまり、「六年間のKの表現力の特徴を、とくに作文Ⓐと作文Ⓑ（引用者注、Aは課題作文、Bはそれ以外の作文テスト類）との関係で考えるならば、最初にあげた『わたくしの家』の作文にみるように、自分の身近な生活的な話題（家庭のこと、学校のできごと）について、行動的に叙述説明するというように考えるのがよく、そこにKの持ち味があると思われる。この点、理解力としての聞く力においても、『自分に即した聞きとり』が『話の理解』とともに、他の聞く力よりまさっている

表43

〈作　文〉

低学年　1年課題作文「せんせい」

33行、きちんとまとまっている。文字使いも正しい。

中学年　いつでも、ふつうの長さの作文を書く。いずれも作文（A）の場合。

3－1	3－2	3－3	4－1	4－2	4－3
525字	524字	595字	333字	459字	624字

高学年　各種の作文能力の評点

	生活文	手紙文	記録文	感想文	短　文	文の接続	文章構成	推　考
	5－2	5－1	6－1	6－2	基礎能力（5－1）			
評点	5	3	5	4	5	5	5	B*

*推考能力の評点のみ3段階評点で示す。

〈聞く力〉	評点		評点
1．一般的な聞きとり能力	3	話の理解	4
言語を聞く速度	3	2．放送を聞く力	3
言語と事実との対応	3	ニュース類	3
目的に即した聞きとり	4		

（同上書、547ぺ）

ことも納得がいくであろう。目的に即して聞くことは、自分の生活処理に必要なことだけを聞くことである。」(同上書、五四七ぺ、傍線・傍点は引用者。)ということになる。これは、一児童の作文の特質(持ち味)という点ではよくとらえている。聞く力と結びつけて考察されているところは、特にするどい分析となっている。しかし、発達要因としては、これまでの事例研究(①〜③)と同様に、指導の成果としての発達という観点はなく、パーソナリティや知能の問題として処理されている。むろん、これも大切な要因ではあるが、肝腎要のものが欠落しているといわざるをえない。

最後に、⑤では、一児童(G男)を、次の三つの理由から選んで、作文力の学年的発達を考察している。

1. Gの作文能力は上位ではあるが、低学年から特にできがよいというわけではない。(低学年のころからいわゆるできた型に近い上位者もある)むしろ長所と欠点とをあわせてもっている上位者である。しかも中学年後期から高学年にかけて急速に伸びている。

2. 実験学校では、一年の時から作文の指導をしていない。ごくふつうの学級の状態にあるから、上位者といえども、自然な発達の実態がみられる。

3. 資料とした作文は、いずれも学校で、一定の制限時間内に課題作文として書かせて回収したものであるから、ありのままの力が見られる。

(芦沢節氏稿「作文能力の発達過程——ひとりの児童の文章構造力を中心として——」〈国研論集1『ことばの研究』〔昭・三四・二国研刊〕所収、三九八ぺ、傍線は引用者。)

(ここでも、2の傍線部のようなとらえ方が出ている。〈発達と指導の観点の欠落〉なお、G児は、四年生二学期末に、他校へ転校している。)

G児の低学年から中学年までの作文力の発達は、「一年一学期の問題を多く含んだ作文から、いくどかの書く体験を通して、1. 文表現の上での文法的混乱・不整がほとんどなくなる《ママ》 2. 文章構成上、文相互の間に無関係なむだな混入文がなくなる《ママ》 3. 従来不得意だった、最後の結びが適切にできる《ママ》 4. 文と文との連接がたしかにできるようになり、種々な接続詞を使い分けて、与えられた文題のもとに、一応まとまった文章が書けるようになるなど、文章構造の上で、基礎的な力を習得することができるようになった過程」（前掲「作文能力の発達過程(2)——ひとりの児童の作品を中心として——」、二七三ぺ）であった。さらに、G児については、中学年後期（転校後）から小学校卒業までの作品を通して、作文力の発達過程が考察されている。ここでは、文末形式からみた六年間の作文の発達についても考察が加えられており、児童作文の分析方法として注目すべき点が多い。さて、G児の六年間の作文力の発達のあらましは、次のようにまとめられている。

「Gの作文能力の発達過程は、低学年・中学年前期ごろまでは、文章構成上の不整と、文表現上の不整（文法的欠陥）という二つの不整現象が錯綜して現われていたが、その不整現象を、書く経験を通して、進歩と後退をくり返しながらも次第に修正していき、中学年前期ごろまでに、主題のもとにまとまって文章を構成するという基礎的な力をつけることができ、以後、高学年では、読書力によって語を使用する力を高めながら、詩や日記・創作などの巾の広い書く経験、多く続けて書く経験を通して、文章の修辞面に力をのばし、徐々に、個性的な文章を書く力を習得していった」（同上書、二八六ぺ）

G児は、高学年で特に著しく発達した児童で、その発達は、「修辞的・文体的な面で特に著しく、しかも、文末形式の多様となって現れた」（同上書、二八七ぺによる）児童であった。なお、G児のばあい、六年間同一課題作文を書いた児童でないだけに、本節の作文スキルの発達とかみあわない点も出てくると思われる。

以上、事例研究および発達要因については、その概要をみるにとどまったが、①～⑤の事例研究を通して、今後、児童の作文力の個別的な発達の研究が必要であることが再確認されるとともに、その際の研究の進め方についても多くの示唆が得られた。

第四節　各学年の見本作文

一

輿水実氏は、小学生の言語能力の発達に関する調査研究の全体的な成果（四点）の一つに、「各学年の標準的な能力がわかった」（『小学生の言語能力の発達』、二〇ぺ）ことをあげて、「実験学校だけでなく、全国的に協力学校を設け、その中に農村も中都市もあったので、不十分であるが、全国的にこのくらいの学力があるらしいという見当がついた。／もちろんこれは、このときの教育課程で、ふつうの学習指導の場合でこの辺らしいということである。教育課程の上で、他のことがいちじるしく強調されれば、この結果は変って来るであろう。しかしそれも、教育課程をくらべることで見当がつく。」（同上書、二〇ぺ　傍線は引用者。）と述べていられる。これは、児童の言語能力全般[60]について述べられた成果であって、作文スキルに限定してみたばあいには、なお検討を要する。

これまで、本章においてみてきたように、国研の実施した、児童の作文スキルの発達に関する調査研究では、追跡調査法が採用され、同一文題による調査を中心に、調査上の条件の均一化に留意しつつ、児童の作文スキルの学年的発達経過について、多角的・総合的な考察が加えられていた。可能な範囲で、調査結果に、客観性・普遍性をもたせるための配慮・工夫も認められた。（ただし、『小学生の言語能力の発達』においては、実験学級（甲学級、約五〇名）のデータの分析が中心で、協力学校の考察には及んでいない。）

しかし、一方で、各学年の標準的な作文スキルを帰納する上で、不十分な点が認められたことも事実である。不十分な点としては、

1. 作文スキルの全体構造の分析が保留されていること
2. 発達要因として、学習指導要因がおさえられていないこと
3. 個人別の作文スキルの発達が明らかでないこと

の三点があげられる。このうち、1・2は、根本的な問題点であるが、児童の文章表現力の発達に関する研究の、現時点における研究水準からみれば、どの調査研究（従来の）にもあてはまる不十分点である。（この二つは、なおこれからの研究課題に属する。）国研のばあい、各学年の標準的作文スキルを帰納する上で、特に問題としなければならないのは、追跡調査を行いながら、その調査後の分析・考察において、個人別の作文スキルの発達の分析を経ずに、統計的処理によって学年別の作文スキルの発達を検討している点（右の3）である。数量的処理によって、ある程度まで学年の発達傾向をつかむことは可能であるが、作文スキルの発達には個人差もあり、数量的処理だけでは、学年的発達段階をおさえきれない。[61]

また、国研の研究では、各作文スキルごとの発達の分析が中心になっており、各学年ごとに、作文スキルが全体としてどう発達しているのかについては明らかにされていない。加えて、作文スキルごとの考察も、その発達を、各学年ごとに克明におさえていくというよりは、きわだった発達のみられる学年を中心に考察を加えていく方法がとられており、作文スキルごとの発達の結果から各学年ごとの作文スキルの発達段階を導くことには無理がある。（もっとも、作文スキルの発達は、六年間を通してみたばあいに、いくつかの発達段階が認められるのであり、一学年ごと

に、きわだった違いが指摘できないものの方が多いことも考慮に入れなくてはならないが。）やはり、各学年の標準的作文スキルを帰納・設定していくためには、次の三つの段階を経なくてはなるまい。

1．個人別の作文スキルの学年的発達の検討

2．作文スキルの発達類型（発達の型）の検討

3．学年別の作文スキルの発達の検討

国研のばあい、1・2の段階を経ずに3の段階に進み、しかも統計的な処理を中心とする考察方法がとられている点で、作文スキルに関しては、「各学年の標準的能力がわかった。」（同上書、二〇ぺ）とはいいがたいのである。

二

厳密な意味で、各学年の標準的作文スキルを帰納・抽出するためには、個人別の作文スキルの学年的発達の検討を経ることが不可欠であり、国研のばあい、事例研究のところでもみてきたように、この方面の研究は、なおこれからのことに属している。しかし、以下でとりあげる「各学年の見本作文を措定して標準的な作文スキルをおさえていこうとする」輿水実氏の研究は、不十分な面があるとはいえ、研究方法として注目すべきものがある。ここでは、各学年の標準的な作文スキルを帰納・抽出していくための一つの試みとして、輿水実氏の各学年の見本作文についての研究をとりあげ、その有効性・問題点について検討していくことにしたい。

輿水実氏は、その著書『国語科作文教育』（輿水実独立講座、国語科教育学大系第11巻、昭・五〇・六、明治図書刊）の中で、小学生の文章表現力の発達見本として、一児童の一年生から六年生までの作文（同一文題「わたくしのうち」、国研の同一文題による調査で得られた資料）を示された。ここでいう「発達見本」とは、各学年の作文スキルに対し

て標準的な一つの見本となる作文であり、この見本によって、学年の作文スキルの標準・尺度を設定し、他の児童の作文の評価をしていくことができるものである。（前掲『国語科作文教育』、六六ぺによる。）

三

さて、発達見本として示されている作文は、以下の通りである。（以下の作文は、読みやすくするため、適当に漢字にし、句読点も直してある）。

〔一年〕私はきょうからお勉強がなくなりました。そして冬休みになったら、おうちでたくさんお勉強をします。それでお友だちが来ましたら、勉強があとでにしました。おうちにはきれいなお花が咲いています。そうしたらまたお友だちが来たから、今度遊びました。そして私は遊びました。お人形ごっこをしました。ないものがありましたから、おかあさんに捜してもらいました。そうしたらありました。それで夕方になりましたから、さよならをしました。お友だちもさよならをして帰りました。そうしたらまっくらになりました。（一四九字）

〔二年〕私のうちではうちを造っています。初めにかしらをつけました。そしてそれができたら、うちを造ってただ初めにかっこうをつけました。そうして雨が降るとぬれちゃうから、瓦は先にやりました。あすは大工さんが休みました。きょうはお天気で来ました。まだできないところはきょうやりました。それからかっこうができました。そろそろ夕方になったから、お茶とお菓子をもらって帰りました。そして朝になったら、顔を洗いました。そうしたら大工さんが来ました。おにいちゃんと手伝いました。うちの形ができたから、そうしたら左官屋さんが来ました。私が見ていたら、左官屋さんはきれいに塗りました。きれいに塗ってから左官屋さんはもう帰りました。そうしたらまた家具屋さん

が来ました。戸を作るところを見ました。そしてみな戸はできました。そうしたら寝ました。（三六四字）

〔三年〕私のうちにおねえちゃんがいます。私が学校のパンを残したのをあげようかと言うと、うんちょうだいとゆいます。会社から帰るとなんかないとすぐゆいます。おかあさんは、ちょっと待って、チビがいるからほしがるわよと言うと、おねえちゃんはくやしい顔をして、そこに立っていて、少したつと、戸棚の中からお菓子を出します。おねえちゃんは隠して、いすに腰かけていて、新聞の下で持っています。私はおねえちゃんちょうだいと言うと、くれますけれども、ちょっときゃくれません。私はつまらないのと言いました。（以下続いていて、結びは）私は少女の本を見て寝ました（となっていて）。（六六二字）

〔四年〕学校から帰って来て勉強をして、それからピアノのおけいこをします。ピアノのおけいこはあまりしないのです。夕方になるとテレビを見ます。テレビは七時三十分までです。土曜日は九時までいいのです。お昼はたまにしか遊ぶことができません。学校で音楽があった時は、すぐ習ったところを練習します。私はできないとにくらしいから、ピアノをどんどんとやってしまいます。そうするとおかあさんが、そんなことをやるとこわれますよと言います。私は何も言うものがないのに、だってさと言います。音符がよくわからないのを練習しなさいと、おかあさんが言いました。音符なんて知っているわよと言ったら、だからわからないんでしょうとおこられました。それで、やだけれどもやりました。（三二〇字）

〔五年〕私の家の人は、おとうさん、おかあさん、おにいちゃん、おねえちゃん、しげこちゃん、私です。おとうさんはとても優しくて、私は大好きです。おかあさんは時々おこるので、おかあさんよりおとうさんのほうが好きです。おにいちゃんは会社に勤めています。ふざけるとてもおもしろいのですが、私がなにかおにいちゃんにしたら、すぐにらめつけます。だからおにいちゃんはあまり好きではありません。おねえちゃんは〇〇生命に勤めています。なにかちょうだいと言ったら、今なにかあるのと聞きます。私は知らないと言うと、すぐお菓子を買ってくれます。おとうさんの次に私は好きです。（以下続いていて）。（六六〇字）

〔六年〕私の家はもう八年ぐらいたっていますけど、二度建て直しました。建て直さなかった前は、中二階でしたけれども、今はちゃんとした二階です。前の家は二階に二つしかなかったのに、今は三つになってしまいましたので、少しおかしいと思っています。それは前は四畳半と六畳でしたのに、今は六畳が二つと四畳半です。へやが二つだったのに今は三つもできていて、おまけに広い物干しまでできてしまいました。今の板の間の六畳は兄で、お座敷の六畳は私としげこのへやで、板の間の四畳半は姉のへやです。そして下のへやは四畳半に六畳に、あと台所が四畳半、応接間は六畳ぐらいで、四畳半はおとうさんのへやです。あとの六畳はみんなのへやで、そこにこたつやテレビが置いてあります。

庭は桜や、つつじや、つばき、くちなし、びわ、あといろいろな木がありますが、小さなお花はありません（これで全部で）。（三六九字）

（同上書、六七〜六八ぺ）

輿水実氏は、これら六編の作文の、発達見本としての信頼性を、次の三点から説明していられる。

①文字量の発達見本となる。（三年では大いに書けていた児童〈S女〉であるが、四年ではあまり書かず、五年で再び大いに書いて、六年でまたあまり書かなくなる。）（記述量の学年的変化がやや誇張されて明瞭に出ている子ども）

②六年間通して五段階評価の3であった。

③発想が学年的類型にあっている。

（同上書、六六ぺによる。）

このうち、①については、文字量の発達（本稿第三章第三節参照）においてみた、学年平均文字量（女子、『小学生の言語能力の発達』、三八四ぺ、四―三二表参照）とは異なっている。しかし、文章表現力の学年的発達過程を、記述量の面からよく示した例であることは認められる。すなわち、三年で著しく記述量が伸びて一つのピークに達し、四年で停滞期が現れ（表現力の面でも）、さらに高学年にいってまた新たな発達をとげている。

輿水実氏は、②、③の点に即して、これら六編の作文の分析をされていないが、これらの作文を読み、本章の第三節でみた作文スキルの発達と重ね合わせてみると、これら六編の作文は、学年的発達傾向をよく示している。

一年の作文は、自己の行動が中心になっており、主題からは逸脱している。

二年になると、書き出しが、「私は（一年）」から「私のうちでは（二年）」と変わって、主題にそってとらえていこうとしていることがわかるが、以下の文章は、時制関係の誤りもあって、統一度の低い羅列的なものにとどまっている。おおむね、一、二年は同一のレベルにある。

三年では、記述力も伸び、「おねえさん」の様子がよく描き出せるようになってきている。姉のことに絞って、主題にそった文章になっていると思われる。（全文が示していないのでわからないが。）一、二年に比べ、著しい進歩が認められる。

四年では、三年に続いて、会話表現が認められるが、「わたくしのうち」という主題からは逸脱している。また一年のころの発想に戻っており、記述量の減少は文章表現力の停滞（低下ともいえよう）と対応している。

五年では、記述力の中の批判力が伸びてきたことが確かめられる。しかし、まだここでも「家族」という語彙が使用できていない。

六年は、記述量は少ないが、大人の表現のスタイルに近づいてきていることが認められる。記述量の減少は、四年とは違って（文章表現力の低下を示すものではなく）、むしろ構想力の発達が記述力（量的側面）を抑制した（あるいは文章全体がしまってきた）例であると思われる。

このほかにも、三節でみてきたことを、いろいろ確かめることのできるサンプル（見本）である。原文そのままでない点や、部分的にしか引用されていないものがあることはおしまれるが、ほぼ平均的な（各学年における）文章表現力を示す見本作文と認めてもよかろう。

もっとも、各作文スキルの学年的発達に照らせば、必ずしもその学年の傾向を示すとはいえない面もあり、なぜこれらの作文が発達見本となるのかについて、さらに厳密な検討が必要である。「発達見本」法が各学年の標準的作文スキルをみていくのに有効な方法であることは認められる。ただし、その見本の選定にあたっては、先に述べたように、個人別の発達の検討を経て、他の児童の文章表現力も措定した上で、慎重に選ばれる必要があろう。

注

（1）『小学生の言語能力の発達』の「刊行のことば」（当時の、国立国語研究所長、岩淵悦太郎氏による）では、「昭和二八年度から昭和三七年度にかけて」としているが、「国立国語研究所年報」12（昭・三六・一〇、国立国語研究所刊）によれば、補充調査を含めて、調査は昭和三五年度内に終了している。（同上誌、四六〜四九ペ参照）

（2）研究の担当者については、「この調査研究は、第二研究部国語教育研究室が担当したもので、調査研究にあたった者は、輿水実、芦沢節、村石昭三、（以上全期間を通して）高橋太郎、高橋一夫、上甲幹一、森岡健二、岡本奎六（非常勤）であり、根本今朝男、川又瑠璃子は全期間を通して作業を助けた。」（『小学生の言語能力の発達』、「刊行のことば」）と説明されている。なお、本稿でとりあげる作文スキルの発達の章は、芦沢節氏がまとめにあたられた。

（3）『小学生の言語能力の発達』によれば、アメリカの文部省とカリフォルニア大学との共同研究（幼稚園から高等学校三年まで、一三年間の言語発達の追跡調査、昭和二七年度から昭和三九年度まで）がある。（同上書、一三ペによる。）

（4）これまでの報告書の合冊ではなく、未発表資料をも加えて、小学校六年間を見通して、重点的に総合記述をしたものである。（同上書、刊行のことばによる。）

（5）ただし、「調査対象および実施期間」、「調査対象児童の所属学校」の項目は、「小学生の言語能力の発達に関する調査研究」全体のものと共通である。

(6) 調査対象児童が、昭和二八年度と昭和二九年度入学者の二学年にわたっているのは、昭和二八年度の調査だけでは、「準備が間に合わないもの、もう少したしかめたいものが生じて来た。」(『小学生の言語能力の発達』、一二ぺ) ためである。そこで、「主として聞く・話す能力の方面を補充するため」(『中学年の読み書き能力』、一ぺ)、昭和二九年度の児童も、調査対象に加えられることになった。

(7) 実験学校およびそれに準ずる学校では、調査対象児童の所属学級（実験学級）を、一学年から六学年までそのままにして（学級編成がえをせず、担任ももちあがり)、国立国語研究所の調査に協力している。したがって、同一児童の作文スキルの学年的発達を追跡調査した、本研究では、この両実験学級の児童が、もっとも厳密な意味での、調査対象ということになる。(『小学生の言語能力の発達』、一八三ぺ参照)

(8) 実験学級と同じ学校（四谷第六小学校）の一～六年生各一学級分ずつ。昭和三四年一一月一二日（木）一・二・三年、一一月一三日（金）四・五・六年。(同上書、四二四ぺによる。) また、昭和三五年一二月二日・三日に、小学校四～六年（四谷第六小学校)、昭和三五年一二月一日に、中学校（かつての調査対象児童の三分の一近くが進学した四谷第二中学校）一～三年に、同様の検証のためのテストを実施している。(『国立国語研究所年報』は、昭和三六年一〇月、国研刊、四八～四九ぺによる。)

(9) 四谷第六小学校を実験学校としたのは、昭和二八年四月に、この学校の地階に国立国語研究所分室が設けられたことによる。(『低学年の読み書き能力』、一ぺ) 国研の調査は、この学校に昭和二八年度に入学した一年生の一学級（実験学級）を対象として始まったが、同一文題による調査のばあい、調査対象児童がどの範囲に及んでいるかについて、明確な説明がない。『小学生の言語能力の発達』でも、調査結果は百分率で示され、人数が示されていない。もっとも、追跡調査そのものは、二八年度生、二九年度生の両方に及び、実験学校に準ずる学校、協力学校でも行われている。(輿水実氏著『国語科教育学大系11 国語科作文教育』(昭・五〇・六、明治図書刊、七二～七三ぺ参照) ただし、『低学年の読み書き能力』『中学年の読み書き能力』『高学年の読み書き能力』では、実験学級の児童（昭和二八年度生、約五〇名）の作文が考察の対象となっており、学年的発達を帰納する際の主要な資料となったのは、この実験学級の作文と判断した。

(10)『中学年の読み書き能力』には、「一年から三年まではほとんど全員が三〇分間で書きあげていたので、いつも三〇分間であった。四年の第一学期から四五分とした。四五分かけないとできない者が出て来たというところに、発達のしるしというか、一つの変化が見られたわけである。」(同上書、九四～九五ぺ) とある。

(11)『ともだち』ならば、『みなさんのともだちについて、なんでもよいからかいてください。』といって、あまりこまごまとした説明や指示は与えない。」(『小学生の言語能力の発達』、三二八ぺ)とある。

(12)中西一弘教授稿「作文教育論(国語教育の実践理論その一)」(『国語教育の理論と構造』〈教育学講座8、昭・五四・一一・二七、学習研究社刊〉所収、七二ぺ)参照。

(13)一律に、一年生の二学期以降とはいえない。どのような指導をするかによって違ってくるからである。調査対象児童の入門期の文章表現を把握することが前提となる。

(14)『先生』では、自分の受け持ちの先生を客観的に書くことはむずかしく、感情的になったり、よびかけに終ったりして、まとめにくいようだ。なお、協力学校の場合など、数人の先生に教わって、それぞれの先生について書く場合には自然量がふえるという現象もあった。」(『小学生の言語能力の発達』、三八二ぺ)とある。

(15)二八年度入学生――甲学級、二九年度入学生――乙学級、「五―一」とあるのは、五年生一学期の略。

(16)本章では、国立国語研究所の文章表現力のとらえ方を示すことばとして、「作文スキル」という語を用いてきたが、これは、『小学生の言語能力の発達』の中で直接用いられている語ではない。本書では、作文力あるいは作文能力という語が用いられているだけである。しかし、本書は、第四編が「言語スキルの発達」と名づけられ、作文力の発達はその中の一章である。したがって、本稿では、国立国語研究所の文章表現力観を端的に示す意味で、言語スキルの一つとして、「作文スキル」というよび方を採用することにした。

(17)これら四七の作文スキルをとり出すにあたっては、『小学生の言語能力の発達』の記述に従って、そこにとりあげてあるものはすべてとり出すようにしたが、不十分な点が多いことは否めない。たとえば、①技能だけでなく態度や意識面もとりあげたこと、②項目により、スキルの内容が重複しているところがあること、③Ⅲ計量面のことも同様にとりあげたため、作文スキルとしての性格があいまいになっていること、④詳しく分析されている作文スキルと、そうでないものとがあること、などの問題が残る。

(18)『小学生の言語能力の発達』では、課題作文にみられる作文スキルの発達を考察する資料として、三つの文題のうち「わたくしのうち」が、次の二つの理由によって選ばれている。①各学年の作文スキルの特徴が最もよく表れている。②新潟県立教育研究所の研究(「作文力の研究」〈同研究所紀要二二、昭・三四・三・三〇刊〉、昭和三三年に、小一から中三まで、「わたしの家」という文題で書かせた一斉調査。)と比較ができる。さらに、分析考察の主要資料は、この報告書では、四谷第六小学校実験学級児童（約五〇名）の作文に限定されている。（芦沢節氏稿「作文能力の学年的発達とその指導」〈「児童心理」二〇巻六号［昭・四一・六・一、金子書房刊］掲載、七〇ぺ〉による。）したがって、以下の記述において、特に断りがない限り、データはすべて実験学級のものである。なお、作文スキルの発達のまとめには、芦沢節氏があたられた。

(19)「家人の性格」をとりあげることができるのは、家族の人を表面的にではなく、内面的にとらえることができることを意味している。この傾向は、高学年になっていっそうはっきりする。中学年で家族の人を内面的にとらえる傾向が生じ、高学年になってそれがいっそう顕著になるという発達過程は、飯田恒作氏のばあいと共通している。飯田恒作氏の研究と国研の研究とでは、約二〇年の時代的隔りがあるが、題材としての家族の人々のとらえ方（認識のしかた）においては、共通した発達過程を示している。

(20)『高学年の読み書き能力』では、四年生・五年生の作文の書き出し（例「わたくしのうちはかぞく何人です……」「わたくしのうちはどこどこにあります。……」）と、六年生の作文の書き出し（例「わたしのうちにねこがいます。そのねこは……」「うちではいま……しています……」）との相違点について、六年生になると、何か一つのものをとらえて文章を書き進める傾向があらわれることをあげている。（同上書、九一～九二ぺによる）

(21) むしろ、表2からみれば、一年、二～四年、五・六年の三段階に分けてとらえる方が良いようである。ただし、実際の作文が示されていないので、ここでは、芦沢節氏のまとめに従っておく。

(22) 阪本一郎博士は、言語表現の形成過程を、①表象または知覚形態の発生する過程（それが特に有意義になされるばあいは「観察」）、②表象に関連性が生じ意味形態が構成される過程、③意味形態が言語形態に翻訳される過程、の三段階に分け、さらにこれを綴り方の創作のばあいにあてはめて、観察から関係統一に至る過程を観照、意味形態が目的的に構成される過程を構想、構想が言語化される過程を広義の表現と名づけられた。すなわち、対象の観察から意味構成に至る過程が観照である。そして、この観照の構えにはおのずから類型があり、それが自然的であるか、論理的であるか、主観的であるか（さらにこの上に「性格的」な観照が位置づけられるが、この類型は極めてすぐれた少数の児童を除いては、一般に小学校ではあらわれないとされる。）に、学年的発達がみられると指摘されている。なお、文章創作の過程および、観照の構えの発達は、次のように図式化されている。

（前掲『読みと作文の心理』、二三四～二四〇ぺ参照。）

(23) 主題のかたよりは、六年生で二三・三％もあり、四、五年よりも多くなっている。これは、取材内容のところでみたように（表2）、『家で飼っているもの』が六年生で四一・八％に急増していたことと関係があると考えられる。

(24) したがって、構想力を取り上げるには、これまでみてきた作文スキルと関連させて考察することが望ましい。しかし、取材内容の分類、主題把握の観点の三類型、主題の統一度の五つのレベルと、ここで取り上げる構成の三類型とは、それぞれ関連させてみることがむつかしい。これは、それぞれの項目が、別々の基準で分類され、作文スキル相互の連関には、あまり考慮がはらわれていないことによる。また、考察が統計的処理を中心として、個人別の考察に及んでいないことも、作文スキル相互の関連を考察できない一因をなしている。

(25) 主題の統一度という点では、四年N男は混迷型、二年S男は分裂型である。ともに全文が引用していないので断言できぬが、二つの作文をみる限り、主題の統一度という点では、むしろ四年N男の方がまとまっていると思われる。先にも述べたように、主題の統一度の五つのレベルと、構想力（構成）の三類型とがどう対応するのか、不明な点が多い。もっとも、大まかにいえば、興味中心的構成が分裂・混迷に、羅列的構成が逸脱に対応すると考えられる。

(26) これが構想（構成）の発生的段階と対応するかどうかは明らかではない。たとえば、小学校入学前には、羅列型が多いと思われるが、明らかではない。

(27) 「作文力の研究」（新潟県立教育研究所紀要22所収）では、「全体的に、〈わたしの家〉という文題では、こどもたちが素材に親近感があり、説明文や、遠足の作文のように構想だてをすることが困難であったとみられる。説明文ならば、事象の特性、状態などに即して、旅行記ならば時間的経過に即して、構想を立てることが比較的容易である。しかし、〈わたしの家〉では時間的な経緯だけを軸とするわけにもいかないし、場面的なものだけを軸として構想を展開するわけにもいかない。叙述の観点がいろいろに考えられるので、構想がたてにくい文題であるといえよう。」（同上誌、六七ペ、傍線は引用者。）と分析している。国研のばあい（わたくしのうち）にもあてはまる。文題の問題も考慮して、児童の構想力の到達水準を推定しなくてはならない。

(28) 絵を見て文章を書かせた一斉調査でも、やはり段落づけの力の弱いことが指摘されている。これからみると、やはり児童の習得しにくい作文スキルの一つであることがわかる。（同上書、四四二ペによる。）

(29) 「中・下位群では高学年になってから段落意識が強化されるものもあって、学級全体とした場合段落数がふえるという現象が認められた。」（同上書、三三〇～三三一ペ）という指摘によれば、国研のばあいは、主として上位群児童の発達が、従来の研究成果と同様の発達傾向を示すことになる。（もっとも、追跡調査か一斉調査かという根本的な問題があり、単純に一般化できぬが。）また、国研でも指摘していることであるが、この傾向は、阪本一郎博士が、すでに昭和一〇年に、その論文「作文の構造（原題、児童文の表現構造）」（日本心理学会編『心理学論文集㈤』〈昭一〇・一二・二五、岩波書店刊〉『読みと作文の心理』〈昭三〇・一・二八、牧書店刊〉に再録。所収、三五七ぺ）の中で指摘されたことであった。阪本一郎博士の研究は、一章の飯田恒作氏の資料（一、三、五年）を用いており、戦前の研究にも共通点が認められる。

(30)「原稿用紙の書き方を、第一文の書き出しに中心をおいて指導されたせいか、あるいは改行一字下げを正しく理解しなかったためか、原稿用紙第二枚目の第一字を、文章の改行面とは関係なく機械的に一字下げにした児童も何人かいた。」（同上書、三五一〜三五二ぺ）という実態が報告されている。

(31) このテストを実施する際の問題点として、問題文をみる限り、何か所に区切るかを示していないことがあげられよう。この作文は全部で四段落になるわけであるが、前半の二つは、切らなくてもよいと判断した児童が多かったと推察される。

(32)「テストで、特に大切な最後のまとめの段を無視した低い段階のもののうち、実作でも不可なものは、それぞれ、べたがき、段落の切りすぎ、ただ気分的に切るなど、様々の段落上の欠陥を示しており、この学級では、女児に、ことにべたがきが多かった。」（同上書、三五四ぺ）ことが指摘されている。

(33) 飯田恒作氏のばあいも、中学年が六年間の伸長期であり、主として量的に発達し、質的発達が芽生えるという指摘があった。時代を隔てた二つの調査ではあるが、共通点が認められる。調査対象も条件も異なる調査であるが（追跡調査は共通）、児童の文章表現力の発達に関する調査研究の共通した成果として継承できる面も多いのである。

(34)「この結論の前半は、児童の絵画に関するこれまでの研究からの類比論で、この研究の結論としてはいささか飛躍している。これは、児童文に即してもっと詳細に考察する必要がある。後半は、児童文の発達水準を示すなにものかを示唆している。今後、これは第一年から第六年までを通じてしらべてみる必要がある。」（武政太郎氏著『総説発達心理学』、昭・三三・七・一〇、講談社刊、六九七ぺ）

(35)「協力学校で、六年三学期の課題作文『先生』で、常体使用率ゼロのH校と、三六・九％のT校とでは、先生の書き方が、H校は、六年間教えてもらった先生を回顧している（回想風な情緒的な叙述）のに対し、T校では、他の先生と比較して、その長短を論ずる（批判的な叙述）」（同上書、三七五ぺ）という記述態度のちがいが文体に影響した実例が報告されている。

(36) 構想力の発達のほかに、「『わたしの家』という家庭生活の内面にも関する文題は、中学生の精神発達期からみると書きにくい」（前掲「作文力の研究」、一四ぺ）ことも理由の一つにあげている。文題の性質も要因となる。

(37)「自由題である場合には、何を書くかの題材の選定、取材力、主題の設定などが大きく作用するはずで、そのことが、発想形態、記述形態にも大きくひびき、構想力とも相まって、記述量を縮限するのではあるまいか。新潟県での前年度調査（引用者注、昭・三二・一二初）の自由題の場合は、特殊事情――五年担任の教師の長期休養――があるとはいえ、五年が、前後学年より減っている。」（同上書、三八一ぺ）と述べている。つまり、主要な要因としては、ともに時間を制限しての調査であるから、仮主題の与えられている課題作文の方が有利（取材力、主題設定力はカバーできる）となって、記述量が伸びると考えられている。しかし、新潟研のばあい、前年度（昭・三二）の調査では、課題よりも自由題の方が全体に記述量が多くなっており（同上誌、一三ぺ参照）、一概にはいえない。（文題がむつかしく、書きにくければ、自由題と変わらない。）

(38)「同一教師によって長期間にわたり指導された場合では、指導法による伸長度を一応除外して自然の発達力としては現われやすいともみられる。」（同上書、三八一ぺ）と述べている。このほか、発達という点で、追跡調査と一斉調査では根本的に異なることは自明であろう。

(39)「作文力の研究」、七ぺ参照。どういう角度からまとめればよいかにふれている。

(40)「実験学校の場合は、特殊学校（私立および国立の附属中学）への進学希望者が多く、進学準備に追われ、比較的作文が軽視される傾向があって（教師の側というより、児童自身にとって。子どもたちは、学校のほかに塾や家庭教師によって勉強する）その反映ともみられる。」（同上書、三八一ぺ）と説明している。

(41)「一定の時間内に題目に即して書きあげるという条件では、いきおい一定の分量が予定され、能力のあるものでは、早くその要領がのみこめるということもあるようである。」（同上書、三八四ぺ）と説明している。

(42)新潟研の研究にも同様の傾向が認められている。また、読解力検査の結果とも類似点があり、今後の研究課題であると述べている。（「作文力の研究」、一六～一七ぺ参照）

(43)一文の長短（作文典線）、文構造の複雑化（単文・複文・重文の使用）もあわせみるのでなければ、文数の増減は、単なる形式的変化を示すにとどまり、文章表現力の発達をとらえる際の一尺度とはならない。記述量の増減以上に、発達の尺度として有効性をもたせるためには、慎重な態度でのぞむ必要がある。

(44)新潟研「作文力の研究」にも、「記述上の停留をさぐり、その停留の要因を分析して書く上での障害を明らかにしたり、文章表現過程の研究に役だたせ」（同上誌、一八ぺ）ることができることを指摘している。

(45)この調査では、一〇分ごとに文字数を測定している。（所要時間は三〇分）結果は、「作文力の研究」二〇～二一ぺ参照。

(46)この脱落現象とは反対に、「必要以上に主語をくり返す、主語意識の過剰な型の文」が、低学年や下位群児童にまま見られることが指摘されている。この原因については、「これらは主語の脱落現象の反面、低学年の自己中心的な思考、発想のあらわれであり、また、単純な文の積み重ねによる、幼い文構成からである。」と分析されている。（同上書、三九五ぺによる。）

(47) 低・中学年では接続詞乱用・多用のこまぎれ文を書いていたが、高学年になって長文を書くようになり、反復現象が目立ってきた事例を含む。（同上書、四〇〇ぺによる。）

(48) これは、接続助詞を適切に使って文の構造を複雑にできないことでもある。

(49) 小川太郎氏著『生活綴方と教育』（昭・四二・九、明治図書刊）には、次のような注目すべき見解がみられる。「文のおわりに使われる『が』『から』『ので』などの接続詞についても、同じことがいえる。ぽきんぽきんと単文で切れた文章しか書けなかった子どもが、つながった文を書こうとするようになるときに、どのようなつながりであっても、一様に『ので』でつないでいく例は、誰もが知っている。関係をつけようとするのだが、さまざまな関係に応じてそれに合った接続詞を選ぶことができないのである。どんな関係も、漠然とした関係として片づけられ、それは表わすのにたまたま『ので』が使われているのである。そういう状態から、関係のちがいに応じた適切な接続詞を使うように導くことが、たんに文章を常識にかなったものにするというだけでなく、子どもの関係の概念を正確なものにしていく認識の教育なのである。」（同上書、一一四ぺ、傍線は引用者。）

(50) 注32に引用したように、関係認識の発達という側面をあわせてみていかねば不十分である。

(51) 「だけ」（バカリとの使い分け）……一〇%、「ばかり」（シカとの使い分け）……四〇%、「〈から〉…まで」（ニとの使い分け）……二五%、係助詞「しか」（副助詞ダケとの使い分け）……〇%

(52) かな・漢字の使い分けがもとめられているが、正書法が確立していないこと。また社会における表記習慣と学校教育における表記とが一致していないこともあり、標準的なものが定めにくい。

(53) 芦沢節氏も、「かたかな表記の問題は、まずかたかながきにすべき語をかたかな表記にする習得と技能にあることになる。」（同上書、四一五ぺ）と述べていられる。

(54) 低学年の下位群児童では、きょお（今日）、いきましょお の形をとるものもある。（同上書、四一八ぺによる。）

(55) 「一年生の第一学期末にも、句点を打っている者はあるが、読点をも使っている者はない。句点を使っていた者の文は、内容的にもだいたい課題に合い、話の節が通っていた。句読点を正しく使うということは、一年生、二年生の段階では陳述意識というか、叙述能力というか、そういう能力と深い関係があるようである。」（『低学年の読み書き能力』、二〇ぺ、輿水実氏による。）

(56) 新潟研「作文力の研究」にも、同様の指摘がある。（同上誌、三三三ぺ）

(57) 「この研究は、もともと、児童のひとりひとりの発達を押えることを基本としたものである。現在、このときの資料の大部分が、個人個人について、その六年間の成長の記録として、とじて保存してある。したがって、本書は最後の『四人の子どもの発達事例』のような形で、もっと多くの事例についてまとめることが、むしろ主体となるべきである。」（同上書、一三～一四ぺ）

（58）ともに中学年よりも高学年でのびるが、N男は、「学級内の役割認識による情緒的安定」、M女は、「受験準備という意図的な学習の場の設定という効果」をあげている。（『高学年の読み書き能力』、二〇三ぺによる。）

（59）調査研究の反省の一つに、「実験学校・協力学校と、もっと密接な結びつきが必要であった。特に担任の先々方からもっと情報を得る必要がある。／この点が不足していたために、学校の学習指導的要因と習得能力との関係について、深く考察することができなかった。」（同上書、一九～二〇ぺ）ことをあげている。

（60）昭和三三年度小学校学習指導要領の指導項目に、この調査研究の成果が取り入れられた。作文スキルについても、部分的に、この調査結果が盛りこまれているのを認めることができる。たとえば、四年生で「段落を考えて書くこと」がはじめて登場することなどである。（「中学生後期ごろから段落意識・改行意識がついてくる。」〈『小学生の言語能力の発達』、三三〇ぺ〉）しかし、これは、以下述べるように、指導のいかんによっては、もっと早くから身につけさせることが可能であり、この学年でなければならない必然性は弱い。他の事項についても、同様のことが指摘できる。

（61）芦沢節氏稿「作文能力の学年的発達とその指導」（「児童心理」20巻6号〈昭・四一・六・一、金子書房刊〉掲載、七〇ぺ）にも同様の指摘がある。

結章　児童の文章表現力の発達に関する調査研究の成果と課題

一

本稿では、同一児童の文章表現力の学年的発達過程を、六年間にわたって追跡調査した研究という観点から、三つの先行研究をとりあげ、わが国における、児童の文章表現力の発達に関する研究の成果（到達水準）を見きわめ、今後の調査研究に残された課題を明らかにすることを目的として、考察を進めてきた。

もっとも、序章において、問題の所在を指摘したように、三つの先行研究は、調査対象・調査時期・調査方法など多くの点で相違点があり、三つの研究成果の比較から、わが国の児童の文章表現力の発達段階について、その標準を明らかにするまでには至らなかった。

けれども、これら三つの先行研究は、わが国の先行研究の中でも、水準の高いものであり（それぞれに不十分な点があるとはいえ）、今後の調査研究に生かしていきうるものも認めることができた。また、巨視的な観点に立てば、児童の文章表現力の学年的発達についても、共通した発達的微候・学年的特質などを見いだすことができた。

そこで、本章では、児童の文章表現力の発達に関して、三つの研究でそれぞれ明らかにされたこと、今後の調査研究に生かしうること、を明確にするとともに、それぞれの研究において残された問題についても考察を進め、児童の文章表現力の発達に関する調査研究の成果と課題を明らかにしたいと思う。

本章では、右の点を明らかにするために、次のような順序で記述を進めていきたい。
1　三つの先行研究の成果・長所と問題点
2　三つの先行研究の総合的比較によって明らかにされた、調査研究上の成果
3　今後の児童の文章表現力の発達に関する調査研究の課題

二

まず、三つの先行研究の成果と問題点については、それぞれ、以下のようなことが明らかになった。

〈飯田恒作氏の研究の成果と問題点〉

Ⅰ　成果
①同一文題による調査の方法を実践的に開拓し、主として、文題の選定基準を明らかにしたこと
②学年的発達段階を帰納する際に、個人別の発達過程から考察を進め、発達の個人的な型をおさえていく時のモデルを示したこと
③素材の観方に関する力（父をどう認識しているか）の内容を詳しく示したこと
④発達をとらえる上で、発達可能性を洞察することの重要性とその方法を示したこと
⑤学年的発達段階を、低学年・中学年・高学年の三段階として示し、それぞれの段階の傾向と特質を明らかにしたこと
⑥叙述力の発達的微候・発達的指標として、記述の具体化（中学年）と説明的態度（高学年）を示し、会話の

写し方については、中学年と高学年との質的な違いを明確にしたこと
⑦調査研究の成果を生かし、綴り方の指導要項を作成したこと

Ⅱ　問題点

①調査上の条件の均一化に関して、基本的なミスがあったこと（記述時間を無制限にしたこと）
②学年的発達と指導との関係が十分にとらえられていなかったこと
③低学年・中学年・高学年という三段階を示して、巨視的な発達段階はとらえられたが、微視的に、二学年、四学年、六学年の発達がおさえられていなかったこと（発達段階のおさえ方に演繹的傾向がみられたこと）

〈蒲地文雄教授の研究の成果と問題点〉

Ⅰ　成果

①指導の成果として達成されつつある文章表現力の発達がとらえられたこと
②文章表現力の発達要因が、生活・学習の両面にわたって、広く具体的にとらえられたこと
③作文意欲の停滞期（二年生～三年生一学期、四年生五月以降～高学年）の実態とその克服の過程（ローマ字学習、転校による学習環境の変化）が明らかにされたこと
④小学校入学前から入門期にかけての文章表現力の発達過程が克明に示されたこと
⑤三年生における童話の創作、三年生二学期から四年生にかけての思索的傾向の文章の発生など、一児童の文章表現力の発達過程が、文種の分化の様相を含めて、ダイナミックにとらえられていること
⑥総じて、文章表現力の発達過程の分析が、作文学習個体史ともいうべき密度で記述されていること
⑦文章表現力の発達過程上の問題として、表現よりも鑑賞の方へ重点が置かれる傾向のあること、そしてその

傾向が、表現意欲を停滞させる一因となることが明らかにされたこと

Ⅱ　問題点

①高学年の実態についての考察が保留されたために、四年生二学期以降の表現意欲の停滞期および文章表現力の発達上の困難期（もしくは停滞期）の様相が確かめられなかったこと

〈国立国語研究所の研究の成果と問題点〉

Ⅰ　成果

①作文スキルの内容が分析的に詳しくとらえられたこと

②調査研究の方法についての新しい試みや工夫がなされ、特に、調査上の条件を均一にするための理論的検討が十分になされたこと

③中学年の文章表現力の特質と問題点（記述力の発達に構文力が伴わないこと、文および文章が複雑になり、記述量や記述速度が著しく伸びる時期であるために、文法・表記面の不備・欠陥が目立つことなど）が明らかにされたこと

④高学年に至っても十分に習得されていない作文スキル（主題に即して文章を展開する力、構想力、段落をつける力、文と文とを正しく連接する力、主述を照応させて書く構文力・推考力など）が指摘され、わが国の児童（昭和二八年度入学者）の文章表現力の欠陥、発達上の問題点が明らかにされるとともに、文法的に正しい文を書くことなどの基礎的な文章表現力を低学年段階から十分に身につけさせ、積み重ねることが着実に行われていない、わが国の作文指導体制の問題点も浮きぼりにされたこと

⑤記述力の発達的徴候が、七つの観点から示され、さらに、中学年で著しく伸びてくるもの、高学年で著しく

伸びてくるものの区別がなされ、記述力の発達的構造の輪郭が示されたこと
⑥記述力のうち、特に、観察力・描写力・省筆力・記述を具体化する力の相互関連的構造が示されたこと
⑦計量面からみた文章表現力の発達の分析が、文章表現力の質的発達をとらえうるところまで深められたこと、特に、記述速度の測定は、記述過程の分析をする際の有効な方法となることが明らかにされたこと

Ⅱ　問題点
①全体として、作文スキル相互の相関的発達が明らかにされなかったこと
②個人別の発達の分析（事例研究）が行われないうちに、数量的な処理を中心として、学年的な発達傾向を分析する方法がとられたこと
③作文指導の実態および学習指導要因（発達要因としての）が明らかにされず、結果的に自然習得的な発達観に基づく分析・考察が行われ、追跡調査のメリットが生かされなかったこと
④発達要因を、知能およびパーソナリティの問題に解消する傾向が顕著であったこと
⑤全体として、具体的な作品に基づいた分析が手うすで、作文の例も部分的にしか示されなかったこと

三

次に、三つの先行研究の成果を、総合的・巨視的に比較検討してみると、以下のようなことが明らかになった。
①同一文題による調査において、文題「おとうさん」および「わたくしのうち」の有効性が確かめられた。調査後の処理において問題の生じた二つの文題（「ともだち」「先生」）と、「おとうさん」「わたくしのうち」とを比べてみると、同一文題選定の基準として、次の三点が考えられる。

1. 児童が共通した経験を有し、書く材料に困ら文題であること

2. 高学年になっても、対象に大きな変化がなく、しかも、学年的発達に応じて、対象のいろいろな特徴や側面(1)が掘り起こされうる文題であること

3. 想の発現する条件の均一性(2)の高い文題であること

もちろん、どの文題も万能ではない。しかし、家族の人や家庭のことにかかわる文題は、右の三つの条件を満たすという点において、有効性の高い文題である。

②巨視的にみれば、児童の文章表現力の発達段階を、低学年、中学年、高学年という三つの段階としてとらえることは、有効である。

ただし、これは、国立国語研究所のばあいの、取材力、主題把握の観点と、飯田恒作氏のばあいの素材の観方に関する力との間にみられた共通点である。両者の文題に共通性があったこともその一因であろう。（段落数についても共通点あり）

③中学年に、著しく記述力が発達する。

国立国語研究所のばあいと飯田恒作氏のばあいとでは、中学年に、会話を用いて記述の具体化をする力が伸長するという点で、共通した発達的徴候が認められた。また、国研と蒲地文雄教授のばあいとでは、観察力および描写力が中学年で著しく発達するという点で、共通点を認めることができた。どの調査のばあいも、中学生が六年間のうちの伸長期であるということはゆるがないであろう。

④高学年になると、記述力のうちの、説明的態度で記述を進める力が発達してくる。

この傾向は、特に、国研と飯田恒作氏とのばあいに、共通性が認められた。さらに、蒲池美鶴さんのばあいも、六年生の「ミイコの話」を読みごたえのある作品としている要因の一つに、その場面場面を要約・総括しつつ述べ

る叙述のスタイルの習得があり、高学年になると説明的態度で記述を進める力が身につくという指摘は、普遍性を持つ。

⑤記述力（叙述力）の発達を跡づけていく際の視点として、特に、会話文の写し方、説明的態度の二つが有効である。

さらに、飯田恒作氏のばあいには、この二つの発達的徴候が、相互関連的な関係にあることが確かめられている。国研のばあいには、省筆力が伴わなければ、会話を写す力も発達しないことが指摘された。

⑥記述力（叙述力）の発達的構造の輪郭が明らかになった。

記述力（叙述力）の発達過程をみると、中学年段階と高学年段階とでは、質的な相違が認められる。つまり、中学年では、記述力が著しく伸長するとはいえ、その内実は、描写力、観察力、具体的に記述する力などの、いわば部分的記述力ともいうべき力がついてくる段階にある。高学年に進むと、構文力・構想力などの発達とあいまって、記述全体を、説明的態度によって貫いて、統一的に記述する力が備わってくる。ここに述べたことは、なお検討を要する仮説の域を出ないが、記述力の発達的構造をとらえていく際に、有力な視点を与えることになろう。

四

次に、今後の児童の文章表現力の発達に関する調査研究の課題としては、以下のようなことを見いだした。

①指導の成果として達成されつつある文章表現力の発達をとらえること

これは、今後の調査研究における、最も緊要で重い課題である。しかし、調査研究の成果を、作文指導計画へ生かしていくためには、この課題が何よりも先に達成されなくてはならないであろう。

わが国のばあい、現時点でみれば、右の課題を達成することは、いたってむつかしい。なぜなら、発達要因としての学習指導要因をつぶさにとらえるためには、年数回の追跡調査に加えて、現場での作文指導の実態が克明に記録化されることが不可欠となるからである。この課題を達成するためには、上に述べたような、わが国の国語教育界の体質改善の問題への視野を確保しておかねばならないであろう。

②文章表現力の発達上の仮説に基づく調査を実施すること

これは、①で指摘した課題と密接なかかわりをもつ。今後は、発達上の仮説を設けて、その仮説の検証を目的とする調査研究が必要となろう。発達上の仮説としては、たとえば、次のようなものが考えられよう。

1. 低学年から徹底して構文力をつけることに留意して指導したばあいにも、中学年で、記述力に構文力が伴わないなどの発達上のアンバランスな状態が生じるかどうか。

2. 常体を用いて書くことを意図的に指導したばあい、文章表現力の学年的発達にどのような影響を及ぼすか。

このほか、国研のところで述べた、高学年に至っても習得されにくい作文スキルの一つ一つについて、指導と発達という観点からの検証が求められる。

③文章表現力の構造の解明と分節的文章表現力相互の相関的発達の調査

④読書力と文章表現力との相関的発達の解明と調査

④の課題は、表現と鑑賞の不均衡の問題、鑑賞力の発達に表現力の発達が伴わないことによって、文章表現に意欲を失うという問題などのマイナス面と、読書によって習得した語彙力、表現法・描写法などが、文章表現にどのように生かされていくかを明らかにするプラス面とをあわせもっている。

⑤推考力の発達に関する調査

⑥記述力（叙述力）の発達に関する調査

⑦論理的文章および観察記録などを書く力の発達に関する調査

これらは、いずれも、従来の調査において、本格的なとりくみがなされてこなかったものばかりである。⑤の推考力は、自分自身の文章表現を意識化・対象化していく過程に働く力であり、文章の全過程に働く力である。このように推考力をとらえるならば、推考力の発達は、文章表現力の着実な発達に欠くことのできぬ力といえよう。⑥の記述力については、いくつかの研究成果があるが、その発達段階を克明に跡づける仕事はなおこれからのことに属する。⑦の課題は、論理的思考力の育成という目標を念頭において、その発達段階を明らかにしていかねばならない。この方面については、調査方法論の中の文題論から手がけていく必要がある。

⑧文章表現力の発達における個人差、個人別の型の解明と調査

⑨文章表現力の発達における叙述のスタイル・文体の習得形成過程の解明と調査

⑩一児童の文章表現力の学年的発達（六年間）を集約しうる作品の選出と分析

⑧は、学年別の発達段階を帰納するための基礎作業として、重要な位置にある課題である。⑨の問題は、⑥の記述力（叙述力）の問題ともかかわり、今後重点的な研究の必要なテーマの一つである。この問題については、藤原与一博士の抑揚論[3]が、解明のヒントを与えてくれるであろう。⑩については、蒲池美鶴さんのばあいに、この観点に立っての分析を試みた。複数の児童について、克明な跡づけができればという期待は大きい。そのためには、何よりも、蒲池美鶴さんレベルの資料の確保が大前提である。

⑪文章表現力の学年的発達を、（波多野完治博士のいわれる意味での）発達段階として分析・帰納すること

この点は、まだ、実際の作文の分析において、十分に生かしきることのできない段階にある。学年的傾向をいうことはやさしいが、真の意味の発達段階を措定することは、いたってむつかしい。飯田恒作氏の、発達可能性の洞察などを取り入れて、少しでも、この課題の解明に努めるようにしたい。

以上、児童の文章表現力の発達に関する、今後の課題を十一点あげて、若干の考察を試みた。本稿では、これらの課題をどのような方法で達成するかという点までは言及することができなかった。方法への見直しは、なお今後の研究課題である。

注

（1）文題「おとうさん」と「おかあさん」を比べたばあい、前者の方が、つきはなして客観視しやすい、社会的な活動をしているので、多角的なとりあげ方ができるなどの点においてすぐれている。

（2）たとえば、文題「黒と白」などでは、一人一人の発想やイメージに異なりが生じて、問題が多くなる。

参考文献

〈序章〉
1「児童の成長と表現力の発達」　岡本奎六　昭・四〇・八・二〇　国立国語研究所内
（「日本国語教育学会誌」26号掲載）　日本国語教育学会
2「作文教授過程の定式化について」(1)(2)　波多野完治　昭・四七・一一・二〇　百合出版
（「作文と教育」第23巻第12号、13号掲載）　一二・二〇
〈第一章〉
3『児童創作意識の発達と綴方の新指導』　飯田恒作　大・一四・四・二五　培風館
4『綴る力の展開とその指導』　飯田恒作　昭・一〇・九・一　培風館
5『綴方教育の学年的発展』　飯田恒作　昭・一四・一一・一五　晃文社
6「児童文の表現構造」　阪本一郎ほか　昭・一〇・一二・二五　岩波書店
（日本心理学会編『心理学論文集』(五)所収）
7「児童に於ける記述の発達」　倉澤栄吉　昭・一二・一・二〇　目黒書店
（東京文理科大学国語国文学研究室内国語国文学会編「国語」第2巻第1号掲載）
8「作文教育の歴史——大正から昭和へ」　中内敏夫　昭・四三・一・一五　明治書院
（『作文講座1作文教育の展望』所収）
9「児童の作文に見られる父親のとらえ方の研究」　昭・四六・一〇　東京都市
——想を中心として——　教育研究所
（「東京都市教育研究所研究紀要」第8号掲載）
（9の文献については、大西道雄先生に格別のご配慮を賜った。）

〈第二章〉

10『みつるの日記』　蒲池美鶴　昭・三四・三・三一
11『みつるの文集』第二集　〃　昭・三五・三・三一
12『みつるの文集』Ⅲ　〃　昭・三六・三・三一
13『みつるの文集』4　〃　昭・三七・三・三一
14『みつるの文集』5　〃　昭・三八・三・三一
15『みつるの文集』6　〃　昭・三九・三・三一
16『新版わたしは小学生』　〃　昭・五三・六・一　青葉図書
17「父親としての作文教育論」（「国語研究」32号掲載）　蒲池文雄　昭・三四・一一　愛媛国語研究会
18「わが子の作文を見つめる」（「国語研究」35号掲載）　蒲池文雄　昭・三五・一一　愛媛国語研究会
19「わが子の作文のあゆみ」（「国語研究」38号掲載）　蒲池文雄　昭・三六・九　愛媛国語研究会
20「『もぐらの観察』をめぐって」（「国語研究」39号掲載）　蒲池文雄　昭・三七・二　愛媛国語研究会
21「わが子の作文に想う」——読書感想文について——（「国語研究」41号掲載）　蒲池文雄　昭・三七・一一　愛媛国語研究会
22「小学生と俳句」（「国語研究」44号掲載）　蒲池文雄　昭・三八・一一　愛媛国語研究会

23 『わたしは小学生』の生まれるまで」 蒲池文雄 昭・三九・九・三〇 くろしお出版
――「あとがき」に代えて
(『わたしは小学生』所収)

24 「一児童の作文学習の歩み」 蒲池文雄 昭・四三・七・一 広島大学
――文集『わたしは小学生』の生まれるまで―― 国語国文学会
(「国文学攷」第47号掲載)

25 「高学年の表現像の探索」 野地潤家 昭・四八・一 学校教育研究会
――蒲池美鶴ちゃんのばあい――
(「学校教育」昭和四八年一月号掲載)

26 「解説――『わたしは小学生』に寄せて――」 野地潤家 昭・五三・六・一 青葉図書
(『新版わたしは小学生』所収)

〈第三章〉

27 『入門期の言語能力』 国立国語研究所 昭・二九・三 同上

28 『低学年の読み書き能力』 国立国語研究所 昭・三一・三 同上

29 『中学年の読み書き能力』 国立国語研究所 昭・三三・三 同上

30 『高学年の読み書き能力』 国立国語研究所 昭・三五・三 同上

31 『小学生の言語能力の発達』 国立国語研究所 昭・三九・一〇 明治図書

32 『国語スキル学習入門』 輿水実 昭・四〇・一二・一 三省堂

33 『国語科作文教育』 輿水実 昭・五〇・六 明治図書
(輿水実独立講座/国語科教育学大系第11巻)

34 「作文能力の発達過程」 芦沢節 昭・三四・二 国立国語研究所
——ひとりの児童の文章構造力を中心として——
（国立国語研究所論集1『ことばの研究』所収）

35 「作文力の研究」 新潟県立教育研究所 昭・三四・三・三〇 同上
（「同研究所研究紀要」第22集掲載）

36 「作文能力の発達過程(2)」 芦沢節 昭・四〇・三・三一 秀英出版
——ひとりの児童の作品を中心として——
（国立国語研究所論集2『ことばの研究』第2集所収）

37 「作文能力の学年的発達とその指導」 芦沢節 昭・四一・六・一 金子書房
（「児童心理」第20巻第6号掲載）

あとがき

一

昭和五十五年二月十九日、午後二時十七分、序章から結章まで全五章の清書が完成した！　締め切りに遅れること、何と十八日と二十一時間十七分、下書き開始（昭和五十四年十二月三十日）から五十一日、清書開始（昭和五十五年二月四日）から十五日の完成であった。

下書き、清書ともに、最も難渋したのは、第三章。とりわけ第三節「児童の作文スキルの学年的発達」のところでは、わが非力を嘆かずにはいられなかった。

ともあれ、コピー張り付けの禁を犯したところがある（第二章は、第一章、第三章のあとに回した。）とはいえ、自力清書（当然のことではあるが）を守り通せたことは、よしとしたい。

下書き、清書にかかっている間、国語教育研究室の方々には、特別気をつかっていただいた。みなさんのあたたかい励ましのことばがなかったら、ここまで漕ぎ着けることなどできなかったにちがいない。特に、私に代わって、数多くの演習を担当してくださった、一年次の里村佳子さん、村井万里子さんのお二人には、あつくお礼を申しあげたい。論文執筆に没頭できる環境を与えていただいた、研究室関係者の方々に、あらためて、深く感謝申しあげたい。

二

今回の論文をまとめてみて、残された課題の多いことを痛感させられている。

まず、とりあげた先行研究それぞれにおいて、その本質・実質をすくい上げることができなかった。特に、文章表現力として、具体的にどのような力がとり出せるのかについて、釈然としないままに通り過ぎてしまった。また、学年的発達についても、微視的に、その学年ごとの特質をとらえきるには至っていない。かつて、二七会の研究発表の席で、野地潤家先生が、「ひととおりみてまとめる、器用にまとめるというのではいけない。ねばり強く読みぬいて、著者よりも作文に通じることが大切である。これは、この種の研究をする上の大前提になる。」(昭和五十四年九月十六日、研究発表後のご講評)とご指導してくださったことばを、今に忘れることができない。器用さは持ちあわせていないつもりであったが、今論文を読み返してみると、思いあたることが多い。

次に、論文の凝縮度という点が、悔やまれる。予定では、各章五十枚、全体で二百五十枚ぐらいになるはずであった。第二章、第三章の三節を、さらに凝縮して書くべきであった。特にこの部分は、草稿の域を出ていない。

最後に、今後の研究課題としては、次のようなことを考えている。

①藤原与一博士のご研究など、先行研究の中でも水準の高いものを中心に、分析をする。(学年的発達を中心に)

②蒲池美鶴さんの日記・作文を、一編ごとに分析して、その発達を跡づける。

この二つは、当面する具体的な仕事であるが、さらには、序章・結章において見いだした問題を、どう具体化し、深めていくかという課題がある。序章の基本問題は、今後、調査研究のための基礎理論に属するものであり、結章の課題は、実地の調査に移すために、その方法的見通しをつけていかなくてはならないものである。

これらの問題を総合してみると、現時点では、次のような研究計画の輪郭を描いている。

1. 児童の文章表現力の発達に関する調査研究のための基礎理論的研究
2. 児童の文章表現力の発達に関する調査研究の構想と研究モデルの作成──→実施
3. 児童の文章表現力の発達に関する調査・研究についての歴史研究（大正期以降）
4. 児童の文章表現力の発達に関する調査・研究についての比較研究（米・仏を中心に）

いずれも重い課題ばかりであるが、修士論文を足場にして、着実な歩みを続けていきたいと念じている。

昭和五十五年二月二十日

有冨　洋

著　者　有冨　洋（ありとみ　よう）

昭和30年　生まれ

昭和53年　広島大学教育学部高等学校教員養成課程（国語）卒業

昭和55年　広島大学大学院教育学研究科教科教育学専攻修士課程修了

福岡県立稲築高校（現、稲築志耕館高校）、同小倉高校、同修猷館高校、福岡雙葉高校に勤務

平成10年　永眠

児童の文章表現力の発達に関する研究

平成20年11月10日　発行

著　者　有冨　洋

発行所　㈱溪水社

広島市中区小町１－４（〒730-0041）

電話（082）246－7909／ＦＡＸ（082）246－7876

E-mail: info@keisui.co.jp

ＩＳＢＮ978－4－86327－041－1　C3081